き

は、「医療」という生の事実を素材とし、法学・倫理学などを包括
な問題を扱う新たな学問領域である。医事法の性格上、どうしても
問であると誤解されがちであるが、本書は、はじめて医事法を学ぼ
人あるいは医療関係者を対象に、急激に変化しつつある医療の実状
く理解しやすく伝えることができるよう、できる限り新しい情報を
とともに、現代医療が抱える問題を随所に挿入した。本書で書かれ
容は、将来、再び医療現場でより詳しい形で学ぶことになろうが、
めば、現代医療をめぐる話題はひととおりおさえることができるの
かと考える。
　本書は、通常の講義で活用できるのみならず、国家試験対策のため
としても十分に役立てていただくことができるよう、文章をできる
易にするとともに、図表を用いて叙述が平板にならないよう工夫を
る。
　手にした学生をはじめとする方々が、医事法に興味をもたれ、さら
習を深められるよう、その誘導役を果たすことができれば、執筆者
喜びである。
　、本書の出版にひとかたならぬお世話になった成文堂の飯村晃弘氏
厚くお礼を申し上げたい。

　年7月

姫嶋　瑞穂

医事法学入門
INTRODUCTION TO MEDICAL LAW

［第2版］

姫嶋瑞穂 著

成 文 堂

第 2 版　はしがき

　本書を刊行してから早いもので 3 年近くが経
法、歯科医師法、薬剤師法などが一部改正され、
が新たに成立する一方で、日本を含む全世界で
の蔓延は、医療・保健・福祉を取り巻く状況を
めまぐるしく動いている。

　このような最近の変化に合わせて、本書もか
でてきた。そこで、ここ 3 年の法改正の動向
などを盛り込み、医事法の最新の動きを描き出
成を見直すとともに、医療系国家試験の頻出分
かった公衆衛生関連法規を新たに追加し、第
供することとした。

　「急激に変化しつつある医療の実情を理解し
新・最良の情報を提供する」という初心を曲
出すことができたと思っている。法学部あるい
の最初のステップとして本書を有効に活用して
の第 2 版が初版よりもさらに多くの読者に親
ることを願ってやまない。

　なお、初版と同様に、成文堂の飯村晃弘氏
て深く感謝する次第である。

　　令和 3 年 6 月

はしが

　医事
した広
難解な
うとす
をなる
提供す
ている
本書を
ではな

　また、
の自習
かぎり
加えて

　本書
に一層
の望外

　最後
に心か

平成3

目　　次

第1章

医事法学

第1節　人の生命

1. 人とは

　法律における「人」には「自然人」と「法人」がある。「自然人」は、人間をあらわす。「法人」は、人又は財産の結合などの人でない主体に対し、自然人と同等の権利を持ち、義務を負うことができる法律上の権利能力の主体としての地位（法人格）を付与した存在をいう。医療における当事者は、患者や医療従事者など肉体を持った生物学上の「人」（人間）である。

2. 生死の基準

(1) 人の始期と胎児

　生物学上、「人」は、①精子と卵子の受精（受精卵又はヒト胚）、②受精卵の子宮内への着床、③脳・中枢神経の原基の発生（受精後14日頃）、④胎児心拍動の出現（妊娠満 8 〜12週）、⑤胎児の成長（妊娠満22週以降は母親の体外でも成長が可能になる）、⑥出産、の過程を経て誕生する。生命の誕生は、精子と卵子が結合する「受精」の時点であるとする考え方が一般的であるが、法律や科学・医学の研究においては大きな問題があるため、国際的に一定の見解は現時点では存在しない。なお、わが国では、厚生労働省が、「中枢神経系の原基が形成され、胎児の心臓が動き始め、胎児が母体を出て生活できる程度まで成長した時期（胎生22週）」を生命の誕生としている。

　法律上、母体の子宮に受精卵が着床して生命を宿し、成長して「人」として産まれてくるまでを「胎児」という。なお、試験管などの人間の体外で

卵子と精子を結合させる「体外受精」は、受精完了時から母体への移植・着床時までの間は「受精卵」（胚）として扱うため、その受精卵（胚）が母体に着床してはじめて胎児となる。

　「人」の始期は「出生」である。人の「出生」は、「分娩」という一連の生理的過程の終了をいう。「出生」により、胎児は「人」になり、「人」として法的人格が認められる。憲法上、「人」はあらゆる法律部面において「個人」として最大限に尊重され、自由、平等の権利など基本的人権（日本国憲法第3章11条以下）が保障される。ただし、出生は、出生届の期間開始（戸籍法49条）、年齢、成年に達する時点、相続など各種の法律関係に重大な影響を及ぼすことから、法律上どの時点をもって「出生」とするのかを確定する必要がある。

　胎児から「人」に変わる「出生」の時点については、①「分娩（陣痛）開始説」、②「一部露出説」、③「全部露出説」、④「独立呼吸説」の4つの学説が存在する。

　最も早い時点で「人」となることを認めるのが、「分娩（陣痛）開始説」である。規則的な陣痛が始まった時点で「人」になるとするもので、ドイツの通説とされる。

　次に「人」となる時期が早いのが「一部露出説」で、刑法領域における通説とされる。部分的であっても母体とは関係なく外部から独立かつ直接的に生命・身体に侵害できることを理由に、胎児の身体の一部でも母体外に露出した時点で「人」になるとする。

　これに対して、民法領域で通説とされるのが「全部露出説」である。民法は、随所に「胎児は生まれたものとみなす」と規定をおき（721条、886条など）、そもそも出生の時点を問題にしていない。そのため、権利主体たる「人」といえるのは、胎児の身体の全部が母体外に露出した時点とする。

　また、「人」として厚く保護するに値するのは、胎児が胎盤呼吸から肺呼吸に移行し、自分で呼吸（自立呼吸）を開始した時点からで足りるとする「独立呼吸説」も存在する。この説は、肺や胃の空気の有無を調べることにより、死産か出生後の死亡かを明らかにするという法医学的・実務的な意義を根拠とする。ただし、出生後第一呼吸までには5秒から30秒を要すると

され、仮死状態で出生する場合もあることから、独立呼吸説は「人」となる時点の基準として適切ではないとされる。

いずれにしても、法律で「生命の保護」ないし「尊重」という場合は、一般的に「人」の生命を指す。しかし、人の生命は、法律上、すべての段階で同じように保護の対象としているわけではなく、「人」と「胎児」で明確に区分される。人の生命・身体の保護を直接の目的とする刑法は、生物としての人の生命を「人」と「胎児」に分け、異なる形で保護を与える。人に対しては、殺人の罪（刑法199条-202条）などを設けて処罰する。胎児の場合は、自然に生まれてくる前に胎児を母親のお腹から取り出したり、母親のお腹の中で胎児を死なせる行為を堕胎の罪（212条-216条）として処罰の対象とする。他方で、民法は、出生の時期の多少の遅延によって生まれてくる子に不利益が生じることを防ぐ目的から、「私権の享有は、出生に始まる」（3条1項）と規定するとともに、「胎児は、損害賠償の請求権については、既に生まれたものとみなす」（721条）、「胎児は、相続については、既に生まれたものとみなす」（886条1項）と定め、不法行為に基づく損害賠償請求権と相続、遺贈（965条）、認知（783条）に限り、生きて生まれることを条件に胎児にも権利能力を認める。

(2) 人の終期

人の終期は、「死亡」の時点を指す。死亡とは、生命の停止又は消滅のことで、生命の絶対的終了である「全体死」を意味する。全体死の判定方法は、大きく分けて①三徴候説と②脳死説が存在するが、この2つの死の判断が、並び称せられるようになったのは、極めて最近のことである。

従来から、死は、通常実務において医学的・社会的にも「三徴候」の判定による統一した概念によって行われてきた（「三徴候説」）。この判定方法は、呼吸と脈拍（心臓拍動）の不可逆的停止、瞳孔散大や角膜反射などの脳機能由来の反射の消失が揃ったことにより、死の宣告を行う。なお、三徴候説は、つぎの「脳死説」との対比で「心臓死説」と呼ばれることもあるが、心臓死自体は循環の不可逆的停止であって、必ずしも正確な表現とはいえない。また、三徴候の一つである瞳孔の散大は、脳死の徴候でもあることに注意を要する。

　人の死は、ほとんど疑いを入れる余地がなく、伝統的に三徴候による判定方法で医師が判断し、それが法的な死亡時刻とされてきた。しかし、20世紀中頃の人工呼吸器（レスピレーター）の開発をはじめとする生命維持装置（人の生命維持の機能である呼吸・心拍数（循環機能）・排泄・栄養摂取などを代替とする機器の総称）による蘇生医療の発展に伴い、脳機能が完全に消失した後も、かなりの時間、心肺を動かし続けることが可能になり、かつて死の原因になった呼吸と循環を人工的に維持し、脳以外の身体を生きている状態に保つことで、直接死に結びつかなくなった。また、脳が不可逆的機能停止状態になっても、肺や心臓を人工的に動かし続ける臨床的脳死状態が医療現場に生じるようになった。

　脳死の原因には、脳挫傷・脳出血・脳腫瘍などの一次性脳障害と心停止や窒息などによる脳低酸素症から生じる二次性脳障害がある。脳死状態は、身体が自律的に生命を維持しているのではなく、個々の臓器だけが人工的に生かされ、蘇生の見込みがない状態であることから、個体の死にあたるのではないかとの疑問が提起され、脳の死をもって人の死とする「脳死説」が有力に主張されるようになった。他に、人間の生死に対する尊厳、医療資源の配分、生命維持治療の倫理、移植用臓器の確保などの視点からも脳死説に対する支持がなされた。

　脳死説は、具体的に脳のどの部位の機能が失われ、いかなる状態になったときに脳死とするかで、①大脳死説（cerebrum death）、②脳幹死説（brain stem death）、③全脳死説（whole brain death）など、いくつかの見解が存在する。

　「大脳死説」は、思考や感情といった人間としての営みを重視するもので、その中枢である大脳皮質部分の不可逆的な機能喪失によって人の個体死とする。ただし、大脳の機能がよく解明されていないこと、大脳のみの機能喪失を証明することは困難であること、重度の認知症患者の取扱いなどの医学的・生理学的死と精神喪失の関連性との問題、大脳の機能の一部あるいは全部が失われた状態で思考や意識を失っているが、自発呼吸を続けている植物状態の患者も死の対象とされる可能性があること、など批判や疑問点が多いことから、この定義を公式に採用している国は現時点では存在しない。

　「脳幹死説」は、自発呼吸や循環機能などの生命作用の中枢である脳幹の機能を重視するもので、脳幹の不可逆的な機能喪失によって人の個体死とする。患者の意識も自発呼吸もないが、心臓は自律的に動いているため、人工呼吸その他生命維持治療を行えば、通常 1〜2 週間は身体機能を保つことができるとされる。イギリスやカナダ、イスラエル、フィンランド、ポルトガル、台湾などの一部の国ではこの定義を採用しているが、生命維持装置や人工臓器によって脳幹の機能を代替することができるため、脳幹死を脳死とすることはできないとの批判がある。

　「全脳死説」は、大脳死説や脳幹死説に対する批判を回避するため、知覚や記憶、感情などの精神活動を掌る大脳と、呼吸・循環機能の調節や意識の伝達などを掌る脳幹を含む全脳髄の不可逆的な機能喪失をもって脳死とする。この定義は、脳死の判定に最も慎重を期すもので、日本を含め多くの国が採用している。

　従来、日本では、三徴候による判定で亡くなった人から提供された角膜や腎臓などを移植することが行われてきたが、移植医療の進展に伴い、心臓や肝臓などを移植するには、脳死状態で臓器を摘出することが必要とされるようになった。このような経緯から、平成 9（1997）年に制定された旧「臓器移植法」では、「脳死した者の身体」を「死体」に含めた点で、「脳死」を

【脳の役割】

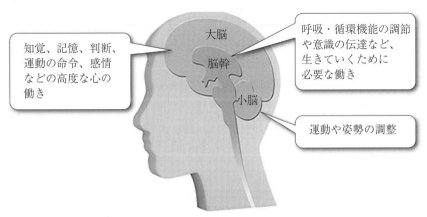

知覚、記憶、判断、運動の命令、感情などの高度な心の働き

大脳

脳幹

小脳

呼吸・循環機能の調節や意識の伝達など、生きていくために必要な働き

運動や姿勢の調整

【脳死と植物状態】

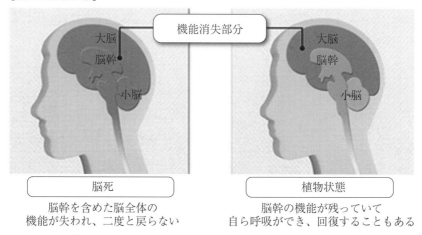

脳死
脳幹を含めた脳全体の
機能が失われ、二度と戻らない

植物状態
脳幹の機能が残っていて
自ら呼吸ができ、回復することもある

（出所）日本臓器移植ネットワークホームページより https://www.jotnw.or.jp/

【脳死判定の流れ】（改正臓器移植法による）

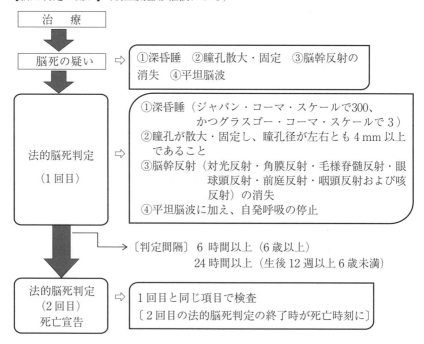

「人の死」と認めたものの、「その身体から移植術に使用されるための臓器が摘出されることとなる者」と規定し、臓器移植の場面に限定して「脳死」を「人の死」と認めていた。これに対し、平成21（2009）年の改正臓器移植法では、旧「臓器移植法」の脳死に関する限定規定が削除され、「脳死は一律に人の死」と解釈することが可能となった。ただし、この規定はあくまで臓器移植に関する法律上の規定であることや、国会審議でも脳死について法の効力が及ぶのは臓器提供の場面に限られるとの答弁がなされていることから、「脳死は一律に人の死」と即断することは困難であり、その判定法や法規定そのものを危惧する意見もある。

第2節　医療と法

1.　法の目的

　医療は、憲法13条（個人の尊重）と25条（生存権）の規定を根拠とする。13条は、「すべて国民は、個人として尊重される。生命、自由及び幸福追求に対する国民の権利については、公共の福祉に反しない限り、立法その他の国政の上で、最大の尊重を必要とする。」と規定する。医療における個人の尊重の代表的なものは「インフォームド・コンセント（Informed Consent）」であり、これは自己決定権（self-determination）の尊重を基盤とする。ただし、個人の尊重は、無制限に認められるものではなく、「公共の福祉に反しない限り」という制約がある。25条1項は、「すべて国民は、健康で文化的な最低限度の生活を営む権利を有する。」と、生存権について規定する。さらに、同条2項は、福祉国家の理想建設の理念に基づき、国民の生存権を保障するための国の責務として「国は、すべての生活部面について、社会福祉、社会保障及び公衆衛生の向上及び増進に努めなければならない。」と定める。25条は、医事法の理念の根幹を示すものであるが、国が医療に関する制度を規定するための原理、あるいは医療関係者の行動指針とするには内容があまりにも抽象的である。そのため、医療について具体的に明記している法律が「医療法」である。

　医療法は、医療施設に関する法律であると同時に、医事法全体の理念を示

す総則的規定である。医事法の個別的な内容は、医師法や薬剤師法などの医療関連法規によって定められている。医療の担い手は、憲法や医療法、各医療関連法規などを通じて、国家又は国民に対し、適正に医療を実施する責務を負う。

【医事法の全体像】

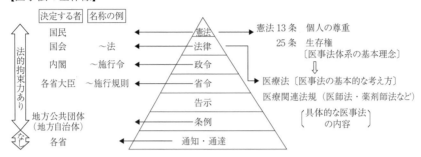

憲法	国の最高法規。国家の組織・構成・作用などの元を決めた根本的な法。改廃は国会が発議し、国民投票で決定。
法律	憲法の理念の具体策・行政の根拠。国会の議決により制定。
政令	憲法・法律の規定を実施するため又は法律の委任に基づく命令。内閣（閣議決定）により制定。
省令	行政事務上の法律・政令の施行のため又は法律・政令の特別の委任に基づき、各省大臣（厚生労働大臣等）が発令する命令。
告示	公の機関が公示を必要とする事項等を広く一般に知らせること又はその内容。通常、各省における告示は、各省大臣が官報に掲載することにより発する。
条例	都道府県や市町村等の地方公共団体における公共事務等の行政事務に関する事項を地方公共団体の議決により制定する。地域限定で拘束力をもつ。
通達	行政官庁が法令の解釈や行政執行に関する事項を関係する諸機関や職員に知らせる通知。
条約	国家間において、文書の形成により合意するもので、法的拘束力をもつ。その名称は、協定、憲章、規約、議定書、宣言等を用いることもある。内閣が締結し、国内で効力を発生させるためには国会の承認を必要とする。
ガイドライン	行政指針として実施するもの。現場では非常に大きな意味を持つが、行政の法的拘束力はもたない。

2. 治療行為と医療行為

「治療行為」と「医療行為」（医行為）は必ずしも同じではない。

「治療行為」は、患者の生命や健康の維持・回復を図る措置であり、疾病・創傷の存在を前提とする。治療行為は、身体への干渉を内容とする侵襲行為（手術・薬物治療などの医療処置などで生体を傷つける行為一般を意味する）であり、法理論上、傷害罪（刑法204条）あるいは暴行罪（同法208条）に該当し、民法上は不法行為とされる。ただし、それが治療行為としての実質を備え、要件を満たしている場合は正当業務行為（同法35条）として適法となる。

これに対して、「医療行為」（医行為）は、医師の医学的判断及び技術をもって行うものでなければ人体に危害を及ぼすおそれのある行為（最判昭和56年11月17日判タ459号55頁）であり、疾病などの治療に役立つ行為に限定されるわけではない。医療行為は、診療・診断、検査、投薬、注射、麻酔、手術、リハビリテーションや療養指導、処方箋の作成・交付など幅広い行為を含む。近年は、医療技術の進歩やライフスタイルの多様化に伴い、医療目的の範囲が再検討され、医療と捉えられるものは拡大傾向にある。

3. 医療行為の適法性

医療行為が適法とされるためには、当該行為が単に医師によって実施されるだけでは不十分で、①医学的適応性、②医術的正当性、③患者の同意、の3要件を満たす必要がある。この3要件は、医師のほか、治療行為を許されている看護師、あん摩マッサージ指圧師、はり師、きゅう師、柔道整復師などに対しても各法律の定める範囲で準用される。

医療行為は、患者の生命や健康の維持・回復のために必要なものでなければならず、医師が治療目的を有し、その目的が明確であることが前提となる（医学的適応性）。また、医療行為は、治療方法・選択・手段などが、今日の医学的見地に合致し、承認されたものでなければならない（医術的正当性）。医術的正当性は、医療技術が妥当であるか否かが基準となり（医療水準）、いまだ確立していない実験段階の方法を用いることは許されない。

また、医療行為を正当な業務行為と評価するための基本要件が、「患者の

同意」である。患者の同意は、患者の自己決定権を重視する立場からは当然の帰結であり、これによって医療への患者の参加が保障される。患者の同意がない医療行為に正当性は認められない。この同意は、単なる同意では不十分で、「真意」に基づく自発的なものでなければならない。医師・歯科医師の「権威」あるいは「裁量権」に基づく医療の「パターナリズム（paternalism）」（父権主義と訳され、一般的に強い立場にある者が、弱い立場にある者の利益になるようにと、本人の意思に反して行動に介入・干渉することをいう）によって強制されて行った同意はもちろん、例えば、同意を得る際の説明において医療慣行として広く用いられる、医療の有益性を誇張して説明し、有害性を十分に説明しない「ムンテラ」によるものなど（操作による同意）は有効な同意ではない。医師は、患者の「真意」をより確実に尊重するために、これから行おうとする医療の内容及び危険性などについてわかりやすく十分に説明し、患者自身がその説明を十分に理解したうえで、治療を受けるか否かを判断し、さらにどのような治療を受けるかを自ら決定することが重要となる。これが「インフォームド・コンセント」である。なお、近年は、小児科領域や移植医療の現場を中心に「子どもの権利」が重視されるようになり、保護者から治療の同意（インフォームド・コンセント）を得るだけではなく、可能であれば当事者である子どもの年齢に応じた説明をすることにより選択の機会を与え、選択の余地がないのであれば決定されたことやその決定の理由を子どもに伝える「インフォームド・アセント（Informed assent）」が推奨されている。この未成年であるために法的に有効なインフォームド・コンセントを与えることができない子どもが示す同意を「アセント（assent）」という。

　患者が自発的に同意をすることは、患者が医療従事者に対してその医療を実施する権限を与えたことを意味する。したがって、同意した医療を実施したことにより、患者に不利益が発生した場合は、医療行為自体に過失がない限り、生じた結果については患者自身が引き受けることになる。

　医師は、患者に対し十分な説明をしなければならないが、説明すべき内容は、疾病の種類・程度・内容、その医療行為の種類・内容、及び患者側の諸事情などによって異なるため、あらかじめ具体的・確定的に判断することは

難しい。どのような事柄をどの程度説明すべきかが問題となるが、判例（最高裁判所平成13年11月27日判決）は、①当該疾患の診断（病名と病状）、②実施しようとする医療行為の内容と必要性、③当該医療行為に付随する危険、④当該医療行為を行ったときの改善の見込み・程度、実施しなかった場合の予後、⑤代替可能な他の医療行為の有無、をあげる。また、厚生労働省は、「診療情報の提供等に関する指針（改正）」（平成22年医政発0917第15）において、①現在の病状及び診断病名、②予後、③処置及び治療の方針、④処方する薬剤について、薬剤名、服用方法、効能及び特に注意を要する副作用、⑤代替的治療法がある場合にはその内容及び利害損失（患者が負担すべき費用が大きく異なる場合には、それぞれの場合の費用も含む）、⑥手術や侵襲的な検査を行う場合には、その概要（執刀者及び助手の氏名を含む）、危険性、実施しない場合の危険性及び合併症の有無、⑦治療行為以外に、臨床試験や研究などの他の目的も有する場合には、その旨及び目的の内容、をあげるとともに、患者が「知らないでいたい希望」を表明した場合は、これを尊重しなければならないとする。

　実際に説明すべき項目は、これらの項目を含め、ケースごとに柔軟に対応せざるを得ない。それゆえ、主要項目を中心に、医学的適応可能性、治療法の選択の幅、危険性や緊急性など、当該治療行為が患者に及ぼす影響の大小を相関的に検討したうえで、説明すべき項目が決定される。また、説明義務の程度は、医師に期待できる医療水準と関連することから、最終的に、その患者を含めた具体的な状況を前提に、その当時の良識のある通常一般の医師の水準（医療水準）からみて必要と認められる範囲について説明しなければならない。したがって、その内容は、医療行為により患者の生命身体に及ぼす影響ならびに侵襲の程度からみて、医師の患者に対する説明・同意取付（インフォームド・コンセント）を要する医療行為の範囲により定まると考えられる。

　医療行為は、患者と医療従事者双方の理解と合意のもとで実施されるが、その前提として、患者の「同意能力」が必要となる。「同意能力」は、患者が説明された内容を理解でき（理解能力）、そのうえで医療を受けるか否かを自分の価値観に照らして理性的に判断できる能力（判断能力）のことをい

う。

　同意能力では、判断能力の有無が不明確な未成年者（特に乳幼児や年少者）・高齢認知症患者・精神疾患患者・知的障害を有する患者・意識不明の患者などの対応において、「事前指示（advance directive）」や「代理判断」（代諾）などの問題が生じることがある。

　「事前指示」は、患者あるいは健常人が、将来、判断能力（同意能力）を失った時のことを事前に想定し、その事態に陥った場合に自らに行われる医療行為に対する意向を前もって示すことである。事前指示には、医療行為に関して医療者側に支持を与える、又は自らが判断できなくなった際の代理決定者を委任する形式がある。前者を文書で表したものを一般に「リビング・ウイル（Living Will）」と呼ぶ。

　事前指示書の作成によって、患者の意向が尊重され、医療者や家族が代理決定を行う際の心理的負担が軽減され得る可能性がある一方で、事前指示書の作成時点と実行を検討する時点には時間間隔があり、この間隔を挟んだ両者の関係が問題となる。患者が自らの希望を事前指示書の内容に反映させたとしても、重体などで意思表示ができなくなった「その時」に患者は事前指示書をどう扱うのかについて自己決定ができないため、事前指示書をそのまま実行すれば患者の意思が実現できるという単純なものではない。患者にとって最も重要な「その時」に、事前指示の解釈は他者によって代行されざるを得ない（代行解釈）。また、「代理判断」（代諾）を行う場合は、「患者の価値観を最も反映できる者」に行ってもらうことが望ましく、この意味で代諾者は、家族やその他の親族に限定されるわけではない。ただし、代諾者の

【インフォームド・アセント】
（日本看護協会HP　https://www.nurse.or.jp/ より抜粋）

1．子どもたちが自分の症状について発達段階に適した理解が得られるよう支援する
2．なされる検査や処置の内容とその結果について子どもに説明する
3．子どもの状況理解や反応に影響を与える要素について臨床的に査定する
4．提案されたケアについて自発的に子どもが納得しているか否かを表現できるよう工夫する

対象範囲を拡張すれば、医療現場に混乱を招く可能性が高いことから、実際には、家族（特別の場合には、家族及びその他の親族）の中から「患者の価値観を最も反映できる者」を選定し、その者を代諾者とすることが適切とされる。さらに、事前指示と代理判断を組み合わせた「継続的委任状」もあるが、これは、意識がなくなったときの治療方針を誰に判断してほしいかを書面で前もって指定するものである。なお、いずれにしても将来の状況を患者本人が正確に予想できるかどうかは疑わしく、具体的にどのような処置をすればよいのかを書面だけで判断することが難しい場合も多いことから、医療従事者には慎重な判断が求められる。

　また、患者の同意を欠く「専断的医療行為」は違法となり、刑事処罰の対象となる。ただし、医療現場では、生命を救うために意識不明の患者に対して緊急手術を行わざるを得ない場合など、患者の症状からみて本人の現実的同意が得られない状況下で緊急的医療行為が必要な場合は、その行為が患者の意思と合致していると合理的に判断される限り、現実に同意が与えられた場合と同様に扱う「推定的同意」があるとする。また、公衆衛生上の理由などから強制的に医療行為が行われる場合や他者を害するだけではなく自傷のおそれがある患者に対する措置入院（精神保健福祉法29条）などは、本人に同意能力があっても本人の同意なしに行うことができる。

4. 医業類似行為

　人の傷病の治療行為とみられる行為を「広義の医療行為」というが、この行為から、医師にしかできない行為を除いたものが「広義の医業類似行為」である。「医業類似行為」は、わが国の伝統医療のように法律で公認されているものと、それ以外の禁止されているものがあり、「免許医業類似行為」（施術行為）、「届出医業類似行為」（療術行為）、「自由医業類似行為」（民間療法・放任行為）に分けられる。

　「免許医業類似行為」は、「施術行為」ともいわれ、あん摩・マッサージ・指圧・鍼・灸・柔道整復など医師以外の者が行うためには、それぞれの免許を取得しなければならない医業類似行為をいう。

　「医業類似行為」は、その内容・効果が医学上一般的に証明されていない

ものが多く、人体に有害な影響を与えるおそれが高いこと、また、たとえ無
害であっても医師による治療の機会を喪失する原因になるおそれがあること
から、「何人も、按摩・マッサージ・指圧・鍼・灸・柔道整復を除く外、医
業類似行為を業としてはならない。」（あん摩マッサージ指圧師、はり師、きゅ
う師等に関する法律12条）と規定する。ただし、あん摩師等法の前身である
「あん摩、はり、きゅう、柔道整復等営業法」の公布（昭和22年12月20日）
の際、免許医業類似行為以外の医業類似行為をしてきた者の既得権に配慮し
て生活を保護するために、継続して 3 か月以上その業を行ってきた者に対
して所定の届出を条件に、終身にわたってその業務を行うことができると規
定した。これを「届出医業類似行為」という（あん摩等法12条の 2 第 1
項）。届出医業類似行為には、①手技によるもの（指圧・掌圧・整体等）、②
電気を利用するもの（平流・感電・高周波・超短波等）、③光線を利用するも
の（太陽光線・赤外線灯等）、④温熱を利用するもの、⑤器具の刺激によるも
の（紅療法等）、⑥以上を併用するもの、などがあり、免許医業類似行為の
各種規定が準用される。

　免許医業類似行為者及び届出医業類似行為者以外の者は、医業類似行為を
業として行うことはできない。しかし、判例（最大判昭和35年 1 月27日刑集
14巻 1 号33頁）は、職業選択の自由（日本国憲法22条）に配慮し、人体に危
害を与えず、保健衛生上何らの影響も与えないような医業類似行為は、禁止
されている医業類似行為にはあたらないと判示した。このような医業類似行
為を「自由医業類似行為」といい、アロマセラピーやカイロプラクティック
スなどの「民間療法」がこれにあたる。ただし、これらの民間療法は、たと
え海外で資格があったとしても日本では法的に認められていない。事故など
の報告が多数あり、法的責任を問われるケースも増えていることから、厚生
省（当時）は、①禁忌対象疾患の認識、②一部の危険な手技の禁止、③適切
な医療受療の遅延防止、④誇大広告の規制、の 4 項目について通達を出し
ている（平成 3 年 6 月28日　医事第58号）。

5.　患者の権利

(1)　インフォームド・コンセントと自己決定権

　日常生活における個人の権利の保障は、日本国憲法13条の個人の尊重・幸福追求権、14条の平等権、19条から23条の自由権、25条の生存権・国の社会的使命に明示される。医療における患者の権利は、幸福追求権に基づく基本原理の一つであり、患者の主体性を尊重した医療の実現に不可欠な権利である。

　医療における患者の権利は、具体的に、①医療への参加権、②知る権利、③最善の医療を受ける権利、④平等な医療を受ける権利、⑤医療における自己決定権、がある。

　「医療への参加権」は、患者に提供される医療を現実のものとするために、患者は単に医療を与えられるものではなく、患者自らが医療に参加する権利である。「知る権利」は、個人が医療の主体であることを確立するための権利である。患者が自分の身体や健康の状態を正しく理解するために、医療情報に接することを保護する、インフォームド・コンセントの前提となる権利である。「最善の医療を受ける権利」は、国際人権（社会権）規約12条

【医業と医業類似行為】

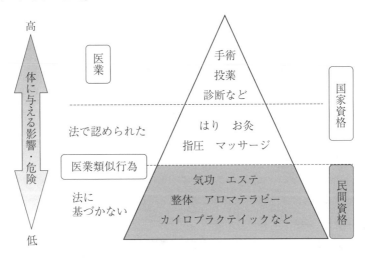

に定められている「すべての者が到達可能な最高水準の身体及び精神の健康を享受する権利」に基づくもので、その内容は国内外における医療水準、医療提供者の提供レベル、患者自身のニーズなどの側面において「到達可能な最高水準」でなければならない。「平等な医療を受ける権利」は、日本国憲法14条の平等権の精神を踏まえ、誰もが等しく最善の医療を受ける権利を有することを確認するものである。「医療における自己決定権」は、すべて人は十分な情報提供とわかりやすい説明を受け、自らの納得と自由意思に基づき、自らの受ける医療行為に同意し、選択し、あるいは拒否する権利を有し、医療に対する最終決定権が医療の受け手である患者自身に属するというものである。

　基本的な考え方として、高度の専門的性格を有する医療行為は、医師に一定範囲の裁量権を認めなければならないとされる。他方で、医療は、医療の担い手と患者の協同による。両者ともが医療の当事者であり、中心課題は患者の治癒である。医療行為は、患者の生命身体に影響を及ぼす可能性があり、患者のライフスタイルに直結する事柄でもある。そのため、患者は、専門家である医療の担い手の手を借りて、患者自身が自ら望む医療を正しく選択し、自分の症状に照らして、選択し得る治療方法について十分に理解し、そのうえで治療方法を選択することが必要である。これが「十分な説明と理解に基づく合意」と簡約されるインフォームド・コンセントの本態である。なお、十分な説明とは、患者側の実感でなければならない。

　患者と医療の担い手との間には、知識・生活面における差異があり、医療の担い手には、治療方法の説明以前にこれらの差異を埋める努力が求められる。患者が自己決定権を適切に行使することができるよう、医療の各段階で患者の自己決定の及ぶ範囲を見極め、患者本人の理解力に応じたわかりやすい説明を行い、何が本人にとって望ましい医療なのか、その判断を支援することが期待される。

　近年、患者の自己決定権の適切な行使のために注目されているのが、「インフォームド・チョイス」である。自己決定権は、患者の価値観が関与する領域であることから、医師が提案するある一つの治療法を患者が受けるか否かに限定されることなく、医師が複数の治療法を説明してその中から患者が

選択する、あるいは、場合によって「セカンドオピニオン」など主治医以外の医師や医療機関に診断や治療について意見を求めることも視野に含め、患者自身が行動することが重要となる。

(2) 生活の質（Quality of Life：QOL）

　医療の一次的使命は、患者の疾病を治癒することにある。医学の進歩、ならびに医療技術の発展は、国民の健康維持・増進・回復に大きく貢献した。他方で、現代の医療技術をもってしても疾病の治癒が不可能な事態が生じることもある。また、救命救急時の心肺蘇生により、一命は取り留めても植物状態となってしまう場合や、従来であれば、生きることができなかった患者を、人工呼吸器、人工栄養・水分補給等の延命治療によって生かし続け、人間の自然の状態を人工的に支配することが可能になった。

　医療は、あらゆる可能な手段を用いて患者を救済することが使命であり、死期が近づいてもできる限り延命を試みる。しかし、治癒が不可能で健康を回復することができない場合、患者は長期にわたる延命治療の継続によって肉体的・精神的苦痛を受け続けることになりかねない。このような場合は、医療の二次的使命として、苦痛の緩和が前面に出る。

　疾病による苦痛や、場合によって治療行為により発生する苦痛に対する緩和行為が、患者の健康状態の改善ないしは維持と連動する場合は、通常の治療行為と捉えることができる。しかし、苦痛緩和による健康状態の悪化や生命の短縮を伴う場合、あるいは治癒が不可能で、苦痛緩和も困難となる場合に、苦痛から解放するには生命を絶つしかないということになれば、「人為的に死を惹起する行為」として法的に問題が生じることになる。

　本来、医療は、「生命の尊重」のために存在するものである。人工的に死の到来を支配することは、医療の基本理念に反し、「人間の尊厳」を侵害することにもなりかねない。患者の自己決定権に「治療を受ける権利」があるのは当然のことであるが、他方で、「人間としての人格、尊厳を保った状態で死を迎えたい」との考えの下では、延命一辺倒の医療を否定し、「治療を断る権利」があるとも考えられる。近年、「医学重視の医療」（Cure）から「患者中心の医療」へと転換が図られていることに伴い、患者の意識も生命の「量」ではなく、その「質」（Quality of Life：QOL）を重視するように

なっている。この変化は、特に、難病治療や終末期医療（ターミナルケア）に向き合う患者に対して、治療の継続だけではなく、延命治療の差控え及び中止も含め、選択の幅を広げることになり、「生命の終焉の迎え方」について重要な課題を提起することになった。このような問題と密接に関係するのが、「安楽死」と「尊厳死」である。

第2章

医 事 法 制

第1節　医療法

1. 医療法の目的

医療法は、医療提供の理念を明確にする「医療の憲法」ともいうべき基本法である。「医療を受ける者の利益保護」、ならびに「良質かつ適切な医療を効率的に提供する体制の確保」を主目的とし、医療提供の質の向上と国民の健康保持に寄与するための必要事項を規定する（1条）【表1】。

医療法は、高度な専門的知識及び技能をもって医療ならびに保健医療を掌り、公衆衛生及び国民の健康な生活を確保する医療職の任務の重要性とその資格について厳格に定める。また、国民が等しく適正な診療・医療を安心して受ける機会を確保するために、医療の基幹法として医療のあり方を明確にするとともに、医療機関の開設・管理などの基準、ならびに医療施設に対す

【表1】医療法の目的（医療法1条）

1. 医療を受ける者による医療に関する適切な選択を支援するために必要な事項
2. 医療の安全を確保するために必要な事項
3. 病院、診療所及び助産所の開設及び管理に関して必要な事項
4. 病院等の施設の整備並びに医療提供施設相互間の機能の分担及び業務の連携を推進するために必要な事項
5. 医療を受ける者の利益の保護及び良質かつ適切な医療を効率的に提供する体制の確保

る行政庁の監督などを細かく規定し、人的・物的両面にわたって一定水準以上の医事向上を図るために医療提供施設に規制を加える。

2. 医療提供の理念

　医療は、生命の尊重と個人の尊厳の保持を旨とする。医師、歯科医師、薬剤師、看護師、その他の医療の担い手は、国民自らの健康の保持・増進のための努力を基礎として医療を受ける側の意向を十分に尊重し、医療提供施設の機能に応じて効率的に、かつ福祉サービスその他関連するサービスとの有機的な連携を図りつつ医療を提供しなければならない（1条の2）【表2】。この医療は、単に治療だけを指すのではなく、予防とリハビリテーションを含んだ「包括医療」を意味する。また、医療の担い手は、医療を受ける者との信頼関係に基づき、良質かつ適切な医療が提供できるよう十分な説明を行い、基本的な考え方や診療内容を示したうえで、医療を受ける者の理解を得る責任を負う（インフォームド・コンセント）（1条の4第2項）。医療法は、医療を受ける側の視点に基づき、その理念を提示している。

　現在の医療の目的は、①疾病の予防、②疾病の治療（救命・延命を含む）、③患者のQOLの向上、の3つに大きくまとめられ、「患者中心の医療」を提供することに重点を置く。なお、疾病の予防とは、単に疾病の発症を防ぐ

【表2】医療提供の理念（医療法1条の2）

1. 生命の尊重と個人の尊厳の保持を旨とすること
2. 医療の担い手と医療を受ける者との信頼関係に基づくこと
3. 医療を受ける者の心身の状態に応じ、治療のみならず疾病予防、リハビリテーションを含む良質かつ適切な医療の提供であること
4. 国民自らの健康の保持促進のための努力を基礎とし、医療を受ける者の意向を十分に尊重して、医療提供施設（病院、診療所、介護老人保健施設、介護医療院、調剤を実施する薬局など、以下同義）や居宅等において、その機能に応じ効率的に、かつ、福祉サービスその他関連するサービスとの有機的な連携を図りつつ医療が提供されること

ためではなく、「健康-発症-悪化-合併症併発-死亡」に至る経過の全過程で
悪化防止の努力があるべきで、この立場から、一次予防・二次予防・三次予
防の3つに大別される【表3】。

【表3】予防活動

分類	内容	例
一次予防	健康な段階で行う （罹患発症を未然に防止）	健康増進：体力向上（運動）、公衆衛生 　　　　　確保、生活改善、健康教育、 　　　　　環境改善 特異的予防：予防接種、隔離的措置、環 　　　　　　境改善、消毒、臓器提供者 　　　　　　の抗体検査
二次予防	早期発見・早期治療 （無症状の早期の罹患に対する治療で、疾患の進展や合併症発症を抑制し、予後を改善する）	癌検診 職業病の特殊検診 学校や職場での集団検診による結核などの慢性感染症・生活習慣病の発見と早期の医療実施による蔓延や悪化の防止 新生児マススクリーニング
三次予防	治療過程における保健指導やリハビリテーション、後遺症の治療、再発防止、残存機能の回復・維持	リハビリテーション（機能回復訓練） 腎不全患者の人工透析 合併症の進展に対する治療 末期癌患者の疼痛緩和対策 再発防止のための癌検診

3. 医療法改正の変遷

　近年は、少子高齢化社会の進展に伴い、社会における医療や福祉の重要性
が増すとともに関心も高まっている。医療は、社会の変化に伴い要求される
内容や制度が変わる。医療法も社会的・政策的課題として医療を捉え、指針
を示すことを目的に、社会の動きを反映する形で様々な要素を加えながら改
正されてきた。

　第1次医療法改正　　昭和60（1985）年

　　医療施設の量的整備が全国的にほぼ達成されたことに伴い、医療資源の
　地域偏在の是正と医療施設の連携を目的に、①医療圏の設定【表4】（全

【表4】医療の圏域

	1 次医療圏	2 次医療圏	3 次医療圏
定義	健康管理や初期医療を中心とした地域住民の日常生活に密着した医療サービスを図るための地域的単位　プライマリーケア（かかりつけ医・薬剤師・保健師・栄養士などの連携によって、地域における患者や家族の健康や福祉について包括的・持続的にケアを行う保健医療体制。疾病予防・健康教育・初期診療・家庭医療・日常医療などが重視される。）が基本　軽症の医療を受け入れ（医療計画に設定なし）	高度・特殊医療を除き健康増進から予防・診断・治療・リハビリに至るまでの包括的な保健サービスを提供する地域的単位（医療計画の1号区域）	特殊な医療需要（先進的技術を必要とする高度医療や発生頻度が低い疾病などの特殊医療等）に対応するための区域（2号区域）
単位	日常生活圏内の居住地周辺	基本的に日常生活圏において必要とされる医療を提供する単位（3〜4程度の市町村を一つの単位として想定する広域市町村圏）	基本的に都道府県単位（北海道は6つ）
該当施設	かかりつけ病院　無床診療所	有床診療所　一般病院　地域医療支援病院（一部）	地域医療支援病院（一部）　特定機能病院
備考		紹介による診療を基本	紹介による診療を基本

　国を2次医療圏（複数の市町村）と3次医療圏（原則として都道府県単位）に分けて、それぞれ病床数の上限を規制）、②都道府県に地域医療計画策定を義務付ける医療計画制度の導入（病院病床の増加のコントロールを行うことにより、地域医療のシステム化の推進を目指す）、③医療法人の運営の適正化

を図る指導体制を整備、④医療法人の指導監督規定等の改正による 1 人医師医療法人制度の導入、などが規定された。

第 2 次医療法改正　　平成 4（1992）年

　人口の高齢化・疾病構造の変化・医療技術の進歩等に対応し、患者の症状に応じた適切な医療を効率的に提供するための医療施設機能の体系化、患者サービスの向上を図るために患者に対し必要な情報提供を行うなどの改正が行われた。主なものは、①医療提供の理念を規定し（1 条の 2）医療の目指すべき方向を明示、②医療施設の機能分化のため特定機能病院及び療養型病床群を制度化、③医療提供施設として老人保健施設を位置付け、④医療に関する広告規制の緩和ならびに病院掲示の義務付けによる適切な情報提供（院内掲示と院外広告に分類され、予約制や往診の有無、病院設備などの院外広告ができるように）、⑤医療機関の業務委託の水準確保、⑥医療法人に関する規定の整備、⑦看護と介護の明確化、⑧在宅医療の推進、である。

第 3 次医療法改正　　平成 9（1997）年

　要介護者の増大に適応した介護体制の整備、日常生活圏において通常の医療需要に対応できるような医療提供体制・医療の質の向上に対する要望に応えるために患者の立場に立った情報提供体制・医療機関の機能分担の明確化、医療機関の連携の促進が図られた。主なものは、①医療提供に際し、患者への説明を促すためにインフォームド・コンセントの理念を努力義務として明文化、②地域医療計画の充実のため診療所にも療養型病床群を設置、③地域医療支援病院制度の創設、④医薬分業を任意的記載事項とすることによる医療計画の充実、⑤医療法人制度の充実のため業務範囲の拡大と特別医療法人制度の創設、⑥広告事項の拡大、などである。

第 4 次医療法改正　　平成12（2000）年

　高齢化の進展に伴う疾病構造の変化などを踏まえ、良質な医療を効率的に提供する体制確保のため、入院医療を提供する体制の整備、医療における情報提供の推進ならびに医療従事者の質の向上を図ることなどを目的に改革が行われた。主なものとして、①療養病床・一般病床の創設と病床区分の見直し、②「病床区分の届出」の義務化による入院医療提供体制の確

保、③「必要病床数」から「基準病床数」への用語の改称に伴う医療計画の見直し、④必置施設の規制緩和、⑤広告規制の緩和、⑥医師・歯科医師の臨床研修の必須化（医師は 2 年以上、歯科医師は 1 年以上）、などがあげられる。

第 5 次医療法改正　　平成18（2006）年

　質の高い医療サービスが適切に受けられる体制の構築を図るため、医療制度改革関連法のなかで改正がなされ、章立ても組み替えられた。改正の重点は、①疾病ごとに医療連携体制を構築する医療計画の見直し（4 疾病〔癌・脳卒中・急性心筋梗塞・糖尿病〕・5 事業〔救急医療・周産期医療・小児医療・へき地医療・災害医療〕について、都道府県が達成すべき数値目標を定め、事後評価できる仕組みを導入）、②医療機能の分化・地域医療の連携体制の推進、③社会医療法人の創設と有床診療所の規制見直しによる地域医療の連携体制の構築、④医療機能情報提供制度の創設（病院等の管理者は、患者が病院等の選択を適切に行うために必要な「一定の情報」を都道府県知事に報告し、都道府県知事は、報告された事項を公表することが義務付けられた）、⑤関係者協議の推進による医師確保対策として都道府県の医療対策協議会を制度化、⑥医療安全の確保に関する責任の明確化と医療安全支援センターの制度化、⑦行政処分を受けた医師等への再教育の義務化による医療従事者の資質向上、⑧入院診察・退院療養計画書の作成等の義務化、などがあげられる。

第 6 次医療法改正　　平成26（2014）年

　効率的で質の高い医療提供体制と共に、地域包括ケアシステムの構築を通じ、地域における医療及び介護の総合的な確保を推進することを狙いとして、平成26（2014）年 6 月18日に成立した「地域における医療及び介護の総合的な確保を推進するための関係法律の整備等に関する法律」（医療介護総合確保推進法）（平成26年法律第83号）に基づき改正された。

　医療従事者の勤務環境改善のため国における指針の策定や、都道府県での取り組みを支援する仕組みの創設のための「社会保障・税一体改革」に基づく病院・病床機能の分化ならびに強化、在宅医療の充実、チーム医療の推進等によって、患者個々の状態にふさわしい、良質かつ適切な医療を

効果的・効率的に提供する体制の構築を目的とする。主なものとして、①病床機能の分化と連携促進のため病床機能報告制度の導入と地域医療構想の策定、②在宅医療の促進、③特定機能病院の承認に関する更新制の導入、④看護師の届出制度の見直しによる看護職員の確保対策、ならびに特定行為に係る看護師の研修制度の導入、⑤医療事故調査制度の導入による医療事故調査の仕組みの整備、⑥臨床研究中核病院の創設による臨床研究の推進、⑦社団と財団の合併を可能にするため医療法人制度の見直し、などがあげられる。

第 7 次医療法改正　　平成 27（2015）年

医療施設相互間の機能の分担及び業務の連携を推進するため、①医療法人の経営の透明性の確保及びガバナンスの強化、②地域で医療機関等を開設する複数の非営利法人を一体的に運営する「地域医療連携推進法人」（原則として一般社団法人）の創設、がなされた。

第 8 次医療法改正　　平成 29（2017）年

安全で適切な医療提供の確保を推進することを目的に、①ゲノム医療の実用化に向けた遺伝子関連検査の制度の確保のため、医療機関が委託する検体検査業務の精度管理の基準の明確化、②特定機能病院におけるガバナンス体制の強化、③虚偽又は誇大な内容の禁止による医療機関のwebサイト等の適正化、④持分なし医療法人への移行計画認定制度の延長（移行計画の認定要件を見直し、認定を受けられる機関を 2020 年 9 月 30 日まで延長）、⑤都道府県知事等による医療機関開設者の事務所への立入検査権限等の創設、がなされた。

第 9 次医療法改正　　令和 4（2022）年

外来医療機能の明確化・連携や地域医療構想の実現に向けた医療機関の再編支援を柱とし、①医療機関の講ずべき医師の労働時間の短縮と健康確保のための措置の整備、②外来医療機能の明確化及び連携推進のための「外来機能報告制度」（療養病床又は一般病床を有する病院、診療所の管理者に外来について機能報告を求める）の創設、③地域医療構想の実現に向けた医療機関の取り組みに関する支援の仕組みの強化、に重点をおく。また、新型コロナウイルス感染症対応を踏まえた今後の医療提供体制の構築に向

けて、広く一般の医療連携体制にも大きな影響が及ぶ「新興感染症等の感染拡大時における医療」を現行の「5 疾病・5 事業」の「6 事業」目として、医療計画の記載事項に追加し、第 8 次医療計画の開始年度である 2024 年 4 月 1 日から施行する。

第 2 節　医療施設と医療提供体制

1. 医薬分業

「医薬分業」とは、医師（歯科医師）が、患者の診断と治療を行い、薬物治療が必要な場合に、医師（歯科医師）が、医療機関で患者に処方箋を作成・交付し、当該医療機関に属さない外部薬局の薬剤師が、当該処方箋を精査したうえで調剤を行い、患者に必要な指導を行うとともに薬剤を交付する制度である。なお、たとえ医師（歯科医師）の出した処方箋に基づき、薬剤師が調剤した場合でも、同一診療機関での院内処方箋による調剤（院内調剤）は、医薬分業には該当しない。

欧米では、早くから医薬分業制度が定着していたが、その起源は、神聖ローマ帝国のフリードリヒ 2 世が1231年に医師の調剤を禁止し、薬剤師が調剤することを定めた「薬剤師職能の大憲章」（1240年改正）であるとされている。①医師の薬室所有禁止、薬剤師との共同経営禁止、②医師の委員会による薬局監視、③薬局数の制限、④薬品調製基準の制定、⑤薬価計算法の制定、の 5 か条を基盤に薬の専門家による管理体制が定着し、発展を遂げてきた。

わが国では、明治 7 (1874) 年に、ドイツの医療制度を翻案して制定された「医制」によって初めて医薬分業が法制化され、医師の処方に基づき、薬舗で調剤することが規定された。また、明治22 (1889) 年に「薬律」と呼ばれる「薬品営業並薬品取扱規則」が制定され、薬舗を薬局、薬舗主を薬剤師と改称し、薬剤師の定義が明文化された。しかし、わが国では、医師による調剤が古くから慣例となっていたことや薬剤師不足も影響したことに加え、医師の自己調剤が認められ続けたために薬局での調剤は定着しなかった。

昭和26 (1951) 年、医薬分業の進展を図るために連合国総司令部の指令に

よって「医師法、歯科医師法及び薬事法の一部を改正する法律」（「医薬分業法」）が制定された。さらに、利益優先の医師や医療機関による薬の過剰投与、いわゆる「薬漬け医療」が批判されたこともあり、昭和31（1956）年に医薬分業法を改正し、医師・歯科医師・獣医師による調剤を禁止して完全な医薬分業への移行が試みられた。しかし、従来の既得権を保持するために日本医師会が強硬に反対したことも影響し、調剤について、「医師若しくは歯科医師が、特別の理由があり、自己の処方箋により自ら調剤するときを除き」と但し書きが追加された（薬剤師法19条但書）。そのため、医師による調剤は禁止されず、院外処方箋の発行も多くの例外規定が認められたために医薬分業は空洞化した。

　また、院内処方を受けた方が患者にとっては利便性が高いうえ、自己負担も低く、過剰に薬剤を処方されても薬剤師に対する負担感が希薄で、一般用医薬品を購入するより安く済むことも医薬分業が浸透しなかった一因である。実際に、医薬分業が定着し始めたのは、診療報酬点数における処方料の加増（1974年）がきっかけである。また、厚生省内における医薬分業推進基盤整備事業の開始（1985年）により、医薬分業のための社会基盤の整備と推進政策が進められたが、同じ医療機関の薬剤師が調剤する場合は、医薬分業とはいえないため、任意分業ともいえる特殊な医薬分業の状態が長く続くことになった。

　医薬分業が本格化するのは、第2次医療法改正で薬剤師が「医療の担い手」と定められ（1条の4第2項）、第5次医療法改正により、「調剤を実施する薬局」（保険薬局）が「医療提供施設」に位置付けられたことによる。薬の取扱いは、医師の手から薬の専門家である薬剤師に移行して、職業上の職務が急速に変動するとともに、薬剤師の社会的役割もこれまで以上に重要なものとなった。

　医師法による「処方箋交付義務」（22条）、薬剤師法における「調剤応需義務」（24条）、医療法における薬局の位置付け、保健医療における薬局・薬剤師業務などから、医薬分業は医療の基本方針であるといえる。実際、医療法に包括的医療の実践や医療提供施設等の機能的分担と連携が掲げられ、病院は集中的急性期管理と地域での初診及び慢性期管理を担うといったように役

割分担が示されている。また、高齢社会の進展や複数診療機関受診者の増加、医薬品入手機会の増加や国民の権利意識の高まりなどによって、患者の病歴や生活情報などの一元的管理の必要性は、薬物治療上無視できなくなっている。薬物治療の安全性・有効性の確保のためには、十分な情報提供・指導が必要となることから、医薬分業の増進が図られている。

　医薬分業によって、外来受診患者あるいは患者の家族が受けるメリットは、①医師と薬剤師がそれぞれ専門的な立場から処方をダブルチェックでき、薬物治療の適正性が確保されること、②処方箋交付による処方及び処方薬の情報開示により、患者自身の自己管理意識の向上が期待できること、③薬剤師による丁寧な服薬指導による患者の理解とアドヒアランス（患者が積極的に治療方針の決定に参加し、その決定に従って治療を受けること）の向上、ならびに患者への情報公開によるコンプライアンスの向上が見込まれること、④患者の意思によって薬局の選択が可能であり、患者の医療参加を推進できること、⑤かかりつけ薬局による薬歴の一元管理により重複投与（薬漬け治療の抑制）・相互作用の監視・回避を図ることができ、薬物療法の有効性・安全性が向上すること、⑥医療機関における医薬品の備蓄に左右されず患者に対し最善の処方が確保できること、⑦後発薬が存在する成分薬が処方されている場合、後発薬を取り扱う院外薬局のほうが薬代が安くなること、⑧個々の患者に合わせて一包化や剤形変更ができるなど調剤技術上の工夫で服用が容易になり、誤用防止に益すること、⑨患者の待ち時間の短縮、混雑の緩和が見込まれること、⑩院内在庫管理の負担が軽減され、調剤ロスなどが軽減すること、⑪病院薬剤師の外来業務負担の軽減により病院内で必要な専門的業務（例えば、入院患者管理等）に集中的に携わることで病棟業務の充実が期待できること、などがある。他方、デメリットは、①料金の支払いが２か所になるため、保険料における医療費負担（患者の自己負担金も）が増大すること、②医療機関と薬局の両方に行くことから、患者の手間が増大し、不便又は負担と感じる場合が多いこと、③複数の医療機関受診者で、かかりつけ薬局をもたない場合、薬歴管理が不十分となること、④処方医と薬剤師の連携が不十分な場合に患者が医療方針に対して不信感を抱く場合があること、⑤多くの病院・診療所を受け付ける体制になっていない薬局では、

薬の在庫が少なく処方薬をすぐにそろえられない場合があること、⑥病院や診療所の中に薬の在庫がない場合、時間外診療を行いにくくなること（なお、時間外診療に関しては、地域薬剤師会・調剤薬局の協力や病院職員の努力により、医薬分業に対応できているところは多々ある）、などがあげられる。

　医薬分業に最も期待される目的は、より安全で効果的な薬物治療の実現である。国民、患者がその目的を享受するためには、供給されるすべての医薬品が患者ごとに一元的に管理されることが必要である。そのためには、患者自身がいつも決まった薬局（かかりつけ薬局・かかりつけ薬剤師）から調剤薬などの提供を受けること（薬剤師の視点からこの患者の行動を「面分業」と呼ぶ）を習慣にすることが重要である。また、医薬分業を社会制度として根付かせるためには、医療全体を見据え、患者にとってより良い薬物治療を提供できるよう、薬学的知識を使い最大限に努力することが薬剤師に求められる。

【医薬分業率】

$$医薬分業率（処方箋受取率）＝ \frac{薬局への処方箋数}{外来処方箋数} \times 100$$

2. 医療提供施設と地域包括支援センター

　医療法は、「病院」、「診療所」とともに、介護保険法の規定による「介護老人保健施設」及び「介護医療院」、「調剤を実施する薬局」を「医療提供施設」と定義して（1条の2第2項）、医療と福祉の有機的連携を定め、各機能に応じた対応を求めている。

(1) 病院

　一般的に、医療を提供している施設のことを「病院」と呼ぶ。ただし、その機能、形態によって法的には名称が異なる。

1）病院の定義

　「病院」とは、医師又は歯科医師が、公衆又は特定多数人に対して医業又は歯科医業を行う場所であり、20人以上の患者を入院させるための施設を有するものをいい（1条の5第1項）、開設には、都道府県知事の許可が必

要である。「公衆」は、誰もが診察の対象となり、普通の病院は、公衆を対象とする。一方で、企業などの従業員やその家族の診療のみを請け負う場合など、「特定多数人」を対象とする病院も認められる。

　病院には、必要な設備が定められ（21条）【表1】、これらの中には、給食など業務委託も可能なものが含まれる（15条の2）。

【表1】　病院に必要な設備（医療法21条）

・各科専門の診察室　・手術室　・処置室　　・臨床検査施設
・エックス線装置　　・調剤所　・給食施設　・診療に関する諸記録
・産婦人科又は産科を有する病院にあっては、分娩室及び新生児の入浴施設
・療養病床を有する病院にあっては、機能訓練室
・消毒施設と洗濯施設（業務を委託する場合にはその業務に係る設備を除く）
・療養病床を有する病院にあっては、談話室と食堂と浴室

2）特殊な病院

[1] 地域医療支援病院

　国、地方公共団体、特別医療法人（42条2項）などが開設する病院のうち、所定の要件を満たし、あらかじめ都道府県医療審議会の意見を聴いた都道府県知事の承認を得て、地域を支える中核的基幹病院を「地域医療支援病院」という（4条）。従来の総合病院という名称をなくし、地域医療の向上を図るため、医療施設の体系化の一環として、第3次医療法改正で創設された。地域医療支援病院は、2次医療圏における中核病院として、地域で必要な医療の確保と地域医療機関の連携を図る役目を担う。

　地域医療支援病院は、紹介患者に対する医療提供、医療機器等の共同利用の実施などを通じてかかりつけ医等を支援する能力を有し、比較的大型で、地域の診療所や長期療養を主体とする病院から重症患者及び救急患者を常時受け入れることが可能で、原則的には外来より入院に力を注ぐ。

　地域医療支援病院の承認要件は、①他院の紹介患者、院外医師等の研修に対応できること、②24時間体制で救急医療を提供する能力を有すること、③地域の医療従事者の資質向上を図るための研修を行わせる能力を有するこ

と、④厚生労働省令で定める数（200人）以上の患者の入院施設を有すること、⑤通常の病院に必要な施設に加え、医薬品情報管理室、集中治療室、救急用患者輸送車などの施設を有すること【表2】、などである。地域医療支援病院の開設者には、年間の業務実績を記載した報告書の提出義務が課せられる。

　地域医療支援病院でないものは、地域医療支援病院又はこれに紛らわしい名称を付けることはできない。病院が地域医療支援病院と称するかは任意であるが、承認を受ける場合は、定められた要件が具備されていなければならないのは当然であり、この要件が欠けた場合や、定めるところに違反したときは、地域医療支援病院としての承認を取り消されることもある（29条3項）

【表2】　地域医療支援病院に必要な施設（医療法22条）

・集中治療室　　　　・診療に関する諸記録　　　・病理解剖室
・化学、細菌及び病理の検査施設
・講義室　　　　　　・研究室　　　　　　　　・図書室
・救急用または患者輸送用自動車
・病院の管理及び運営に関する諸記録
・医薬品情報管理室（医薬品に関する情報の収集、分類、評価や提供を行うための室）

[2]　特定機能病院

　国民全体に質の高い医療を提供し、医療施設の機能分化・体系化を図ることを目的に、第2次医療法改正で創設された制度が「特定機能病院」である（4条の2）。特定機能病院は、あらかじめ社会保障審議会の意見を聴いた厚生労働大臣が承認（承認の取消し）を個別に行う。

　承認要件は、①高度の医療を提供する能力を有すること、②高度の医療技術の開発及び評価を行う能力を有すること、③高度の医療に関する研修を行わせる能力を有すること、④厚生労働省令で定める診療科（16以上）を有すること、⑤厚生労働省令で定める数（400人）以上の患者の入院施設を有す

ること、⑥厚生労働省令で定める従業員数（医師は、通常の病院の 2 倍程度の配置が最低基準）、⑦無菌病室、医薬品情報管理室等の規定の施設を有すること【表 3】、⑧医療安全管理責任者の配置、⑨専従の医師、薬剤師及び看護師を配置した医療に係る安全管理を行う部門（医療安全管理部門）の設置、⑩監査委員会の設置、⑪高難度新規医療技術や未承認新規医薬品等の医療提供措置（適否等を決定する部門の設置等）、などである。特定機能病院の開設者には、年間の業務実績を記載した報告書の提出義務が課せられる。

　特定機能病院は、高度先進医療を提供する 3 次医療圏の中核となる病院で、医師や看護師など医療従事者の患者に対する員数も一般病院より多く、質の高い医療提供の場となっている。

　また、高度の医療を提供実施する特定機能病院の安全管理体制の強化を図るため、管理者の責任として、専任の「医療安全管理者」を置くなど院内の安全管理体制の確保についての基準等を定めている（医療法施行規則 9 条の23）。

【表 3】　特定機能病院に必要な設備（医療法22条の 2 ）

・集中治療室　　　・病理解剖室　　　・化学、細菌及び病理の検査施設
・講義室　　　　　・研究室　　　　　・図書室
・無菌病室　　　　・診療に関する諸記録
・病院の管理及び運営に関する諸記録
・医薬品情報管理室（医薬品に関する情報の収集、分類、評価や提供を行うための室）

[3] 臨床研究中核病院

　わが国は、基礎研究成果が豊富である一方、その実用化に向けた臨床研究が少ないことが懸念されてきた。先進医療を支え、難病を治療する革新的な医薬品・医療機器の開発には、質の高い臨床研究が必要となる。そのため、厚生労働省は、第 6 次医療法改正で臨床研究の中核的な役割を担う「臨床研究中核病院」を創設した。その目的は、日本初の革新的医薬品・医療機器の開発等のために、医療行為を行いながら医療における疾病の予防、診断な

らびに治療の方法の改善、疾病の原因及び病態の理解に関する研究を同時に行い、質の高い臨床研究を推進することであり、国際水準の臨床研究や医師主導治験の中心的な役割を担える体制（人員・設備など）を有する医療機関として整備を進めている。

　臨床研究中核病院は、一定の基準を満たした病院【表4】について、厚生労働大臣があらかじめ社会保障審議会の意見を聴いたうえで承認する（4条の3第2項）。承認要件は、①特定臨床研究（厚生労働省令で定める基準に従って行う臨床研究）に関する計画を立案し、及び実施する能力を有するこ

【表4】臨床研究中核病院の要件（医療法4条の3）

1. 特定臨床研究（厚生労働省令で定める基準に従って行う臨床研究をいう）に関する計画を立案し、及び実施する能力を有すること
2. 他の病院又は診療所と共同して特定臨床研究を行う場合にあっては、特定臨床研究の実施の主導的な役割を果たす能力を有すること
3. 他の病院又は診療所に対し、特定臨床研究の実施に関する相談に応じ、必要な情報の提供、助言その他の援助を行う能力を有すること
4. 特定臨床研究に関する研修を行う能力を有すること
5. その診療科名中に厚生労働省令で定める診療科名を有すること
6. 厚生労働省令で定める数以上の患者を入院させるための施設を有すること
7. その有する人員が医療法第22条の3の規定に基づく厚生労働省令で定める要件に適合するものであること
8. 医療法第21条第1項第2号から第8号まで及び第10号から第12号まで並びに第22条の3第2号、第5号及び第6号に規定する施設を有すること
9. その施設の構造設備が医療法第21条第1項及び第22条の3の規定に基づく厚生労働省令並びに同項の規定に基づく都道府県の条例で定める要件に適合するものであること
10. その他、特定臨床研究の実施に関する厚生労働省令で定める要件に適合するものであること

と、②特定臨床研究に係る基準は、㋑医薬品医療機器等法80条の2第2項に規定する治験であって、医薬品の臨床試験の実施の基準に関する省令（平成9年厚生労働省令第28号）等に従って実施されるもの、㋺治験以外の臨床研究であって、人を対象とする生命科学・医学系研究に関する倫理指針（令和3年文部科学省・厚生労働省・経済産業省告示第1号）に従って実施されるもの、③他の病院又は診療所と共同して特定臨床研究を実施する場合にあっては、特定臨床研究の実施の主導的な役割を果たす能力を有すること、④他の病院又は診療所に対し、特定臨床研究の実施に関する相談に応じ、必要な情報の提供、助言その他の援助を行う能力を有すること、⑤特定臨床研究に関する研修を行う能力を有すること、⑥その診療科名中に厚生労働省令で定める診療科名を有すること（内科、外科、精神科、小児科、皮膚科、泌尿器科、産婦人科、眼科、耳鼻咽喉科、放射線科、救急科、脳神経外科、整形外科、歯科、麻酔科のうち10以上とする。）、⑦厚生労働省令で定める数（400人）以上の患者を入院させるための施設を有すること、などである。臨床研究中核病院でない病院は、臨床研究中核病院と称してはならない（同3項）。臨床研究中核病院の開設者には、年間の業務実績を記載した報告書の提出義務が課せられる。

　臨床研究中核病院には、①当該病院が中核となって他の医療機関の臨床研究の実施をサポートしながら共同研究を行い、臨床研究を実施することで他の医療機関における臨床研究の質の向上を図ること、②臨床研究に参加を希望する患者が、質の高い臨床研究を行う病院を把握し、当該病院へアクセスできるようにすること、③患者を集約し、十分な管理体制のもとで診療データの収集等を行うことで臨床研究が集約的かつ効率的に行われること、などが求められる。

　臨床研究中核病院は、規制改革実施計画に新たな仕組みとして盛り込まれた「患者申出療養」で、前例のない診療を国に申請して実施することができる。日本再生戦略のもと、「選択と集中」を重視した施設を選定して重点的な支援を行うことにより、国際水準の臨床研究の実施のみならず、医師主導治験でなければ実施困難な難病・稀少疾患・小児疾患等の開発での中心的役割を担うことが期待されている【表5】。

【特定臨床研究】

・医薬品医療機器等法80条の 2 第 2 項に基づき実施される治験
・「人を対象とする医学系研究に関する倫理指針」に定める事項に則って実施
　される介入及び侵襲を伴う臨床研究

【表 5 】臨床研究中核病院の主要な 3 機能

1 ．大学等発の医薬品候補物質などを用いた国際水準（ICH-GCP準拠）の臨床
　　研究の実施
2 ．患者数の少ない難病・小児疾患等の医師主導治験の実施
3 ．市販後に既存薬の組み合わせ等により最適な治療法を見出す臨床研究の
　　実施

３）管理者の設置

　医療法10条は、「病院又は診療所の開設者は、その病院又は診療所が医業
をなすものである場合は臨床研修等修了医師に、歯科医業をなすものである
場合は臨床研修等修了歯科医師に、これを管理させなければならない。」と
して、医業をなす病院等の管理者を必ず臨床研修等修了医師（又は歯科医師）
と規定する。管理者には、①医療機能情報の提供（行政を介した情報提供）、
②医療法に基づく医療事故について医療事故調査・支援センターへの報告、
③医療法に基づく医療事故の原因究明のために医療事故調査を実施、④医療
の安全を確保するための指針の策定と整備、⑤医療に係る安全管理のための
職員研修（従業員に対する研修）の実施、⑥医療に係る安全管理のための委
員会を開催、⑦医薬品と医療機器の安全使用のための責任者を配置、などの
義務がある。

４）医療職の標準員数

　医療法18条と21条は、病院が科学的でかつ適切な診療が行えるよう、医
療職の法定の員数と施設、諸記録などについて細かく定める。18条は、「病
院又は診療所にあつては、その開設者は、厚生労働省令で定める基準に従い
都道府県の条例の定めるところにより、専属の薬剤師を置かなければならな
い。」と規定する。ここでいう厚生労働省令で定める基準は、病院又は医師

が常時 3 人以上勤務する診療所である。なお、薬剤師の員数について厚生労働省令で定める基準は以下の表のとおりである。

【厚生労働省令で定める薬剤師の設置基準】

	入院患者数					外来患者に係る取扱い処方箋数
	結核	感染症	一般	精神	療養	
病院	70人ごとに 1 人			150人ごとに 1 人		75枚ごとに 1 人
	特定機能病院に置くべき薬剤師の員数は、入院患者数 30ごと又はその端数を増すごとに 1 以上とし、調剤数80ごと又はその端数を増すごとに 1 を標準とする。					
	臨床研究中核病院は臨床研究に関わる薬剤師の員数として 5 人以上					
診療所	医師が常時 3 人以上勤務する場合、原則として必要（1 人）					

　また、病院及び診療所の医療職の人員配置については、政令、厚生労働省令で具体的事項を定める。ただし、特定機能病院は、21条に定めるもののほか、厚生労働省令で定めるところによる人員、施設を有し、かつ、記録を備えておくこととなっており、従業者数などが21条の規定と異なる（22条の 2 ）。

【一般病院における必要な医師数に係る算定式】医療法施行規則19条

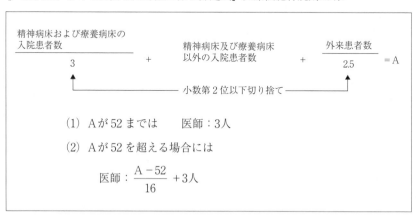

(1)　Aが52 までは　　　医師：3人

(2)　Aが52 を超える場合には

$$医師：\frac{A-52}{16}+3人$$

【員数の標準】

職種	一般病院								特定機能病院		臨床研究中核病院	療養病床を有する診療所
	病床区分							外来	入院（病床区分による区別はなし）	外来		
	一般	療養	精神		感染症	結核						
			(1) 大学附属病院並びに内科、外科、産婦人科、眼科及び耳鼻咽喉科を有する100床以上の病院	(2) (1)以外の病院								
医師	16:1	48:1	16:1	48:1	16:1	16:1	40:1（耳鼻科、眼科は80:1）	8:1	20:1	医師又は歯科医師5人以上	1人
看護師及び准看護師	3:1	4:1	3:1	4:1（ただし当面の間、看護職員5:1、看護補助を合わせて4:1とする）	3:1	4:1	30:1	2:1	30:1	15人以上	4:1
看護補助者	—	4:1	—		—	—	—	—	—	—	4:1
理学療法士・作業療法士	適当数								—	—	—

5）病床の区分と病床機能報告制度

　病床には、「精神病床」、「感染症病床」、「結核病床」、「療養病床」、「一般病床」の5つの種別があり（7条2項）、病床の区分を通じて病院の機能の違いを明確にしている。

　「精神病床」は、病院の病床であって、そのうち精神疾患を有する者を入院させるものをいう。

　「感染症病床」は、病院の病床であって、感染症予防法（平成10年法律第114号）に規定する1類感染症、2類感染症（結核を除く）、新型インフルエンザ等感染症、指定感染症の患者等を入院させるためのものをいう。

　「結核病床」は、病院の病床であって、結核患者を入院させるためのものをいう。

　「療養病床」は、病院又は診療所の病床のうち、精神病床・感染症病床・結核病床以外のものであって、病状は落ち着いているものの医療処置が必要

であり、在宅療養では対応が困難な長期療養を要する患者を収容する（1条の5）。一般病床に比べ患者数に対する医師や看護師の数は少ないが、適正な医療を提供するために病院の原則的な施設に足して機能訓練室等を設け、長期入院とリハビリテーションに中心をおく。医療保険が適用される「医療型」と介護保険適用の「介護型」がある。

「一般病床」は、病院又は診療所の病床であって、上記の病床以外の病床で、入院期間の長短は別として、患者の容態が人手を要し、医師・看護師・看護補助者など一定数以上の配置が必要とされる。主に、救急医療や短期入院での手術、肺炎など集中的な医療を要する状態の急性期患者を診る。ただし、一般病床は、その機能が明示されていないことから、多様な患者を受け入れるなど、患者の実態に見合った体制がとられていないとの指摘がある。

国内では、緊急性の高い治療や高度な医療を必要とする重症者向けの病棟が多い一方、軽症者向けの入院病棟は少ない。高齢化の進展で、心筋梗塞や脳卒中など治療後の回復に時間がかかったり、ちょっとした病気でも体調を崩して入院を必要とする患者が増えたこともあり、病院の役割は大きな転換を迫られている。

少子化で国全体の人口は減少し始めている。しかし、医療や介護の必要性が高まる75歳以上の高齢者は増え続け、それに伴い、脳卒中や骨折などの傷病が増加し、救急治療の後も回復に時間がかかる人は多くなる見通しである。高齢者向けのリハビリや在宅復帰の支援を強化しない限り、入院中心の医療からは脱却できないことから、入院医療全体の強化を図ることと退院患者の生活を支える在宅医療及び介護サービス提供体制を充実させていくことを目的に、第6次医療法改正で「病床機能報告制度」が創設された。

入院病床の役割は、①重症患者の集中治療などを担う「高度急性期」、②一般的な手術や救急に対応する「急性期」、③リハビリや退院支援に力をいれる「回復期」、④長期療養を担う「慢性期」、の4機能【表6】に明確に分類された。また、入院中心の医療から脱却し、在宅医療を推進するため、一般病床又は療養病床を有する医療機関（病床機能報告対象病院等）の管理者が、病床機能の分化及び連携推進のため、当該病床機能報告対象病院等の病床の機能に応じ、病棟単位で「高度急性期機能」、「急性期機能」、「回復期機

【表6】　医療機能の分類

一般病床	療養病床	感染症病床	結核病床	精神病床

病床機能を以下の4区分に細分化し、医療機関は有する病床の機能を都道府県に報告

名　称	医療機能の内容
高度急性期機能	・急性期の患者に対し、状態の早期安定化に向けて、診療密度が特に高い医療を提供する機能
急性期機能	・急性期の患者に対し、状態の早期安定化に向けて、医療を提供する機能
回復期機能	・急性期を経過した患者への在宅復帰に向けた医療やリハビリテーションを提供する機能 ・特に、急性期を経過した脳血管疾患や大腿骨頸部骨折等の患者に対し、ADLの向上や在宅復帰を目的としたリハビリテーションを集中的に提供する機能（回復期リハビリテーション機能）
慢性期機能	・長期にわたり療養が必要な患者を入院させる機能 ・長期にわたり療養が必要な重度の障害者（重度の意識障害者を含む）、筋ジストロフィー患者又は難病患者等を入院させる機能

【病院・病床（ベッド）の役割分担のイメージ】

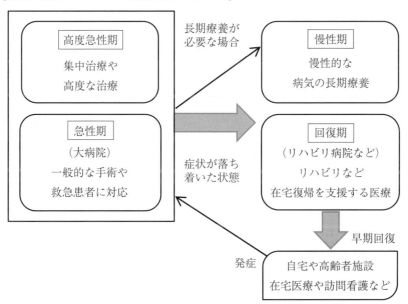

能」、及び「慢性期機能」の4区分から1つを選択し、①厚生労働省令で定める日（基準日）における医療機能、②6年が経過した時点における医療機能の予定（病床ごと）、③翌年や2年後といった比較的短期の医療機能の変更予定がある場合、変更の時期の目途と変更後の機能、④2025年時点における医療機能（任意）、などを所在地の都道府県知事に報告しなければならない。

この制度により、各医療機関から報告された情報によって、都道府県は、地域の医療機関が担っている医療機能の現状を把握・分析し、その分析結果から2025年時における2次医療圏ごとの各医療機能の需要と必要量をもとに、その地域にふさわしいバランスのとれた医療機能の分化と連携を適切に推進するための地域医療構想を策定し、新たな医療計画を策定することになる。また、国は、報告された情報を活用し、地域医療構想のガイドラインを策定する。患者のニーズにあった病床への自主的な転換を各病院に求めて、急性期から回復期への転換を医療機関に促し、入院患者がなるべく早く自宅に戻れる体制を整える方針である。転換が進まない場合は、地域の医師会や保険運営者などからなる会議が調整し、必要ならば知事が病院に転換を促す。また、長期入院の受け皿となっている「慢性期」病床の削減も目指している。増大する医療費の伸びを抑えるとともに、超高齢社会に適した病院の役割分担を促して、入院医療の効率化を図るのが狙いである。

(2) 診療所

「診療所」とは、患者を入院させるための施設を有しないもの（無床診療所）又は出産を扱う産科診療所のように19人以下の患者を入院させるための施設（有床診療所）を有するものをいい（1条の5第2項）、臨床研修等修了医師（又は歯科医師）の開設は開設後10日以内に都道府県知事（保健所設置市長、特別区長を含む）への届出義務（8条）、それ以外の者の開設（7条）ならびに入院施設を有する診療所の開設（7条の3）には都道府県知事（保健所設置市長、特別区長を含む）の許可が必要である。なお、公衆又は特定多数人のため往診のみによって診療に従事する医師は、その住所をもって診療所とみなす（5条）。

有床診療所の管理者は、入院患者の病状急変時に、その診療所の医師が、

速やかに、かつ適切な医療提供が行えるよう診療体制の確保に努めるとともに、他の病院又は診療所との緊密な連携を確保することが義務付けられている。また、良質かつ適切な医療の効率的な提供を目的に、他の医療提供機関との業務連携を図りつつ、提供する医療の内容に応じ、患者が住み慣れた地域で日常生活を営むことができるよう、①病院を退院する患者が居宅における療養生活に円滑に移行するために必要な医療を提供すること、②居宅において必要な医療を提供すること、③患者の病状が急変した場合その他入院が必要な場合に入院させ、必要な医療を提供すること、に努めなければならない（30条の7第2項）。

(3) 助産所

助産師が公衆又は特定多数人のためその業務（病院又は診療所において行うものを除く。）を行う場所を「助産所」という（2条1項）。助産所は、妊婦、産婦又は褥婦（分娩終了後、母体が正常に回復するまでの期間（通常6週間）における婦人をいう）を10人以上収容する施設を有してはならない（同2項）。

助産所の開設者は、助産師にその助産所を管理させなければならず（11条）、助産所の開設者が助産所の管理者となることができる者である場合は、原則として自ら助産所を管理しなければならない（12条）。また、助産所の開設者は、嘱託医師（原則として病院又は診療所において産科又は産婦人科を担当する医師）及び病院又は診療所を定めておかなければならない（19条）。なお、出張のみによってその業務に従事する助産師については、嘱託医師を定める必要はないとされる。

(4) 薬局

「薬局」は、地域における医薬品供給の拠点として、薬剤師が販売又は授与の目的で医薬品の調剤業務並びに薬剤及び医薬品の適正な使用に必要な情報提供及び薬学的知見に基づく指導業務を行う場所（その開設者が医薬品の販売業を併せて行う場合には、その販売業に必要な場所を含む）をいう（医薬品医療機器等法2条の12、以下「薬機法」）。薬局は、第5次医療法改正により「医療提供施設」として位置付けられ（医療法1条の2第2項）、単なる医薬品販売店舗でなく、「調剤」という医療を提供する場所でもあることが明文

化された。薬局は、その機能に応じて効率的に、また、福祉サービスその他の関連するサービスと有機的な連携を図り、医療を提供する義務を負う。

　薬局の開設には、その所在地の都道府県知事（保健所設置市長、特別区長）の許可を得なければならず（薬機法 4 条 1 項）、6 年ごとにその許可を更新しなければならない（同 4 項）。許可要件は、薬局の構造設備（十分な換気と清潔、19.8㎡以上で適切に業務を行うことができる、医薬品陳列場所で60ルクス以上・調剤台上で120ルクス以上の照明、鍵のかかる貯蔵設備など）、実務に従事する薬剤師の員数（前年度 1 日平均処方箋受付枚数40枚につき 1 名以上、ただし眼科・歯科・耳鼻咽喉科の処方箋は 1 枚を 3 分の 2 として計算する）、及び申請者の人的要件があげられる（同法 5 条）。なお、薬局開設の許可要件は、相対的要件であるため、要件を満たさない場合又は抵触する場合には許可を与えられないことがある。

　医薬品を取り扱う場所で、薬局開設の許可を受けた薬局にのみ「薬局」の名称独占が認められている。ただし、病院若しくは診療所又は飼育動物診療施設の調剤所は、長い間「薬局」と呼ばれていたことから、例外として、個別の薬局開設許可がなくても「薬局」の名称をつけることができる（同法 6 条）。

　薬局には、開設・経営主体の非営利性が求められていないことから、薬局開設者は必ずしも薬剤師である必要はなく、薬局開設者には特別な資格は求められていない。薬局の管理者は、例外なく薬剤師（管理薬剤師）であることが求められ、薬局開設者が薬剤師であるときは、原則として自らが管理者となって薬局を実地に管理しなければならない（同法 7 条 1 項）。薬局開設者が薬剤師でないときは、例外としてその薬局内において薬事に関する実務に従事する薬剤師のなかから薬局管理者を指定して、その薬局を実地に管理させることができる（同 2 項）。この規定に違反した場合、罰則（1 年以下の懲役若しくは100万円以下の罰金又は併科、両罰規定）が科せられる（同法86条 1 項第 1 号、89条）。

　薬局管理者は、生命に関わる業務の責任者としてその業務所を実地に管理する義務があり、原則としてその業務所外での兼業が禁止される（同法 7 条 3 項）。ただし、学校薬剤師など、都道府県知事の許可を受けた場合に一部

の兼業が許されている。また、薬局管理者は、業務における顧客の安全確保を目的に、保健衛生上支障を生ずるおそれがないよう、その薬局に勤務する薬剤師その他の従業員を監督し、その薬局の構造設備及び医薬品その他の物品の管理、その他その薬局の業務につき、必要な注意をしなければならず（同法 8 条 1 項）、薬局開設者に対し、その薬局の業務につき必要な意見を述べなければならない（同 2 項）。

　経営者でもある薬局開設者は、医療を受ける者が薬局の選択を適切に行うことができるよう、必要な情報として厚生労働省令で定める事項を当該薬局の所在地の都道府県知事に報告するとともに、当該事項を記載した書面を当該薬局において閲覧に供する義務を負う（同法 8 条の 2）。また、厚生労働大臣又は都道府県知事は、必要があると認めたときに薬局開設者に報告を求め、立ち入り検査をすることができる（同法69条）。

　薬局開設者には、薬剤師法により薬剤師が個人として義務付けられている情報提供等の内容（薬剤師法21条、23-25条の 2）とは別に、薬機法において、調剤された薬剤の販売等についての責任を明確化している。薬局開設者は、医師又は歯科医師から交付された処方箋により調剤された薬剤の適正な使用のため、当該薬剤を販売し、又は授与する場合には、厚生労働省令で定めるところにより、その薬局において薬剤の販売又は授与に従事する薬剤師に、対面により、厚生労働省令で定める事項を記載した書面（当該事項が電磁的記録（電子的方式、磁気的方式その他人の知覚によっては認識することができない方式で作られる記録であって、電子計算機による情報処理の用に供されるものをいう。）に記録されているときは、当該電磁的記録に記録された事項を厚生労働省令で定める方法により表示したものを含む。）を用いて必要な情報を提供させ、及び必要な薬学的知見に基づく指導を行わせなければならない（薬機法 9 条の 3）。なお、2019年の薬機法改正で、対面での情報提供には、「映像及び音声の送受信により相手の状態を相互に認識しながら通話をすることが可能な方法その他の方法により薬剤の適正な使用を確保することが可能であると認められる方法として厚生労働省令で定める方法」を含むと規定された（同法 9 条の 3 第 1 項）。これにより、一定のルールのもとでテレビ電話等による遠隔での服薬指導が可能となった。

　また、薬局開設者の義務として、その薬局の薬剤師に、調剤時に限らず、必要に応じて患者の薬剤の使用状況の把握や服薬指導を行わせる義務を課している。薬局開設者は、この時の情報の提供及び指導の内容を記録させなければならない。

(5) 介護老人保健施設

　「介護老人保健施設」は、介護保険法（平成 9 年法律第123号）の規定により、介護保険が適用される介護老人保健施設をいう（医療法 1 条の 6 ）。要介護者（その治療の必要の程度につき厚生労働省令で定めるものに限る）に対して、施設サービス計画に基づく看護・医学的管理のもとに在宅復帰・在宅療養支援を行うことを目標に、心身の機能回復訓練を行うための地域拠点となる施設として都道府県知事の許可を得たものをいう（介護保険法 8 条28項）。設急性期の心身の病気や障害により、急性期病院と回復期（リハビリ）病院で治療を受けたが、自宅で自力で生活できる状態まで回復しなかった要介護者に対し、心身の機能回復（リハビリ）訓練、食事・排泄・入浴・就寝・健康管理などの日常生活の介護、心身の機能維持、通院への付き添い、急性の病気・負傷時の病院への搬送・付き添い、介護保険が適用されるサービスに関する相談などを行い、できる限り自宅での生活に復帰できることを目標にする施設である。

(6) 介護医療院

　2018年 4 月の第 7 期介護保険事業計画に則り、新たに創設された施設である。長期的な医療と介護のニーズを併せ持つ高齢者を対象とし、「日常的な医学管理」や「看取りやターミナルケア」等の医療機能と「生活施設」としての機能とを兼ね備える。介護医療院 I 型・ II 型の 2 つの形態があり、 I 型は介護療養病床に、 II 型は老人保健施設に相当する。

	介護医療院 I	介護医療院 II
基本的性格	要介護高齢者の長期療養・生活施設	
主な利用者像	重篤な身体疾患を有する者及び身体合併症を有する認知症高齢者等（療養機能強化型 A・B 相当）	I に比べて容体は比較的安定した者
施設基準（人員配置）	介護療養病床相当	老人保健施設相当

(7) 地域包括支援センター

　日本は、諸外国に例をみないスピードで高齢化が進んでいる。このような状況の中、団塊の世代が75歳以上となる2025年以降は、国民の医療や介護の需要がさらに増加することが見込まれている。このため、厚生労働省は、2025年を目途に高齢者の尊厳の保持と自立生活の支援の目的のもとで、介護を必要とする状態になっても可能な限り住み慣れた地域で、自分らしい暮らしを人生の最期まで続けることができるよう、「住まい」、「医療」、「介護」、「予防」、「生活支援」を一体的に提供する地域の包括的な支援・サービス提供体制（地域包括ケアシステム）の構築を推進している。

　平成17（2005）年の介護保険法改正により、高齢者の保健医療の向上及び福祉の増進を包括的に支援することを目的に、地域包括ケア実現に向けた中核的な行政機関として「地域包括支援センター」が新設された。市町村ごとに設置され、保健師・主任介護支援専門員（主任ケアマネジャー）・社会福祉士の3つの専門職又はこれらに準ずる者が、相互の専門性を生かし連携しながら、地域の高齢者の介護予防・総合支援・権利擁護及びケアマネジャー支援などの業務にあたる。

　地域包括支援センターの設置・運営は、中立性の確保、人材確保支援などの観点から、市町村ごとに置かれる地域包括支援センター運営協議会（市町村、地域サービス事業者、関係団体など、被保険者の代表で構成される）が関わる。

　地域包括支援センターは、法律上は市町村事業として地域支援事業を行う機関であるが、外部委託も可能である。市町村以外に社会福祉法人、医療法人、その他市町村に委託された法人が運営主体となって介護予防支援事業所として機能し、要支援認定を受けた者の介護予防マネジメントを行う。従来は、地域包括支援センターの業務の多くを基幹型在宅介護支援センターが担っていたこともあり、在宅介護支援センターから地域包括支援センターに移行したところも少なくなく、地域包括支援センターと介護予防支援事業の一体的運営がなされるよう法律上の組み立てがされている。

3. 医療法人

(1) 医療法人とは

　医療技術の向上と医療の安定的普及を図るためには、医師・歯科医師・看護師などの人的要素だけではなく、医業の永続性を確保するための経済的要素も重要となる。ただし、医療法は、営利を目的とする医療施設の開設を認めていない（7条の5）ことから、会社組織による医業経営は認められない。このような医療分野の特性を踏まえたうえで、医療経営の非営利性を損なうことなく、資金の集積を容易にすることができる新たな経営主体の形態が「医療法人」である。

　医療法人は、名称を独占し（40条）、自主的にその運営基盤の強化を図るとともに、提供する医療の質の向上及び運営の透明性の確保を図り、その地域における医療の重要な担い手としての役割を積極的に果たすよう努めることを責務とする（40条の2）。医療業務以外に定款又は寄付行為の定めるところにより、医療関係者の養成・再教育、医学又は歯学に関する研究所の設置その他の業務を行うことができる（42条）。役員は、3人以上の理事及び1人以上の監事が原則であるが、都道府県知事の認可を受ければ理事は1人でもよい（46条の2）。

　第1次医療法改正において、常勤の医師・歯科医師が1人で法人格を取得できる1人医療法人制を認め、さらに第3次医療法改正で老人居宅介護事業などを医療法人の業務に追加し、高齢社会へ向けた医療法人制度の再構築が図られた。

(2) 社会医療法人

　第5次医療法改正に伴い、平成19（2007）年4月より、非営利性の徹底、公益性の高い医療の実施、会計監査の強化・役員の責任強化などガバナンス強化を目的とした医療法人制度改革が実施された。この改革で、民間の非営利法人である医療法人が、地域医療の担い手に位置付けられるとともに、公益性の高い医療法人類型として「社会医療法人」が創設された。なお、公益性の高い医療とは、「休日・夜間診療などの救急医療」、「周産期医療」、「へき地医療」、「災害医療」、「小児医療」等である。

　医療法人は、非営利法人であることから、本来ならば一般に行える事業

は、病院などの経営に関するごく限られたものになるが、社会医療法人は、公益性を担保する条件を満たし、都道府県知事の認定を受けることで、厚生労働大臣の定める比較的幅広い事業から得られる収益を、病院・診療所・介護老人保健施設などの本来事業へ充てることができる（42条の2）。これにより、医療の非営利性を保ったまま、経営の透明化と効率化、地域医療の安定化を目指す制度である。また、社会医療法人は、救急医療等確保事業の実施に資するため、社会医療法人債（社債）の発行が認められている（54条の2）。

(3) 医療法人の設立

病院や診療所の開設は、個人でもできるが、社団（社員の出資により設立される）、又は財団（寄付金により設立される）が医療法人を設立し、その医療法人に病院、診療所又は介護老人保健施設を開設させることができる（39条）。その設立には、都道府県知事の認可を必要とする（44条）。

従来は、社団同士又は財団同士の合併は認められていたものの、社団と財団の合併に係る規定がなかったことから、原則的に社団と財団の合併は認められていなかった。しかし、第6次医療法改正に伴い、社団と財団の合併が可能となった（57条）。

4. 医療提供体制の確保

(1) 基本方針

医療法は、国及び地方公共団体に対して、「国民に対し良質かつ適切な医療を効率的に提供する体制が確保されるよう努めなければならない」（1条の3）と規定するとともに、良質かつ適切な医療を効率的に提供する体制の確保を図るために厚生労働大臣が多面的な基本方針【表7】を定めるものとする（30条の3）。具体的には、①基本的方針、②医療計画の作成、③目標、④連携、⑤情報提供、などに関する事項である。

(2) 医療計画

わが国の医療機関は、国民皆保険により、病床が増加し量的には整備されている。しかし、一方で、医療資源の偏在、医療機関相互の連携欠如などの問題を抱えている。

【表7】　基本方針（医療法30条の3第2項）

1．医療提供体制の確保のため講じようとする施策の基本となるべき事項
2．医療提供体制の確保に関する調査及び研究に関する基本的な事項
3．医療提供体制の確保に係る目標に関する事項
4．医療提供施設相互間の機能の分担及び業務の連携並びに医療を受ける者に対する医療提供施設の機能に関する情報の提供の推進に関する基本的な事項
5．第30条の4第2項第7号に規定する地域医療構想に関する基本的な事項
6．地域における病床の機能（病院又は診療所の病床において提供する患者の病状に応じた医療の内容をいう）の分化及び連携並びに医療を受ける者に対する病床の機能に関する情報の提供の推進に関する基本的な事項
7．外来医療に係る医療提供体制の確保に関する基本的な事項
8．医師の確保に関する基本的な事項
9．医療従事者（医師を除く）の確保に関する基本的な事項
10．第30条の4第1項に規定する医療計画の作成及び医療計画に基づく事業の実施状況の評価に関する基本的な事項
11．その他医療提供体制の確保に関する重要事項

　地域の実情に応じて必要な医療提供体制の確保のために、第1次医療法改正で「医療計画」が導入された。各都道府県は、厚生労働大臣が定める基本方針に基づき、各都道府県の医療事情などを考慮して、公衆衛生事業、社会福祉事業との連携を図り、医療供給体制の確保・システム化を目的とした「医療計画」を策定し、公示することが義務付けられた（30条の4）。具体的には、①医療連携体制における医療機能に関する情報の提供の推進に関する事項、②生活習慣病等の治療又は予防に係る事業に関する事項、③救急医療、へき地医療等の確保に必要な事業（救急医療等確保事業）に関する事項、④医療の安全の確保に関する事項、などを定めることになっている。

　患者の転院・退院後も考慮した切れ目のない医療提供と、早期に在宅生活へ復帰できるよう病院の規模や患者の受動行動による流れが見直され、患者

の視点にたち、QOLの向上と、安全で質の高い効率的な医療連携体制の構築を重視し、医療計画は、第5次医療法改正及び第6次医療法改正で大きく見直された。都道府県は、医療計画を少なくとも6年ごとに再検討することを原則とし、在宅医療など介護保険に関する部分については、都道府県介護保険事業支援計画にあわせて中間年（3年）で見直すことになった。なお、都道府県は、医療計画を定め、又は変更する際は、あらかじめ都道府県医療審議会及び市町村の意見を聴かなければならない。また、新型コロナウイルス禍を踏まえ、患者を受け入れる医療機関の選定や一般医療を担う病院との役割分担を定めるために、第9次医療法改正では、医療計画に「新興感染症等の感染拡大時における医療」が追加されることになった。2023年度から都道府県で策定作業が始まる第8次医療計画では、患者が多い5疾病（癌・脳卒中・急性心筋梗塞・糖尿病・精神疾患）と地域住民にとって重要な5事業に感染症対策を加えた6事業（小児医療・周産期医療・救急医療・災害医療・へき地医療・新興感染症等医療）及び在宅医療を柱として医療提供体制の構築を進めることになっている（2024年4月1日施行）【表8】。

　疾病別・事業別に水平の医療連携ネットワーク体制を組むこと（診療連携）、患者及び患者が関係する医療機関で「地域連携クリティカルパス（クリニカルパス）」の共有を通じて効率的で質の高い医療提供ができるよう医療機能の分化・連携を推進することが定められている。「地域連携クリティカルパス」とは、急性期病院から回復期病院を経て早期に自宅に戻れるような治療計画（診療計画）のことで、患者が治療を受けるすべての医療機関等で共有して用いられる。地域連携クリティカルパスは、診療にあたる複数の医療機関等が、役割分担を含め、あらかじめ診療内容を患者に提示・説明することにより、患者が安心して医療を受けることができるようにするためのものである。内容は、施設ごとの治療経過にしたがって、診療ガイドラインなどに基づき診療内容や到達目標などを診療計画として明示する。これにより、回復期病院では、患者がどのような状態で転院してくるのかをあらかじめ把握することができるため、検査の重複を回避できるなど、転院早期から効果的なリハビリテーションを開始することができる。

【表 8 】医療計画で定められているもの［一部抜粋］(医療法30条の 4 第 2 項)

1．医療提供施設相互間の機能の分担及び業務の連携を確保するための体制に
　関する事項
2．医療連携体制における医療提供施設の機能に関する情報の提供の推進に関
　する事項
3．生活習慣病その他の国民の健康の保持を図るために特に広範かつ継続的な
　医療の提供が必要と認められる疾病として厚生労働省令で定めるものの
　治療又は予防に係る事業に関する事項
4．「救急医療等確保事業」に関する事項（救急医療、災害時における医療、
　へき地の医療、周産期医療、小児医療（小児救急医療を含む）、新興感染症
　等の感染拡大時における医療）
5．居宅等における医療の確保に関する事項
6．医療従事者の確保に関する事項

【地域連携クリティカルパス】

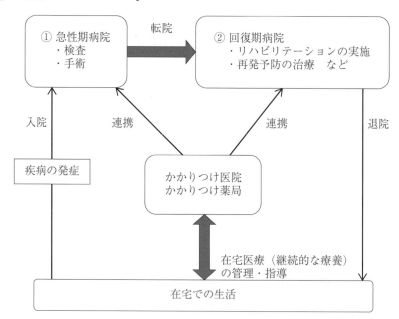

5. 医療機関の情報提供と広告制限

(1) 医療に関する情報の支援

　患者自らの判断による適切な医療機関の選択を確保するためには、施設機能の評価とその情報の開示が不可欠である。第 5 次医療法改正で、「医療に関する選択の支援等」の章（6 条の 2 以下）を設け、「医療機能情報提供制度」を創設した。この制度は、すべての病院、診療所、助産所に対し、厚生労働省令で定める事項（名称、開設者、管理者、所在地、電話番号、診療科目、診察日、診療時間、病床種別及び届出・許可病床数などの基本情報と、管理・運営・サービス等に関する事項、提供サービスや医療連携体制に関する事項、医療の実績・結果に関する事項）に関する情報の報告を義務付け、一定情報を都道府県に一律に集約し、報告のあった内容を比較可能なように都道府県が整理し、インターネットのホームページなど住民が利用しやすい形で公表する仕組みである。なお、薬局にも同様の制度が設けられている。

　また、情報の理解に対する細やかな支援を目的に、都道府県の医療安全支援センターを医療法上に位置付け、患者・医療機関への助言等の機能を明確にするとともに、医療機関に対して患者からの相談に適切に応じる努力義務も定めている（6 条の 2 第 2 項）。

(2) 診療科名と広告規制

　医業・歯科医業について、公衆に知らせるためには「広告」が必要となる。「広告」とは、不特定又は多数の人に対して、一定の事項を一般的に知られるような方法で告知することである。ただし、その広告が虚偽又は誇大なものになれば、是非を判断する能力を有しない一般大衆を迷わすことにもなりかねないことから、広告しうる事項・方法などに制限を設けている。

　患者や住民に必要事項を正しく伝え、自分の病状等に合った適切な医療機関の選択ができるよう、その支援を目的に、第 5 次医療法改正で広告可能な診療科名の改正を行い、個別列挙方式から広範に規制する包括規定方式に見直しがなされた。包括規定方式は、全体的に柔軟な解釈をし、身体の部位や患者の疾患等、一定の性質を有する名称を診療科名とすることができる。

　(i)「内科」「外科」は、単独で診療科名として広告することが可能であるとともに、

(ⅱ)従来、診療科名として認められなかった

　　［a］身体や臓器の名称

　　［b］患者の年齢、性別などの特性

　　［c］診療方法の名称

　　［d］患者の症状、疾患の名称

の事項についても、医療法施行令3条の2第1項ハに規定する事項に限り「内科」「外科」と組み合わせることにより、新しい診療科名として広告することが可能である。

(ⅲ)その他、医療法施行令3条の2第2項ニ(1)に定める診療科名である「精神科」、「アレルギー科」、「リウマチ科」、「小児科」、「皮膚科」、「泌尿器科」、「産婦人科」（「産科」又は「婦人科」と代替することが可能）、「眼科」、「耳鼻咽喉科」、「リハビリテーション科」、「放射線科」（「放射線治療科」又は「放射線診断科」と代替することが可能）、「救急科」、「病理診断科」、「臨床検査科」についても、単独の診療科名として広告することが可能である。

　また、これらの診療科名と上記(ⅱ)の［a］から［d］までに掲げる事項と組み合わせることにより、新しい診療科名として広告することも可能である。なお、改正後の平成20（2008）年4月より「神経科」、「呼吸器科」、「消化器科」、「胃腸科」、「循環器科」、「皮膚泌尿器科」、「性病科」、「肛門科」、「気管食道科」の9つの診療科名は広告することができなくなった。ただし、改正に係る経過措置として、同日前から広告していた診療科名については、看板の書き換え等、広告の変更を行わない限り、引き続き広告することが認められている。

　厚生労働大臣が、医道審議会の意見を聞いて許可を与えた診療科名に麻酔科があるが、麻酔科は、厚生労働大臣に必要な申請書を提出し、許可を受けなければ診療科名を広告することができない。申請に際しては、医師免許を受けた後、2年以上麻酔の業務に従事し、かつ、麻酔の実施を主に担当する医師として気管への挿管による全身麻酔を300症例以上実施した経験を有していることが必要となる。

　なお、助産師業務に関する広告も、医業・歯科医業と同様の制限が置かれ

ている。

第3節　医療職の資格要件と業務規定

1. 医療職の資格要件と欠格事由

　医療は、人の生命・身体をその対象としていることから、職務の実施には資格取得を必要とするものが多く、職種ごとの関連法規にその要件が規定されている。医療職の資格を得るための要件には、積極的（実質的）要件と消極的要件（欠格事由の不存在）がある。積極的要件は、技術と知識を獲得するために一定の養成課程を修了することで受験資格を得て、試験に合格することである。医療職の資格試験は、准看護師を除いて毎年少なくとも 1 回厚生労働大臣が実施する国家試験により行われる（医師法10条、歯科医師法10条、保健師助産師看護師法18条など）。准看護師は、毎年少なくとも 1 回都道府県知事が実施する（保健師助産師看護師法18条）。ただし、医療職は、国家試験に合格するだけでは職務を行うことはできない。都道府県知事から資格を与えられる准看護師を除き、医療職は厚生労働大臣から免許を受け、厚生労働省にある「医籍」「歯科医籍」、各資格毎の「簿」に登録されることが職務遂行の条件となる。

　また、医療資格に共通する消極的要件として、免許取得に際し欠格事由に該当しないことを定めている。欠格事由には、当該事由に該当すれば無条件に免許を与えられない「絶対的欠格事由」と、欠格の状況により場合によって免許を与えられないことがある「相対的欠格事由」がある。何が欠格事由にあたるかは、各職種の業務内容により様々であるが、基本的には免許を受けようとする者が当該職務を支障なく行えるか否かが判断基準となる。

　「絶対的欠格事由」に該当するものは、未成年者である（医師法 3 条、歯科医師法 3 条、薬剤師法 4 条）。

　「相対的欠格事由」に該当するものは、①心身の障害により業務を適正に行うことができない者として厚生労働省令で定めるもの、②麻薬、大麻又はあへんの中毒者、③罰金以上の刑に処せられた者、④前号に該当する者を除くほか、医事に関し犯罪又は不正の行為のあった者である（医師法 4 条な

ど）。このうち①に該当する者は、医師法施行規則1条において「視覚、聴覚、音声機能若しくは言語機能又は精神の機能の障害により医師の業務を適正に行うに当たつて必要な認知、判断及び意思疎通を適切に行うことができない者」とされる。免許の申請者が規則1条に規定する者に該当すると認められた場合、厚生労働大臣は、その者に免許を与えるかどうかを決定するに際して、当該者が現に利用している障害を補う手段又は当該者が現に受けている治療等により障害が補われ、又は障害の程度が軽減している状況を考慮しなければならない（医師法施行規則1条の2）。なお、厚生労働大臣は、免許の申請者が前記①に該当することを理由に免許を与えない旨を通知し、かつ申請者から求めがあったときは、指定する職員に意見を聴取させなければならない（医師法6条の2）。また、相対的欠格事由又は「医療従事者としての品位を損する行為」があった場合などには、免許取消、業務停止（3年以内）、戒告などの処分がなされることがある。ただし、免許の取消や停止には理由が必要であり、医師や医療従事者には必ず弁明の機会が与えられている。

2. 医療職の業務独占・名称独占

(1) 業務独占

　医療行為は、生身の人間の生命・身体を対象とするものであり、一歩間違えば重大な結果を招くことにもなりかねないことから、医療行為を安全に実施するためには医学上の専門的な判断や技術が欠かせない。そのため、法は、原則として医療行為を禁止し、一定の知識と技術を有する者に限ってこれを許可する。このように無資格者に対し特定の業務を行うことを禁止する制度を「業務独占」と呼ぶ。

　医師法17条は、「医師でなければ、医業をなしてはならない。」と規定し、国民の生命・健康に対する危険を未然に防止するために、医業は、医師に独占させるとして、広く無資格者の行為を規制する。「業とする」とは、職業や事業として行う必要はなく、反復継続して一定の行為を行う意思があれば足りる。したがって、営利目的か否かは関係なく、また一回の医療行為であったとしても、この意思をもってなされる限り「医業」にあたる。判

例・通説は、「医師が行うのでなければ保健衛生上危害を生ずるおそれのある行為」を医療行為と定義し、その要件について、治療目的を必ずしも必要とせず、医学的判断や技術がなければ危険な行為を医療行為と捉える。この規定に違反した場合は、無免許医業罪として 3 年以下の懲役又は100万円以下の罰金（あるいは両者を併せた刑）に処せられる（同法31条 1 項 1 号）。

　歯科医師、薬剤師、助産師、看護師も高度な専門知識と技能を必要とし、無資格者が業務を行えば患者に重大な被害を発生させる可能性が高いことから、有資格者にのみ業務を独占させている。ただし、助産師については、医業との関係から、①単独で行えるもの、②医師の指示がなければ行えないもの、③医師の指示があっても行えないもの、がある。

(2) 名称独占

　法は、原則として全ての医療職に「名称独占」の規定を設け、医療関係者の名称を用いることを一定の知識と技術を有する者に制限する。医師免許・歯科医師免許をはじめ医療職の資格制度にほぼ共通してみられる。

　「名称独占」とは、社会的にその名称を自己のものとして使用することで、資格を有している者のみがその職種を名乗り業務を成し得る。広告よりも意味が広く、社会的に流布するような方法で使用することをすべて含む。名称独占の目的は、①無資格者が医療関係者と混同するような名称を使用することによって生ずる種々の弊害を防止することにより、患者と医療従事者の信頼関係を保護すること、②国家試験に合格した者にのみ名称の使用を許可することにより、医療従事者の能力及び国家資格の信用性を担保すること、③医療従事者に職務の責任を自覚させること、である。

3. 医療情報の保護と利用

(1) 医療情報

　医療に関する情報全般を示す広い概念を「医療情報」という。個人情報であるかどうか、秘密であるかどうか、あるいは記録の有無やその媒体は問わない。医療情報の内容は多岐にわたるが、その中心となるのが診療に関連して発生する「診療情報」である。

　日本医師会の「診療情報の提供に関する指針（第 2 版）」によれば、「診療

情報」とは、「診療の過程で、患者の身体状況、病状、治療等について、医師またはその指揮・監督下にある医療従事者が知り得た情報」をいう。その内容は、患者の住所・氏名、病状・診断名、検査・治療内容、既往歴、家族関係、職業歴など、様々なものが含まれる。記録の形式は、一般にカルテと呼ばれる診療録のほか、看護記録やレントゲン写真、処方箋、レセプト、電子カルテなどの電磁的記録媒体、各種証明書など様々な形の記録媒体で作成される。同指針は、「医師が診療情報を積極的に提供することにより、患者が疾病と診療の内容を十分に理解し、医療の担い手である医師と医療を受ける患者とが、共同して疾病を克服」するために、「患者に診療情報を提供する」ことの重要性について示唆している。

(2) 守秘義務

[1] 患者の秘密保護の趣旨

　医療は、ある社会的な背景をもった個人の生命・健康・生活に深く立ち入る営みであるため、医師ならびに医療従事者は、適切な医療措置を講じるために患者の健康に関する情報だけではなく、患者の個人情報あるいは秘密について職務上扱わざるをえない。一方、患者は、より良い医療を受けるために他人には知られたくないと思う個人情報まで打ち明ける場合もあり、そこには、打ち明けた情報について医師及び医療従事者が漏らすことはないという患者の信頼が前提となっている。医療は、医療従事者の協調連携のもと、患者との信頼関係を基盤として成立するものである。患者の情報は、大きな影響力を持つことがあるため、本来、個人の心身の守護者であるべき医療従事者が無配慮であれば、逆に加害者に転じる可能性もある。守秘義務は、患者の個人情報を知った医療従事者が、その情報をむやみに漏らすことで患者に何らかの不利益が生じるのを防ぐこと（無危害原則）を基本原則とする。すべての医療従事者には、厳しい守秘義務が課せられているが、患者本人の承諾がある場合、法令上届出義務がある場合や第三者に通知しなければ特定の人に危害が及ぶことが確実な場合、あるいは不特定多数の健康に不利益が生じる場合には、例外として守秘義務が解除される。また、法文上、守秘義務を免除されている場合もある（児童虐待防止法6条3項、高齢者虐待の防止、高齢者の養護者に対する支援等に関する法律7条、など）。

　医師（歯科医師を含む）、薬剤師、医薬品販売業者、助産師等の職種、又は
これらの職にあった者については、職業倫理上の守秘義務に加えて、刑法上
の責任が課せられ、違反した場合は「秘密漏示罪」として、6月以下の懲
役又は10万円以下の罰金に処せられる（刑法134条1項）。これらの特定職
種には、他の医療職に比べてより重い義務と責任が課せられている。

　守秘義務は、個人の秘密の保護だけではなく、義務における信頼関係の保
護、ならびに業務の円滑な遂行の保護という目的も有している。そのため、
平成13（2001）年の保健師助産師看護師法改正では、日常業務において患者
と密接にかかわる看護師にも刑法と同等の罰則付きの守秘義務を課すことに
なった（保健師助産師看護師法42条の2、44条の3）。（●事例2-1）

　近年の医療は、多職種の医療従事者と患者、医療従事者と医療従事者など
多種多様な関係性の中で医療行為を行う場合が多い。特に、在宅医療の場で
は、医療職以外の職種との連携もあり、患者と医療従事者の1対1の守秘
義務から、集団で1人の患者に関わる情報を共有していく集団守秘義務が
必要とされる。

[2] 秘密の漏示

　医師・薬剤師・助産師など特定の業務に従事する者が、業務遂行上知り得
た秘密を正当な理由もなく他人に知らせると、刑法における秘密漏示罪で処
罰される。秘密漏示罪の保護の対象は、人の「秘密」に関する情報である。

　「秘密」とは、①一般に知られていない、あるいは特定の小範囲の者にし
か知られていない事実（非公知性）、②本人が他人に知られたくないという
意思をもつもの（秘密意思）、③他人に知られることが客観的に本人の不利
益になると認められるもの（秘密利益）をいう。本人がその事実を知ってい
るかどうかは秘密性には関係しない。本人が意識していない肉体的・精神的
欠陥は、それが医師の判断によって判明した場合に「秘密」となる。「業務
上知り得た」とは、医師が診療の過程で知り得た事柄を意味する。ただし、
病状に関する事項に限定されるわけではなく、患者から告げられた事柄のほ
か、医師がその専門知識と経験に基づき知り得た事柄が含まれる。

　「漏示」は、秘密をまだ知らない第三者に伝える行為をいう。漏示の方法
は、口頭・文書・電子メールなど伝達手段を問わない。また、積極的に知ら

せなくても、診療録や処方箋などの「秘密」を記載した書面を放置するなど、第三者が閲覧できるような状態にすることも不作為の漏示行為となる。

[3] 正当事由

　秘密漏示罪は、「正当な理由」もなく、秘密を漏らすことを要件として成立する。したがって、秘密を「漏示」することについて「正当な理由」（正当事由）がある場合は、本罪で処罰されることはない。正当な理由が認められるのは、①秘密の主体である本人の承諾（同意）がある場合、②秘密を告知することが患者本人の利益となる場合、③医療チーム内又は後医への情報提供が、患者の治療を行うのに必要な場合、④法令上の義務に基づき、届出が命ぜられ、あるいは許されている場合（医師法21条、感染症予防法12条、麻薬及び向精神薬取締法58条の 2 など）、⑤訴訟手続きなどにおいて証人として証言する場合（医師には、権利の濫用でない限り、秘密についての証言の拒否が認められている。刑事訴訟法149条、民事訴訟法197条など）があげられる。また、⑥秘密義務を解除しなければ第三者に重大な危害が生じるおそれがある場合（危害の重大性、危害発生の蓋然性の高さ、補充性などが要求される）も正当な理由と解される余地はある。

　ただし、守秘義務の正当化の範囲や対象については、明確な基準はなく、情報を取得した者の裁量に委ねられている。守秘義務は、患者との「信頼の義務（confidentiality of durty）」であり、患者との信頼確保に優る利益があるかが正当化の判断の指標になろう。

(3) 医療情報と個人情報保護法

[1] 個人情報保護法の意義

　平成11（1999）年 8 月の住基ネット導入のための住民基本台帳法改正を契機に、平成15（2003）年 5 月、個人情報保護関連 5 法が成立した。その中心となる法律が、「個人情報の保護に関する法律」（個人情報保護法）である。個人情報保護に関する基本法としての規定を設ける（第 1 章から第 3 章）とともに、個人情報保護について具体的義務を広く事業者に対して規定（第 4 章以下）する。同法は、主として民間の事業者を規制し、医療分野では民間の病院・診療所・薬局などの医療機関（開業医の場合は医師本人）が対象となる。国立病院や国公立大学の附属病院には、同時に成立した行政機関

個人情報保護法・独立行政法人個人情報保護法が適用され、地方自治体が設置した病院には、その自治体の個人情報保護条例が適用される。

　個人情報保護法の柱は、情報の有用性に着目した「個人情報の適正な取扱い」と「個人情報の保護」であり、「国と自治体の責任」、ならびに「事業者の義務」を定め、個人情報の利用に関するルールを明確にしている（1条）。個人情報を取り扱うに当たって、利用目的を特定し（15条）、本人の同意なしにその利用目的の範囲を超えて利用し（16条）又はこれを第三者に提供してはならず（23条）、これに違反して本人から停止を求められたときは、停滞なく利用又は第三者への提供を停止しなければならない（30条）。ただし、それを除外する条件として、法令に基づく場合、本人からの同意を得ることが困難又は不可能な場合、公共の福祉に関連する場合をあげている。他にも、他者がいかなる個人情報を保有しているかについて本人が確認・閲覧できる権利及び正当な理由なく保有されている個人情報の削除請求権、記載の誤りの訂正請求権の保護に関する規定もある。

　個人情報保護法は、情報の収集時・使用時などに本人の同意を重視し、無断での情報収集ならびに目的外使用を禁止する。あらかじめ本人の事前の同意を得ることを「オプトイン」という。また、あらかじめ本人に対して個人データを第三者提供することについて通知又は認識し得る状態にしておき、本人がこれに反対しない限り、同意したものとみなし、第三者提供をすることを「オプトアウト」というが、同法は、本人の承諾がなくても認められる例外的な場合も規定し、これにより医師等の守秘義務における患者の秘密を漏らすことが認められる「正当な事由がある場合」がより明確になった。

　2017年5月に個人情報の保護に関する法律の改正に伴い、オプトアウトの規定が厳格化され、①「本人の求めを受け付ける方法」を追加、②第三者に提供される個人データによって識別される本人が当該提供の停止を求めるのに必要な期間をおく、③要配慮個人情報についてはオプトアウトを認めないこと、④通知等事項について個人情報保護委員会（法令の一元的な解釈を示す組織で、改正個人情報保護法に基づき2016年1月に設置された）にあらかじめ届け出る、との事項等が追加された（23条2項）。さらに、各主務大臣が保有していた個人情報保護法に関する勧告・命令等の権限が個人情報保護

委員会に一元化され、個人情報保護法に関する問い合わせや漏洩等事案への対応は、包括委任分野を除き、原則、個人情報保護委員会によって行われることになった。

[2] 医療への応用

　医療機関には、患者の健康状態やそれに対する評価、診療行為の経過など個人の医療情報が集積される。IT技術の進歩による電子カルテの普及など高度情報通信社会の進展に伴い、個人の情報の無制限な漏出や利用の危険性が増大するとともに、先端医療技術の発展によって他人に知られたくない患者の情報が詳細に分析され、容易に利用される危険性も高まっている。

　従来、これらの情報の収集・利用については、患者の意向が顧みられず、医療側の判断に委ねられる傾向にあった。情報を取り扱う者の身分（医師・歯科医師・看護師・薬剤師など）や、診療場面（感染症・精神疾患など）を限定して情報を保護していたため、これらの身分に該当しない者によって、あるいはそれ以外の場面設定で同じ情報が漏洩しても責任を追及することが難しかった。また、保護の内容も「秘密を漏らされない」という消極的な側面にとどまるという問題があった。

　このような医療を取り巻く状況に適切に対処できるよう、個人情報保護法は、広範囲でより多くの個人情報を保護の対象とする。同法における個人情報は、「生存する個人に関する情報であって、当該情報に含まれる氏名、生年月日その他の記述等により特定の個人を識別することのできるもの（他の情報と容易に照合することができ、それにより特定の個人を識別することができることとなるものを含む。）」（2条1項）と定義される。しかし、医療に関する個人情報は、診療に限らず広義の医療行為が対象となるため、社会的差別の原因ともなる私的要素の強いセンシティブな内容が含まれる。政府は、医療分野の多岐にわたる個人情報の特殊性を踏まえ、「医療・介護関係事業者における個人情報の適切な取扱いのためのガイドライン」（2004年12月24日、2006年4月21日、2010年9月17日改正）を策定して、以下の3点について注意を促している。

　① 安全管理：種々の法律規定と就業規定、雇用契約などにより、退職後にまで及ぶ守秘義務を課す。また、安全管理策を講じる義務を課す。

② 自己情報のコントロール：原則的に診療録（カルテ）などの開示を行
う。適正な理由がある場合には開示を拒むこともありうるが、開示拒
否の理由が正当なものであることを保証できるような、倫理的判断を
行う委員会などがあることが望ましい。情報の訂正、削除、利用停止
を求められた場合は、厳正な調査に基づいて対応しなければならない。

③ 死者の情報：医療情報には、精神疾患、特殊な感染症、さらには遺伝
情報などを含む場合があり、死者の情報であっても生存している家族
及び関係者に多大な影響を及ぼす可能性がある。そのため、患者死亡
後においても、その情報を保持する場合、生者の情報と同等の安全管
理を行わなければならない。

また、2017年5月に個人情報の保護に関する法律の改正に伴い、規制対
象となる「個人情報取扱事業者」の定義が個人情報データベース等を事業の
用に供している者（2条5項）と改められ、ほぼすべての企業に個人情報
取扱事業者としての義務が課されることとなった。さらに、新たに「匿名加
工情報」（個人情報の区分に応じて措置を講じ特定の個人を識別することができな
いように個人情報を加工して得られる個人に関する情報であって、当該個人情報
を復元できないようにしたものをいう）を定義し、個人情報の取り扱いよりも
緩やかな規律のもとで、自由な流通・利活用を促進できるよう導入された
（2条9項）。

医療情報は、法的・倫理的観点から保護の徹底が強く求められる。しか
し、他方で、医療情報は、医学研究・医学教育・公衆衛生の発展など公共の
利益にとって有用な情報資源になることから、開かれた情報として有効に共
有・活用されることが期待される。この点につき、個人情報保護法は、大学
その他の学術研究を目的とする機関もしくは団体又はそれらに属する者が、
学術研究の用に供する目的で個人情報を取り扱う場合など医学研究に関連す
るものは、「学問の自由」（日本国憲法23条）に配慮し、適用除外とする。個
人情報の適正な取扱いを確保するために必要な措置を自ら講じ、かつ当該措
置の内容を公表するよう努めるとともに（個人情報保護法76条1項3号、同
3項）、研究に関連する指針やガイドラインに留意することを求める。医学
研究に関する倫理指針は、「ヒト幹細胞を用いる臨床研究に関する指針」（平

成18年 7 月、平成22年全部改正。厚生労働省)、「遺伝子治療臨床研究に関す
る指針」(平成15年 3 月、平成16年全部改正、平成20年改正。文部科学省、厚
生労働省)、「人を対象とする生命科学・医学系研究に関する倫理指針」(令和
3 年 3 月。文部科学省、厚生労働省、経済産業省)など多くのものが制定され
ている。

　個人情報保護法は、本人の「同意」さえ得られれば基本的に何でもできる
が、ゲノムの場合は、本人の同意を得るだけでは不十分で、その影響は子孫
にも及ぶ。同法の保護対象は生存者だけであるが、ゲノムは死者の情報で
あっても勝手に使用すれば家族の権利を侵害しかねない。髪の毛や尿、爪な
どから簡単に入手できるため、悪意のある行為には対処が困難となる。プラ
イバシーを保護しつつ高度な医療を実現するには、医療の個別法制定に向け
た議論が急務となる。また、これまで医学界では、「ゲノムデータ」(塩基配
列を文字列で表記したもので体質や病気のかかりやすさなどを示す遺伝子情報)
そのものは「個人情報」ではないとされてきたが、平成27 (2015) 年 9 月
に個人情報保護法が改正され、名前や住所がなくても特定の個人を識別でき
る符号は「個人識別符号」(個人の身体的特徴を変換した符号 (指紋や顔、網膜
認証データやDNA配列など) であって、装置やソフトウェア等で本人を認証でき
るようにしたもの。個人に割り当てられた番号 (マイナンバー、健康保険証・高
齢受給者証の記号番号) など、本人が特定できるものも含まれる) という個人情
報であると定義された。これにより 4 種の塩基の文字列 (アデニン [A]、チ
ミン [T]、グアニン [G]、シトシン [C]) にすぎない「ゲノムデータ」でも
「個人識別符号」になる。さらにこのようなデータに「癌の遺伝子変異」な
どの医学的意味が加えられた「ゲノム情報」(塩基配列に解釈を加えて意味を
有するもの) や子孫へ受け継がれる「遺伝情報」は、特に厳しい取り扱いが
必要な「要配慮個人情報」(本人の人種、信条、社会的身分、病歴、犯罪の前
科・前歴、犯罪被害を被った事実その他本人に対する不当な差別、偏見その他の
不利益が生じないようにその取扱いに特に配慮を要するものとして政令で定める
記述が含まれる個人情報) に位置付けられ、情報の取得、第三者への情報提
供、利用目的の変更には、本人の同意が不可欠となる。

　規制の背景には、「ゲノム医療」(個人のゲノム情報に基づき、個々人の体質

や病状に適したより効果的・効率的な疾患の診断・治療・予防を可能とする医療）への期待が高まるなどの医療・研究に対する面とは別に、医師を介さずに検体を採取し、解析された遺伝子型の一部と罹患リスク、体質などの統計データと比較して提供し、健康管理やダイエットなどを目的とした「消費者向け遺伝子検査ビジネス」の拡大があげられる。検査の実態が不明瞭であったり、プライバシーのルールがわかりにくいもの、さらには判断能力が十分でない子どもを対象とした遺伝子検査もあり、倫理的な問題が指摘されている。ゲノムデータの個人識別性は多様で、科学技術の進展等により変化し得ることから、その具体的範囲は、個人情報保護委員会が海外の動向や科学的観点から解釈を示していくことが求められる。

　一方、個人情報保護法は、積極的に自分の個人情報をコントロールすることも認めている。医療機関が保有する患者の個人データを患者本人が開示するよう求める場合、医療機関は、原則としてこれに応じて開示する義務を負う。なお、この個人情報は、「個人に関する情報」であることから、医療従事者が患者について評価した情報も含まれる。また、本人又は第三者の生命、身体、財産その他の権利・利益を害するおそれがある場合、データの全部又は一部を開示しないことを認めているが、開示しないと決定した場合には、それを本人に通知しなければならない。患者が自己の個人情報について、単に秘密を漏らすことにとどまらず、開示や訂正、利用停止などを求めることにより、質的な面においても充実した内容になっている。

● 事例 2－1 　看護師の守秘義務違反と病院の責任

福岡高等裁判所　平成24年 7 月12日判決（平成24年（ネ）第170号）

【事実の概要】

　被告Ｙが管理する病院に勤務する看護師Ａは、同病院で女性患者Ｃの担当看護師の一人であり、Ｃがユーイング肉腫に罹患し、余命が長くないことを知っていた。Ａは、自宅で夫Ｂに対し、口止めすることなく、Ｃの母親Ｘが経営している飲食店の名前を出したうえで、Ｃの病状が末期状態であり余命があと半年くらいであることを話した。

　その約 1 か月後、Ｂは、Ｘの経営する飲食店に行き、Ｘに対して「娘さん、長くないんだって」、「あと半年の命なんやろ」、「俺は病院関係者に知り合いがいる。病院関係者はカルテを見れば余命がだいたい分かるんだ」などと述べた。

　Ｘは、病院からはＣの病状が回復不可能であることや、余命を聞かされていなかったにもかかわらず、Ｂから突然上記のようなことを聞かされ、これに驚き、不安、恐怖、絶望、屈辱感などを覚え、Ｃの状態が悪化したときにはＢの言葉を思い出し、精神的苦痛を受けた。Ｃは、ＡのＢに対する秘密漏洩行為の約半年後に亡くなった。

　その後の病院の調査により、ＡのＢに対する秘密漏洩行為が発覚した。なお、Ｙ病院では、個人情報管理規定を制定して各部署に備え置くとともに、オリエンテーションを実施して同規定を職員に周知し、看護師Ａにも「病院で知り得た個人情報の漏洩など、守秘義務に違反しないこと」等を誓約し履行する旨の誓約書を作成、提出させていた。また、新人オリエンテーション研修において、Ａに対し、個人情報の管理について30分程度指導を行い、毎月 1 回開催される運営会議においても個人情報保護の指導がされていた。

　Ｘは、Ａ、Ｂ及びＹに対して、Ｃの秘密が漏洩されたことを知り、精神的苦痛を受けたと主張し、民法709条又は715条に基づく慰謝料300万円などの支払いを求めて提訴した（なお、Ａ及びＢの両名については、判決前に和解が成立している）。

　1審（大分地裁平成24年1月17日判決）では、AのBに対する漏洩行為及び口止めをしなかったことは、夫婦間の私的なもので、Aの使用者であるYの事業の執行と密接に関連するものとはいえず、Aに対する監督義務も履行したとして、YのAに対する使用者責任を否定した。

【裁判の結果】

　一部容認（認容額110万円）。

＜決定要旨＞

① 「Xの子どもが大変重い病気にかかっている事実やその子どもの余命については、Aが業務上知り得たXの秘密であり、それは法的保護に値するものである。Aがそのような Xの秘密を、Xを特定させる契機となる、Xの経営する飲食店の名前とともに夫のCに告げ、口止めをすることもなかったことは、業務上知り得た人の秘密を漏らしたことに当たる。」

② 「夫婦間の会話において、互いの職業上体験した事実が話題になることはあり得る・・・しかし、・・・病状の重大性からすると、大変重い病気にかかっているという事実や余命については、医師がその判断によって本人やX等の親族に告知する以外の方法でこれが明らかにされることを避けるべき必要性が高く、高度の秘密として秘匿すべき」であり、「Aには、Xの秘密を漏洩し、口止めもしなかったことにつき過失がある。」

③ 「Aは、Yの従業員として、その職務上知り得た秘密を、勤務時間の・・・また、勤務場所の内外を問わず、漏洩してはならない不作為義務をYに対して負っていたものであり、Yもまた、Yの管理する当該秘密を漏洩させることのないよう、被用者であるAに対し、勤務時間及び勤務場所の内外を問わず、・・・監督義務を負っていた。」

④ 「Bに当該秘密を漏洩し、口止めすることもなかったというAの行為は、・・・Aが被控訴人に対して従業員として負う上記不作為義務に反する行為であり、これによりYの管理する秘密が漏洩されたから、Yの事業の執行について行われたものに当たるといわなければならない。」

【争点】

　この判決は、日常診療において知った患者の個人情報は、勤務時間外でも守秘義務の対象になるとともに、医療機関としては、勤務時間外であっても

職員が守秘義務を守るように監督する義務を負うことを明らかにした事例である。

1．医療従事者の守秘義務

　医師や看護師などの医療従事者は、診療上、患者の身体や精神の状態に関する情報や、社会的・経済的情報など、あらゆる個人情報を取り扱う。それらの情報は、患者や近親者らのプライバシーとして強く保護されるべき情報であるため、医療従事者には、職務上取り扱った秘密を守る義務が課されている。この守秘義務は、職業倫理上の義務であると同時に法的義務でもある。刑法134条は、医師・薬剤師・医薬品販売業者・助産師について、正当な理由なく秘密を洩らした場合は刑事罰に処す旨を規定する。また、保健師助産師看護師法は、保健師・看護師・准看護師に守秘義務を課し、違反した場合に対して刑法134条と同等の刑罰を規定する（42条の2、44条の3）。

　ここにいう「秘密」とは、少数者しか知られていない事実で、他人に知られることが本人の不利益となるものをいう。一般に知られていない事実であれば、特定の範囲の人にしか知られていない事実や違法な事実も「秘密」となり得る。ただし、本人が秘密であることを希望すればすべてが秘密になるわけではなく、一般人からみて保護に値すると認められなければ秘密とはならない。また、医師や看護師が患者の秘密に該当する事実を開示したとしても、「正当な理由」がある場合は秘密漏示には当たらない。「正当な理由」とは、①法令行為等、②第三者の利益を保護する場合、③承諾がある場合、などである。もっとも、「正当な理由」にあたるかどうかは一義的に決まるものではなく、秘密を守る利益と秘密を漏らすことによって得られる利益とを比較して決められる。

2．看護師Aの不法行為責任

　判決も指摘しているが、職業上体験した事実が夫婦間で話題となること自体は日常的にあり得ることであり、それがすべて守秘義務違反になるわけではない。しかし、本件のように患者の余命といった秘匿性の高い情報は、患者の家族に伝わるだけでも精神的苦痛を与えるうえ、第三者に伝わった場合には、プライバシー権の保護や医療従事者に対する信頼性の確保という観点からも信用を失墜させることになりかねず、信頼関係に基づく医療の提供と

いう医療機関本来の目的の達成を阻害する重大な加害行為であることは明らかである。本判決も、秘匿すべき程度の高い秘密を、個人が特定できる形で漏洩したこと、さらにその情報が伝播する可能性を認識しながら口止めもしなかったことを問題視し、守秘義務違反にあたると認定した。

　守秘義務は、刑事処罰の対象だけではなく、不法行為としての損害賠償責任も問題となる。上記の事実関係からすれば、秘密を漏洩した看護師Ａも Ｙと連帯して損害賠償責任を負うべきであり、実際に、Ｘは、当初Ｙとともに Ａも被告として訴訟を提起している（Ａとは判決前に和解が成立）。

３．Ｙ病院の使用者責任

　民法715条１項は、「ある事業のために他人を使用する者は、被用者がその事業の執行について第三者に加えた損害を賠償する責任を負う。」と使用者責任を規定する。使用者責任の成立の要件は、①被用者と使用者の使用関係、②事業の執行について被用者の行為がなされること（事業執行性）、③被用者の行為により第三者に損害が生じること、である。本件では、看護師による秘密の漏洩が医療機関の「事業の執行」についてなされた不法行為にあたるのか、また、看護師に守秘義務を遵守させるよう勤務時間の内外を問わず監督することが医療機関の「事業の執行」に該当するのか、が争点となった。

　第１審は、Ａが自宅でＢに対し患者の病状などを話したことは、夫婦間で私的に行われた行為であり、使用者Ｙの事業の執行と密接に関連するものとはいえないとして、使用者責任を否定した。これに対して、本判決は、Ａは、Ｙの従業員として、職務上知り得た秘密を、勤務時間・勤務場所の内外を問わず漏洩してはならないという不作為義務をＹに対して負っており、Ｙもまた、Ｙの管理する当該秘密が漏洩されることのないよう、被用者たるＡに対し、時間的及び空間的範囲に限定することなく24時間365日監督することは、使用者の重要な職務の一内容であるとして、Ｙの使用者責任を認めた。

　なお、①使用者が被用者の選任及びその事業の監督について相当の注意をしたか、②相当の注意をしても損害が生ずべき場合であったか、を立証すれば、使用者責任を免れることができる（民法715条１項但書）が、裁判にお

いて免責規定が適用された例は極めて稀である。本件においても、Yは、(i)患者の個人情報管理規定の制定と院内への掲示、(ii)新人オリエンテーションにおける指導、(iii)毎月 1 回開催される運営会議における指導、をもって監督責任を果たしたと主張したが、裁判所は、Yによる秘密漏洩対策が不十分である旨を指摘し、「相当の注意をしたとは認め難い」として、Aに対する監督責任を果たしたとは認めなかった。

4. 医療職の資格法

(1) 医師；医師法（昭和23年法律第201号）

　国民保健の見地から、医療法は、医師業務に関して必要かつ適切な規制を加えることを目的としている。他方で、医師法は、医師の専門的能力に基づく裁量的判断を尊重する立場から、医療行為を行うに際して医師が守るべきいくつかの付随的義務を規定するにとどまり、原則として医療内容について規制していない。

　医療行為に付随する義務は、「診療義務（応召義務）」（19条1項）、「診断書等交付義務」（同2項）、「無診療治療及び無診察証明の禁止」（20条）、「異状死体届出義務」（21条）、「処方箋交付義務」（22条）、「療養指導義務」（23条）、「診療録の記載及び保存義務」（24条）、「厚生労働大臣の指示に従う義務」（24条の2）などがある。

[1] 診療義務（応召義務）

　医師法は、「診療に従事する医師は、診察治療の求があつた場合には、正当な事由がなければ、これを拒んではならない。」（19条1項）と規定する。これを「診療義務」又は「応召義務」という。診療義務は、医師が初めて診察依頼を受けた場合、及びすでに診療契約が成立している患者からの診療の求に対して適用されるため、診療に従事していない研究者や行政官である医師が診療を求められても、少なくとも法的にはその求に応じる必要はない。

　医師の診療義務は、その関連業務が国民の生命・身体に関する公共性を伴う事項であること、ならびに医師資格が免許制をとり、医師に対する業務独占を認めていること（17条）から導かれる。すなわち、憲法13条による個人の尊厳と幸福追求権の保障、25条による生存権の保障ならびに国家に対する公衆衛生の向上・増進の義務付けを受け、医師の一般的義務として、「国民の健康な生活の確保」を掲げ（医師法1条）、免許制度により医療を医師に独占させている。ただし、この義務は、医師が医師資格を付与した国に対して負う公法上の義務である。医師に対して国が診療ないし診療契約の締結を強制しうるだけで、診療義務違反に対する罰則はなく、医師法上は制裁を受けることはない。医師資格を管理する国から「品位を損するような行為」（7条1項）として免許取消又は業務停止などの行政処分を受けること

は予定されてはいるものの、患者に対して負う私法義務とは異なる。医師に
診療拒否の自由を認めると、国民の健康な生活の確保が損なわれ、生命に危
険を及ぼす可能性も否定できないが、診療義務は、正当な事由なく拒否した
場合でも患者との間の法的関係において違法であるとはいえない。すなわ
ち、診療義務は、あくまで職業倫理の問題として本人の自覚に委ねられる努
力義務にすぎない。なお、正当な事由なく診療を拒否した患者に損害が発生
した場合、医師は、民法上の損害賠償責任、ならびに刑法上その責任を課せ
られることがある。

　他方、診療義務の例外として、診療を求められた場合でも「正当事由」が
ある場合には診療を拒絶できる。いかなる事由が「正当事由」に当たるかが
問題となるが、この点につき、法は何も規定していない。一般に、物理的に
診療が不可能な場合（医師が怪我や重い病気で診療ができない場合など）、手術
などで他の患者から手が離せないなど、社会通念上妥当とされる場合が「正
当事由」にあたると解される。また、行政上は、①診療報酬の不払いが過去
に存在したこと、②診療時間外であること、③特定の人を相手に診療する医
師（会社の医務室勤務など）でも、緊急の診療の求めがあって、近隣にほか
に診療に従事する医師がいないとき、④天候不良、などは「正当事由」に該
当しないと解する。具体的には、①病院ないし医師側の事情（医師の病気の
程度や酩酊の程度、医師の不在、医師の専門領域、診療中、時間外、入院設備の
有無、ベッドの満床、救急病院であることなど）、②患者側の事情（患者の病気
の内容、緊急性の有無など）、③地域の医療環境（近くに専門医がいるかどう
か、代替医療施設の有無など）、などを総合的に判断し、社会通念上決めなけ
ればならない（厚生省医務局長通知　昭和49年4月16日医発第412号）。な
お、自己の専門外など医師が自己の標榜する診療科以外の疾病について診療
を求められ、患者がこれを了承する場合は正当事由になるが、了承しないで
診療を求めた場合には、応急処置その他できるだけの範囲のことはしなけれ
ばならない（厚生省医局長通知　昭和24年9月10日医発第752号）。

[2] 診断書等証明文書の交付義務と無診察治療の禁止

　医師は、診断書、検案書、出生証明書、死産証書等の証明書の交付を求め
られた場合には、正当な事由がない限りこれに応じる義務を負う（19条2

項)。

「診断書」は、医師が診断結果に基づいて状態を証明する文書である。診断書には、人の健康状態に関する医師の医学的判断を証明する「通常の診断書」と、医師が診療した傷病などにより死亡した人の死因などに関する医学的判断を証明する「死亡診断書」がある。

「証明書」は、医師が専門的知識に基づいて確認して証明する文書であり、「検案書」は医師が死体を検案することにより死亡理由その他を記載した文書である。

診察をした医師は診断書を、検案をした医師は検案書を、出産に立ち会った医師は出生証明書又は死産証書を、正当な事由がない限り求めに応じて交付する義務を負う。ここでの正当事由は、証明文書が悪用されるおそれがある場合や患者の秘密が不当に漏れるおそれがある場合などがこれにあたる。

各種証明書の交付義務は、その履行を医師法以外にも求めることができる。患者との間でまだ医療契約が結ばれていない段階で起こることが多い診療義務違反とは異なり、各種証明書・診断書は、患者が医師の診察を受けた後でなければ発行・交付はあり得ない。したがって、診てもらった時点で医療契約は締結されているものと考えられ、民法上の契約履行に伴い患者側から証明書の交付を医師に求めることができる。

「診察」は、患者の傷病、身体の状況などを診ることで、「問診、視診、触診、聴診その他手段の如何を問わないが、現代医学から見て、疾病に対して一応の診断を下し得る程度のもの」をいう(各都道府県知事宛厚生省健康政策局長通知　平成 9 年12月24日　健政発第1075号)。患者を直接診察することなく、治療や処方をする無診察治療は、医療倫理に反し、患者の病名・病状に対する正確性を欠くことで誤診が生じやすくなる。また、原則として、同一の医師が診察・治療・処方の一連の行為を行わなければ一貫した治療が期待できず、患者の生命・身体に大きな危害を及ぼすおそれがあることから、無診察治療を禁止する(20条)。

医師が発行する証明文書は、親族・相続に関する問題など患者の権利・義務関係へ及ぼす影響もあり、社会的に重要度が高いものであることから、特に真正を確保することが求められる。そのため、医師は、自ら診察しないで

診断書若しくは処方箋を交付し、自ら出産に立ち会わないで出生証明書若しくは死産証書を交付し、又は自ら検案をしないで検案書を交付してはならない（20条）。不正確ないし根拠に基づかない判断による診断書の交付によって、患者に対し危険や不利益が及ぶことを防止するとともに、その内容の真正を担保して社会的信頼を維持することが20条の趣旨である。本条に違反した場合は、50万円以下の罰金に処せられる（33条の2第2号）。

　医師が公務所（官公署）に提出すべき診断書等に虚偽の記載をした場合は、虚偽診断書等作成罪により処罰される（刑法160条）。なお、診察をした医師や出産に立ち会った医師が、その医療機関を辞めている場合や死亡したなど、現在、診察医がいないなどの正当な理由がある場合は例外が認められ、病院長が転記した旨を証明書に記しておくことで、病院長の名前で証明書を発行することができる。

[3] 死亡診断書等の作成と異状死体届出義務

　人が死亡した場合、原則として、医師は求めがあった時は、その死亡を医学的に証明する死亡診断書若しくは死体検案書を作成・交付しなければならない（19条2項）。家族は、これらの文書を市役所・町村役場の戸籍係に提出して死体火葬・埋葬許可証の交付を受ける。そして死体火葬・埋葬許可証を火葬場に提出し、火葬が行われ、その後埋葬される。したがって、これらの文書のいずれかがなければ死亡届は受理されず、その死体を火葬したり埋葬したりすることはできない（戸籍法86条2項、墓地、埋葬等に関する法律5条）。

　人の死は、遺言の執行、遺産の相続、埋葬・火葬の許可など、その人をめぐる社会的・法的関係に様々な変動をもたらす。死亡診断書（死体検案書）は、人の死亡事実を医学的に証明すると同時に個人が生前に有していたすべての社会的・法的権利義務を失わせることになる重要な書類である。そのため、医師には、法律によりその交付義務が課せられる。

　法的関係の解決には、まず死因の確定がなされなければならない。死亡に関する事実は、科学的かつ正確に記入することが要請されていることから、原則として、医師は、かかる文書の作成においてその死体を検査しなければならない（20条）。なお、診療中の患者が診療に係る傷病と関連して死亡し

た場合には、医師は死亡時の診察を行い、死亡診断書を作成する。この際、最終診療後24時間以内に診療に係る傷病と関連して死亡した場合には、死亡時の診療をしなくとも死亡診断書を交付することができる（20条但書）。

　医師は、犯罪の嫌疑や事故・労働災害を理由とする損害賠償・補償、伝染病の疑い等による公衆衛生上の措置が必要となる新たな法律問題を生み出すことにも成り得る死体に遭遇する可能性が高い。それが仮に犯罪に関わるものであれば、できるだけ早期に捜査を開始し、犯罪の痕跡をとどめて証拠隠滅ならびに犯人の逃亡を防がなければならない。そのため、「医師は、死体又は妊娠4月以上の死産児を検案して異状があると認めたときは、24時間以内に所轄警察署に届け出なければならない。」（21条）と、医師に対し司法警察活動への協力義務を課す。ここでいう「検案」とは、臨床医の診察にあたるもので、創傷の有無、死因、死亡時刻、病死・自他殺・事故死の別などを明らかにし、個人識別のための所見を得ることを目的とする。医師が法医学的な知識に基づいて死体外表を検査して医学的判断を下す検案には2つの形態がある。1つは、来院時すでに死亡している患者を検案する場合、もう1つは、警察官が行う行政又は司法検視の一補助行為として医師が死体の外表を検査し、医学的判断を下す場合（検死）である。

　死体や死産児は、殺人、傷害致死、死体損壊、堕胎罪等の重い犯罪の痕跡をとどめている場合があり、これらの捜査を容易にするとの立法趣旨から、「24時間以内」と限定を付して医師に届出義務を課す。また、この義務に違反すると50万円以下の罰金に処せられ（33条の2）、罰則を規定して届出義務を担保する。なお、届出は、書面による必要はなく、口頭あるいは電話で足りる。

[4]　処方箋交付義務

　医師法は、「医師は、患者に対し治療上薬剤を調剤して投与する必要があると認めた場合には、患者又は現にその看護に当つている者に対して処方箋を交付しなければならない。」（22条）と医師に対する処方箋交付義務を規定する。「処方箋」とは、特定人の特定疾患に対する薬剤投与に関し医師が作成する指示書のことである。医師は、自ら診療をせずに処方箋を交付してはならず（20条）、患者に交付する処方箋には、患者の氏名、年齢、薬名、分

量、用法、用量、発行の年月日、使用期間、病院若しくは診療所の名称及び所在地又は処方箋を交付した医師の住所を記載し、当該医師の記名押印又は署名を記載することを義務付ける（医師法施行規則21条）。ただし、患者に交付されない処方箋（院内処方箋）には、使用期間、病院若しくは診療所の名称及び所在地又は処方箋を交付した医師の住所の記載を省略することが可能である。

　また、医師法22条は、医薬分業の根拠にもなる規定である。診断とそれによる処方箋の交付までが医師の業務であるとして、「医師の処方権」を明示する。同条に違反した場合は、50万円以下の罰金に処せられる（33条の2第2号）。一方、医師の処方箋に基づき薬剤を調剤して患者等に渡し、服薬指導などを行うのが薬剤師（「薬剤師の調剤権」）である（薬剤師法19条）。医師一人の手によって、すべての診療過程がなされるのではなく、薬剤師が薬剤の管理、調剤を担うことは、薬剤事故及び薬剤の重複投与・過剰投与を防止するうえで重要な意味をもつ。ただし、医師法、薬剤師法のいずれも多くの例外規定が設けられていることから、制度の形骸化は否めない。医師法は、「患者又はその看護に当つている者が処方箋の交付を必要としない旨を申し出た場合」に加えて、①処方箋の交付が暗示的効果を期待する場合の妨げとなる場合、②処方箋の交付が患者に不安を与え、疾病の治療を困難にするおそれがある場合、③病状の短時間ごとの変化に即応して薬剤を投与する場合、④診療又は治療方法が決定していない場合、⑤治療上必要な応急の措置として薬剤を投与する場合、⑥安静を要する患者以外に薬剤の交付を受けることができる者がいない場合、⑦覚醒剤を投与する場合、⑧薬剤師が乗り組んでいない船舶内において薬剤を投与する場合、は例外事由に該当するとして医師は処方箋を交付する必要はなく（医師法22条但書1－8号）、薬剤師法で「自己の処方箋により自ら調剤」することができると規定する（19条但書）。

[5] 療養方法指導義務

　傷病の治癒・軽減という医療の目的を達するためには、医師は、単に診断と治療のみを担うのではなく、患者と一体となり、互いに協力し合うことが不可欠となる。医師法は、「医師は、診療をしたときは、本人又はその保護

者に対し、療養の方法その他保健の向上に必要な事項の指導をしなければならない。」（23条）と療養方法などの指導義務を医師に対して規定する。

　医師が指導すべき内容には、治療目的を促進するために患者がとるべき態度にかかわるもの（投薬上の指示、安静の保持、適度な運動の指示、病状に変化がみられた場合における受診指示など）と治療目的に反するために禁止すべき行為に関するもの（禁酒・禁煙・禁食の指示、外出や入浴の禁止など）があるが、どの程度まで指示すべきかが問題となる。患者の病状の変化を事前に予測・特定することは困難であり、あらゆる可能性を想定したうえで、それぞれに対する療養方法を説明・指導することまで医師に求めることも難しい。そのため、診療当時の医療水準からみて、相当程度の蓋然性をもって発生が予見できる疾患や、有効かつ安全と一般に認められる予防・治療・検査方法など、医師が診断した当面の症状と相当に関連するものについて、指導・説明すれば足りると解される。

　なお、医師法には、療養指導義務違反に対する罰則は規定されていないことから、実質的な意義はさほどなく、訓示規定ないし倫理規定にとどまる。これは、治療の一環として治療上の注意事項を患者らに示すのは当然のことで、23条はそれを具体化したものであると解されることによる。ただし、医師が適切な療養指導を行わなかったことにより患者に損害が生じた場合は、診療契約上の義務違反として医師などに損害賠償責任が発生する。他方、患者が本条の規定する指導に従わず、損害が発生した場合には、その結果は当然患者自身が引き受けなければならない。

[6] 診療録（カルテ）の記載・保存義務

　医師法24条1項は、「医師は、診療をしたときは、遅滞なく診療に関する事項を診療録に記載しなければならない。」と規定し、医師に診療録の作成・記載義務を課す。「診療録」は、一般に「カルテ」とも呼ばれ、文書に限らず、電子カルテも含まれる。診療録の記載方法は、統一的な形式が定められておらず、医師の裁量に委ねられるが、医師法施行規則によると、①患者の住所・氏名・性別・年齢、②病名及び主要症状、③治療方法（処方及び処置）、④診療の年月日を記載しなければならない、とされる（23条）。なお、保険診療を行う医師は、健康保険法が定める書式に基づいて診療録を記

【表】保険診療を行う場合の診療録の義務的記載事項

　　（保険医療機関及び保険医療養担当規則様式第 1 号）

受診者欄：氏名、生年月日、性別、住所、職業、被保険者との続柄

被保険者証欄：保険者番号、被保険者証及び被保険者手帳の記号・番号、有効
　　　　　　　期限、被保険者氏名、資格取得事業所所在地・名称、保険者
　　　　　　　所在地・名称

傷病名欄：傷病名、職務上・外の区分、開始、終了、転帰、期間満了予定日、
　　　　　労務不能に関する意見、入院期間、業務災害又は通勤災害の疑いが
　　　　　ある場合の記載

公費負担番号：第 1 公費及び第 2 公費の公費負担番号、公費負担医療の受給者
　　　　　　　番号

備考欄：備考

既往症欄：既往歴、原因、主要症状、経過

処置欄：処方、手術、処置

診療の点数欄：種別、月日、点数、負担金徴収額、食事療養算定額、標準負担
　　　　　　　額

載することが求められ、上記の事項に加えて、既往歴、原因、主要症状、経
過、保険者（公費負担者）番号、被保険者証の記号・番号、有効期限、被保
険者の氏名、資格取得年月日、保険者の名称及び所在地、診療の点数その他
社会保険に必要な事項の記載が要求される（保険医療機関及び保健医療養担当
規則 8 条、22条）【表】。

　医師が作成する診療録は、患者の診療の内容・症状・経過など医師が行っ
た診療に関する記録だけではなく、実際には検査結果や看護記録、手術記
録、保険診療上の記載等の「診療に関する諸記録」と共に一つのファイルに
まとめられ、一体の記録として編集されている場合が多い。診療録は、患者
情報と医師情報が総合されたものであることから、①医師にとっては、症例
検討会の資料、病理学的診断の参考資料、患者の追跡調査の資料、医学研究
の症例報告ないし統計資料、臨床実習ないし臨床研修の教材などとして、②

病院にとっては、病院管理の基礎資料（患者・入退院・診療その他の各種統計のデータ）、病院運営検討資料などとして、③衛生行政上は、伝染病に関する資料、医薬品の副作用の調査資料などとして、④患者にとっては、後日、同一又は別の疾患で受診するとき、あるいは他の医療機関で受診するときなどに病歴・受診歴などの重要な資料として役立つ。

　記載された診療録には、「病院又は診療所の管理者（医師が個人として自宅などで診療した場合はその医師）において、5年間これを保存しなければならない。」（24条2項）と保存義務が課される。なお、診療録と「診療に関する諸記録」が共に一つにまとめられている一体型の記録についても一括して5年の保存期間として扱う。診療がどのような経過をたどって一応の完了に至ったのか、その過程について記載するのが診療録の意義であることから、診療録の保存の起算点は、患者の診療がすべて完了した日とするのが妥当とされる。

　「診療に関する諸記録」の保存期間は、施設の種類や保険診療か否かで異なる。病院の場合は、病院日誌、各科診療日誌、処方箋、手術記録、看護記録、検査所見記録、エックス線写真、入院患者及び外来患者の数を明らかにする帳簿、入院診療計画を「診療に関する諸記録」として2年間保存する義務がある（医療法21条1項9号、医療法施行規則20条10号）。一方、保険診療を行う医療機関（保険医療機関）は、病院、診療所を問わず、療養の給付の担当に関する帳簿及び書類その他の記録をその完結の日から3年間保存する義務がある（保険医療機関及び保険医療養担当規則9条）。

　診療録の作成・保存を義務付けている理由は、診療録が3つの機能・目的を有することにある。第1に、医療行為の適正性とその過程を証明する重要な証拠としての手段を講じることにより、医事衛生行政に資すること、第2に、医師の備忘録として診療の場で活用し、医師自身の診療の補助となる（当直などで別の医師が患者の状態を速やかに把握するための機能も含まれる）とともに診療報酬請求などの資料になること、第3に、診療を受けた患者自身に対する院内での連絡や前病歴の記録、患者自身の権利義務の確定ないし確認のために必要な各種証明書作成に必要な証拠書類、訴訟における事実の証明資料となることである。

[7] 厚生労働大臣の指示に従う義務

　元来、医師は、誰にも指示を受けずに医療を実施することができる。ただし、公衆衛生上重大な危害を生ずる虞がある場合において、その危害を防止するため特に必要があると認めるときは、あらかじめ、医道審議会の意見を聴取したうえで、厚生労働大臣は医師に対して、医療又は保健指導に関し必要な指示をすることができる（24条の2）。この規定は、厚生労働大臣の指示権の濫用により医界の自律的規制や学問的法則との間に矛盾が生じないよう配慮する一方、国家が医療行為に関与し、事前に画一的な規制を行うことを可能にする。

(2) 歯科医師；歯科医師法（昭和23年法律第202号）

　歯科医師法は、厚生労働大臣の免許を受けて、「歯科医療及び保健指導を掌ることによつて、公衆衛生の向上及び増進に寄与し、もつて国民の健康な生活を確保するもの」を歯科医業と定め（1条）、医師法と同様の規定をおく。歯科医師は、形式的には歯科医師免許をもつ者であり、実質的には歯科診療を業とし、これに従事する程度の歯学知識、技術や経験を持つ者をいう。歯科医師免許は、国家試験に合格した者に厚生労働大臣が与えるが（2条）、合格した者の申請により歯科医籍に登録することによって付与される（6条1項）。なお、医師と同様に絶対的欠格事由に該当する者には免許が与えられず（3条）、相対的欠格事由のある者については免許が与えられない場合がある（4条）。免許への処分（7条1項）、再教育研修・再免許（同3項）、業務独占（17条）、名称独占（18条）、診療（応召）義務（19条）、無診察治療の禁止（20条）、処方箋交付義務（21条）、保健指導を行う義務（22条）、診療録の作成・保存の義務（23条）についても医師法と同様とする。また、診療に従事する歯科医師は、歯学部又は医学部を置く大学の付属病院又は厚生労働大臣の指定する病院若しくは診療所において1年以上の臨床研修が義務付けられている（16条の2第1項）。

　歯科医業がどのような業務を指すのかについて、歯科医師法は具体的に規定しているわけではない。なお、歯科技工士法に業務上の注意として、「歯科技工士は、その業務を行うに当つては、印象採得、咬合採得、試適、装着その他歯科医師が行うのでなければ衛生上危害を生ずるおそれのある行為を

してはならない。」（20条）と規定していることから、これらの行為は歯科医師に限定された業務であるといえる。歯科医師の診療範囲は、「歯科口腔外科に関する検討会」議事要旨（平成8年5月16日）により「歯牙、歯肉、口唇、頬粘膜、上下歯槽、硬口蓋、舌前3分の2、口腔底、軟口蓋、顎骨（顎関節を含む）、唾液腺（耳下腺を除く）を加える部位」とすることが示されている。

　歯科医療の範疇には、歯科医行為であると同時に医行為であることが含まれる。補綴、充填、矯正などの技術的行為は、歯科医業固有の行為であるから、医師はこれらの行為を行うことができないと解されるが、抜歯、齲蝕の治療（充填の技術に属する行為を除く）、歯肉疾患の治療、歯髄炎の治療等のいわゆる口腔外科に属する行為等は医師でも行うことができる。特に、悪性疾患の治療、口腔領域以外の組織を用いた口腔部位への移植、その他治療上全身的管理を要する患者の治療にあたっては、治療にあたる歯科医師は、医師と適切に連携をとる必要がある。

　歯科診療と一般診療の最大の相違点は、生命を救助する緊急性が歯科診療にはほとんど要求されないことである。また、診療に際し、事前に説明をして同意を得るべきことは一般診療と異ならないが、歯科診療は、説明・同意の内容について、一般診療と異なる特色を有する。第1に、歯科診療は、使用する材料・材質が多種であるとともに適応可能な治療方法も多様であることから、選択の範囲が広くなり、それに伴い説明の範囲も広くなること、第2に、治療材料・材質によっては、健康保険などの医療保険が適用外となり、患者の自己負担による私費医療が行われることもあるため、治療材料・材質に関する説明だけではなく、費用負担に関する説明が不可欠であること、第3に、歯科診療は、その治療部位との関係上、患者の外貌への影響が無視しえない場合があり、治療による機能性の確保だけではなく、患者の審美観なども尊重しなければならないことである。

(3) 薬剤師

[1] 薬剤師法（昭和35年法律第146号）

①薬剤師の資格

　薬剤師は、大学において薬学の正規の課程を修めて卒業した者（15条）

で、厚生労働大臣の行う薬剤師国家試験に合格し（3条）、所定の欠格事由に該当しない（4条、5条）ことを要件とする国家資格である。他の医療職と同様に厚生労働省の薬剤師名簿に登録（6条）することによって免許証が交付される（7条）。また、薬剤師には、2年ごとに「現況届」の届出義務がある（9条）。

② 薬剤師の任務

　医薬品は、人の生命に関わるため、適正かつ安全な医療を担う職種として、医薬品に関する高度な専門的知識に習熟している薬剤師には、重い社会的責任が要求される。第2次医療法改正で、医薬品の専門家である薬剤師は、医師・歯科医師・看護師とともに「医療の担い手」として医療法に明文化された（1条の4）。本条は、日本国憲法25条の生存権規定に基づく国の責務の一部を分担する医療専門職として薬剤師を位置付ける。高齢社会の進展、生活行動の変化、生活習慣病の増加など、複雑かつ多岐にわたる現在の医療において、薬剤師には、特に、薬物治療の安全性の向上と医薬品の適正使用における寄与が期待される。患者ないし国民に対して、薬剤の分野から「良質な医療」の提供に責任をもち、「薬の責任者」として広い概念でその役割を担うことが求められる。また、世界各国で推進されている「セルフメディケーション」（WHOによれば「自分自身の健康に責任をもち、軽度な身体の不調は自分で手当てをすること」とされ、市民自身で傷病・症候を判断し、医療製品を使用するセルフケアの一つである）に関与する唯一の国家資格者としての責任を負う。

③ 薬剤師の業務と義務

　薬剤師法は、「薬剤師は、調剤、医薬品の供給その他薬事衛生をつかさどることによつて、公衆衛生の向上及び増進に寄与し、もつて国民の健康な生活を確保するものとする。」（1条）と規定し、薬剤師に対し「調剤」、「医薬品の供給」、「薬事衛生」の三大業務を通じて憲法の理念を実現すべきことを定める。

　「調剤」は、医師・歯科医師・獣医師が作成した、投与の必要な医薬品とその服用量ならびに投与方法を記載した処方箋に従い、特定の用法に適合するよう特定人の疾病に対する薬剤の調整を行う行為である。なお、一般の需

要に応ずるために薬品を製出する行為は「製造」であり（薬機法12条）、調剤ではない。例外的に医師などが調剤し得る場合を除いて、調剤業務は薬剤師のみが行い得るとされ（19条）、薬剤師の専権事項として独占的に与えられている。同条は、調剤上の過誤を防止し、調剤についての薬剤師の責任を明らかにするとともに、医薬分業の根拠にもなる。

　「医薬品の供給」は、医薬品の開発・製造から流通、販売に至るほぼすべての分野の技術面で薬剤師が関与することになる。医薬品の製造業における製造、品質管理、試験等、ならびに薬局における販売などで、その薬学的専門知識及び技術を生かして業務を行う。

　「薬事衛生」に関する業務は、薬学の知識、技術に基づいて処理すべき衛生上のことをいい、薬剤師の身分に関することや調剤に関することなどがある。また、医薬品に関連した分野として、医薬品の有効性や安全性の審査に関すること、医薬品の副作用や品質の評価などの安全対策に関すること、医薬品の製造や販売の管理に関すること、新薬の研究や開発の推進に関することなどがある。医薬品以外の製品である医療機器や医薬部外品、化粧品についても同様の分野がある。食品の安全性に関すること、環境衛生に関すること、化学物質の安全な取扱いに関すること、犯罪捜査の一環としての科学鑑定もこれに含まれる。

　他にも、医師、歯科医師の処方が医学的に妥当であるかの判断（処方監査）、医薬品の相互作用や重複投与の防止、患者への充実した服薬指導、患者の薬剤服用歴・指導内容の記録と管理、副作用の予防や早期発見と対策、後発医薬品の選択、未知副作用の発見など、薬剤師業務は多岐にわたる。

(ⅰ)調剤業務

　薬剤師の調剤業務は、処方箋を受け入れるところから始まる。調剤業務は、人の生命、身体に対し公衆衛生上危険を生ずるおそれがあることから、医師、歯科医師又は獣医師の処方箋がなければ調剤することができない（23条）。ただし、この調剤業務は、単に、処方箋の記載通りに医薬品を調合することだけを意味するのではない。薬学的知識、技術を生かし、かつ経験を通して得たあらゆる判断に基づく医薬品に関わる多様な業務全てを含めたものが調剤とされる。薬剤師法1条の趣旨、ならびに医師の指示の下に業務

を行うコ・メディカルとしての役割、治療法や医薬品の多種多様化と高度化に伴う副作用や薬害の予防のため、また、患者が治療法を理解したうえで選択するインフォームド・コンセントなどの観点から、調剤の概念は広く捉えられている。なお、調剤は、人に限らず、特定家畜の特定疾病に対する薬剤の調整行為も含む。

　薬剤師法は、「調剤に従事する薬剤師は、調剤の求めがあつた場合には、正当な理由がなければ、これを拒んではならない。」（21条）と調剤の求めに対する「応需義務」を定めている。「正当な理由」とは、社会通念上やむをえないと認められる場合である。

　「調剤に従事する薬剤師」は、薬局、病院、診療所又は家畜診療施設に勤務し、現実に調剤業務に従事する薬剤師に限られる。したがって、薬剤の研究所、製薬企業、管理的業務にのみ従事している事務職の薬剤師、あるいは一般家庭にいる薬剤師は含まれない。

　薬局には、一定の設備などが備えられていることなどの規則があるため、調剤に際し、異物混入を予防したり、必要な技術的操作が可能であることから、原則として、薬剤師は、薬局以外の場所で販売又は授与の目的で調剤してはならない（薬剤師法22条、薬機法9条の3）。なお、これは、「販売又は授与」の目的で調剤する場合であり、それ以外の目的（例えば調剤実習のような場合）には適用されない。また、特例として、病院、診療所等の調剤所で、その病院等で診療に従事する医師等の処方箋によって調剤する場合、その他、地震や災害、事変等の非常時に薬剤師が薬局において調剤することができない場合に仮設場所での調剤業務が認められている（薬剤師法施行規則13条の3）。さらに、平成18（2006）年の薬剤師法改正により、医療を受ける者の居宅での薬剤交付に伴う業務（処方箋監査・疑義照会・薬剤の交付・処方医の同意を得て医薬品の数量を変更して調剤する業務）が可能となった。

　販売又は授与の目的で調剤された薬剤は、一般の医薬品とは異なるため、薬剤師は調剤した薬剤の容器・被包に、処方箋に記載された患者の氏名、用法、用量、調剤年月日、薬剤師の氏名、調剤した施設の所在地等を記入しなければならない（25条）。

(ⅱ)処方箋と調剤録

　薬剤師には、処方箋の遵守義務が課され、医師等が患者に交付した処方箋に従って調剤を行わなければならない。薬局業務運営ガイドライン（GPP）では、調剤準備体制のためにファックスを利用することを認めているが、処方箋を複写したものは正式な処方箋ではないため、患者から処方箋の提出を受けた後でなければ患者に薬剤を交付することはできない。また、処方箋の内容は、患者に交付された時点では確定しておらず、薬剤師が疑義照会の判断をした時点、あるいは疑義照会をした場合はその結果が出た時点で処方内容が確定する。そのため、「薬剤師は、処方箋中に疑わしい点があるときは、その処方箋を交付した医師、歯科医師又は獣医師に問い合わせて、その疑わしい点を確かめた後でなければ、これによつて調剤してはならない。」（24条）と規定し、薬剤師の知識・経験をもとに医師等の処方の過誤を正して危害の発生を未然に防止し、処方箋の内容が患者の生命、健康に不利益を及ぼすことがないよう、薬剤師による処方箋実質審査義務を課す。

　疑わしい点について確かめた結果、当初の処方箋の記載内容を変更する必要が生じた場合は、医師等による記載内容の訂正を受けるか、又は医師等の同意を得て処方を変更して調剤するか、あるいは新たに書き改めた処方箋の交付を受けて薬剤師が調剤する。いずれにしても、医師等の同意を得ずに処方箋を無断で変更することは禁止され、医師等の同意を得てからでなければ処方箋に記載された医薬品に変更して調剤することはできない（23条）。なお、処方箋には使用期間（有効期間）があり、特に指示がなければ、交付の日を含めて 4 日以内（土・日・祝祭日を含む）である。

　調剤が終わったときは、調剤した薬局等の診療施設の名称及び所在地、処方医の同意を得て医薬品を変更したときはその内容、疑義照会についてはその回答内容を含め、記名押印又は署名、調剤年月日などの必要事項を処方箋に記載しなければならない（26条）。調剤済みの旨を記載する場合は、処方欄の文字と重なってはならず、疑義照会その他の薬剤師業務に関する記載は、備考欄を用いる。なお、当該処方箋が調剤済みとならなかったとき（分割調剤をした場合）は、調剤量を記入する。

　調剤をした薬剤師及び処方をした医師などの責任の所在を明確にするため、調剤済みとなった処方箋にのみ、調剤済みとなった日から 3 年間の保

存義務を薬局開設者に課す（27条）。

　薬剤師は、薬局で調剤したときは、調剤録に患者の氏名及び年令、薬名及び分量、調剤年月日、調剤量、調剤した薬剤師の氏名、処方箋の発行年月日、処方箋を交付した医師、歯科医師又は獣医師の氏名、住所、医師、歯科医師又は獣医師の同意を得て医薬品を変更したときはその旨を、疑義を確かめたときはその内容を記入しなければならない（28条2項、薬剤師法施行規則16条）。調剤録は、薬局開設者が備え（28条1項）、処方箋同様最終の記入の日から3年間の保存義務がある（同3項）。

(iii)情報提供

　「医薬品のインターネット販売に係る薬事法改正（ネット関連改正法）」（2014年）により、情報提供等販売のあり方を薬局医薬品、要指導医薬品、一般用医薬品に区別して定めたことに伴い、「調剤された薬剤」について対面による販売等の規定が設けられた（薬機法36条の4）。この薬事法改正に伴い、同年に施行された改正薬剤師法は、「薬剤師は、調剤した薬剤の適正な使用のため、販売又は授与の目的で調剤したときは、患者又は現にその看護に当たつている者に対し、必要な情報を提供し、及び必要な薬学的知見に基づく指導を行わなければならない。」（25条の2）と、薬剤の保管や使用方法だけではなく、副作用防止のための情報など、調剤後の情報提供及び薬学的指導を法的に義務付けている。薬の安全性と有効性及び有害性に関する情報管理と良質な薬物療法の確保は、国民の生命・健康をあずかる薬剤師にとって重要な責務であることから、薬剤師業務は、患者に対する「情報提供」だけではなく、「服薬指導」も含まれることを明示し、薬剤師の服薬指導義務を明文化した。なお、調剤した薬剤の適正使用のために、薬剤師は、調剤時に限らず、必要に応じて継続的な薬剤の使用状況の把握や服薬指導を行う義務も課せられている（25条の2第2項）。

　服薬指導は、患者との対話の中から副作用の早期発見にもつながり、聴取した患者情報を医師へ伝達するなど、薬物治療の成果を上げるために重要となる。「個々の患者に対して、実施される薬物療法について薬剤師が責任をもって薬学的指導を行う」ことを薬剤師に求め、医師の療養指導義務（医師法23条）と同様の責任を薬剤師に課す。調剤を行った場合、これまでの情報

提供にとどまらず、指導まで行うよう法律で義務付けられたことにより、従来印刷して手渡していた用紙に記載されている程度の内容は、「薬学的知見」に基づく説明ではないと解される。服薬指導では、薬の保管や正しい服用法の指導だけではなく、薬効・副作用・薬物相互作用など、薬物治療の安全性と有効性の確保に必要と思われる内容を薬剤師が判断し、患者にわかりやすく伝えることが求められる。国民が、安全に、かつ安心して医薬品を使用するためには、情報提供と患者の理解が不可欠であることから、この規定は薬剤師のインフォームド・コンセントについて定めたものともいえる。

[2] 医薬品医療機器等法〔旧薬事法〕（昭和35年法律第145号）

① 薬事法改正の概要

　平成26（2014）年に、薬事法（旧称）の改正法が施行され、名称も「医薬品、医療機器等の品質、有効性及び安全性の確保等に関する法律」（医薬品医療機器等法、以下「薬機法」）に改められた。

　薬機法は、「医薬品、医薬部外品、化粧品、医療機器及び再生医療等製品の品質、有効性及び安全性の確保並びにこれらの使用による保健衛生上の危害の発生及び拡大の防止のために必要な規制を行うとともに、指定薬物の規制に関する措置を講ずるほか、医療上特にその必要性が高い医薬品、医療機器及び再生医療等製品の研究開発のために必要な措置を講ずることにより、保健衛生の向上を図ることを目的」とする（1条）。

　薬事法改正の概要は【表】の通りであるが、「薬事法等の一部を改正する法律案要綱」によると今回の改正の柱は以下の3点である。

（i）医薬品、医療機器等の安全対策の強化を図ること

（ii）薬事法の規制対象として、これまでの医薬品、医薬部外品、化粧品、医療機器及び指定薬物に加え、新たに、「再生医療等製品」を加えること

（iii）医療機器・体外診断用医薬品は、他の医薬品や医薬部外品、化粧品とその特性が異なるので、その特性を踏まえ、独立した規定を設けること

　今回の改正では、国（1条の2）、都道府県（1条の3）、医薬品等関連事業者（1条の4）、医薬関係者（1条の5）に対する責務だけではなく、国

民の役割（1条の6）が新たに明文化された。国民一人ひとりに対して、医薬品等の有効性及び安全性に関する知識と理解を深め、医薬品等の適正使用に関する自己管理・自己責任の意識を促す努力義務を課している（1条の6）。

　また、最近の電子医療機器は、パソコン等の他の機械製品と同様に短いサイクルで改善・改良された製品が市場に供給され、医薬品と異なる特性を有しているにもかかわらず、医薬品同様その度に別品目として審査や一部変更の承認を受け、市場化するまでに長時間を要するものが多かった。このような問題を解決するため、薬機法は、新たな章を設けて医薬品から医療機器を独立させた。

　さらに、現在わが国では、iPS細胞等を利用した細胞シートによる再生医療の臨床研究が進められ、実用化に向けて動いていることから、品質、有効性及び安全性の確保を図るために、人の細胞や臓器を用いた再生医療等製品を新たに規制対象品目とした。

　これまでの薬事法が医薬品を中心とした法律であったのに対し、今回の改正により、医療機器関連の主要規定が医薬品から独立し、新たに再生医療等製品も加わり、さらに薬事法の名称に医療機器を明示したことによって、薬機法は、医療関連製品の総合的な法律としての性格を有することになった。

② 医薬品などの定義と管理

　薬機法の規制対象は、医薬品・医薬部外品・化粧品・医療機器・再生医療等製品の5点と指定薬物である。指定薬物は、いわゆる危険ドラッグ類（脱法ドラッグ類）への対策として平成19（2007）年から規制対象物質になった。また、平成26（2014）年の薬事法改正により体外診断用医薬品（病気の診断に使用する医薬品のうち、人又は動物の身体に直接使用されることがないもの）を医薬品から分離するとともに、iPS細胞等を利用した再生医療の臨床研究への対応の必要性から再生医療等製品を新たな規制対象に追加した。

　「医薬品」は、①日本薬局方収載品、②人又は動物の疾病の診断（ツベルクリン、血液・尿などの検査薬など）・治療（アスピリン、ペニシリンなど）・予防（ワクチン類など）に用いることを目的とする物であって、機械器具等（機械器具、歯科材料、医療用品、衛生用品並びにプログラム〔電子計算機に対す

る指令であって、一の結果を得ることができるように組み合わされたものをいう〕
及びこれを記録した記録媒体をいう）でないもの（医薬部外品及び再生医療等製
品を除く）、③人又は動物の身体の構造又は機能に影響を及ぼすことが目的
とされている物（避妊薬など）であって、機械器具等でないもの（医薬部外
品、化粧品及び再生医療等製品を除く）と定める（2条1項）。病院や薬局で
処方される医療用医薬品や薬店で市販されている一般用医薬品などがこれに
あたる。

【表】薬事法改正の概要

平成26（2014）年4月1日施行 改正薬事法	・指定薬物の規制を強化 （所持・使用に対して罰則を設ける）
平成26（2014）年6月12日施行 改正薬事法	・「要指導医薬品」を新設し、医薬品の分類を整備 ・郵便等の販売方法を「特定販売」として一般用医薬品の特定販売を全て可能とした ・医薬品の販売に係る薬剤師の義務の高度化（情報提供から情報提供及び薬学的知見に基づく指導へ）
平成26（2014）年11月25日施行 医薬品医療機器等法	・目的に、保健衛生上の危害の発生・拡大防止のために必要な規制を行うことを明文化 ・行政、医薬品等の関連事業者、医療従事者、国民の役割を明確化 ・再生医療等製品を新たな規制対象物として、医薬品・医療機器と別に定義し、規制を区別 ・再生医療等製品の条件及び期限付き承認（早期に承認できる仕組みの導入） ・診断等に用いる単体プログラムも機械器具として医療機器の範囲を拡大 ・医療機器の特性を踏まえた制度の導入（製造業が許可制から登録制に変更） ・副作用等の報告先を独立行政法人医薬品医療機器総合機構（PMDA）へ一元化 ・添付文書は、最新の論文等により得られた知見に基づき記載するとともに、厚生労働大臣への届出を義務化

「医薬部外品」は、人体に対する作用が緩和であって医薬品に準ずるものとして使用目的が決まっている（同2項）。①イ．吐き気その他の不快感又は口臭若しくは体臭の防止、ロ．あせも・ただれ等の防止、ハ．脱毛の防止、育毛又は除毛、②人又は動物の保健のためにするねずみ・はえ・蚊・のみ等の防除を目的とするもの（ただし、医薬品の②③の用途にもあわせて使用するものは除く）であって、機械器具等でないもの、③医薬品の目的を併せ持つ物のうち（前号②を除く）、厚生労働大臣が指定するもの、である。薬用クリームや、染毛剤、入浴剤等がこれにあたる。医薬部外品は、医薬品ではないため、販売主体に制約はないが、医薬品に準ずる扱いとして、薬機法上の種々の制約を受ける。

「化粧品」は、使用目的があくまで「人」に限定され、一定の使用目的（人の身体を清潔・美化し、魅力を増し、容貌を変え、又は皮膚若しくは毛髪を健やかに保つなど）、一定の使用方法（身体に塗擦、散布などの外用）、人体に対する作用が緩和なもの、と3要件により定義される〔ただし、医薬品の②③の用途にも併せて使用する物と医薬部外品を除く〕（同3項）。シャンプー、リンス、石鹸などがこれにあたる。

「医療機器」は、①一定の使用目的（人若しくは動物の疾病の診断、治療若しくは予防に使用されること、人若しくは動物の身体の構造若しくは機能に影響を及ぼすもの）、②機械器具等（再生医療等製品を除く）の形態、③政令で定めるもの、の3要件により定義される（同4項）。医療機器と医薬品の最も大きな違いは、医薬品が消耗品であるのに対し、医療機器は消耗材だけではなく、機械・器具など長期にわたって使用される耐久材が含まれることである。機械器具等には、注射器・CT・MRI・エックス線装置・超音波診断装置・カテーテルなどの様々な医療用品があり、衛生用品・歯科材料・プログラム及びこれを記録した記録媒体なども含まれる。旧薬事法は、記録した記録媒体などの単体プログラムについて、コンピュータやモニターなどのハード部分とソフト（プログラム）を一体として承認・許可を行ってきた。旧薬事法ではプログラム単体では規制対象にならなかったが、薬機法は、新たに単体プログラム（ソフト）を規制対象に追加した。また、医療機器は、副作用や機能障害が生じた場合に、人の生命や健康に与えるリスクの度合いに応

じて、「高度管理医療機器」、「管理医療機器」、「一般医療機器」、「特定保守管理医療機器」に分類し、医療機器規制国際整合化会議（GHTF）のルールに準じてクラスⅠからⅣに分ける。

　「高度管理医療機器」は、医療機器であって、副作用又は機能の障害が生じた場合（適切な目的かつ使用に限る。管理医療機器、一般医療機器も同じ）に人の生命及び健康に重大な影響を与えるおそれがあることから、その適切な管理が必要なものとして厚生労働大臣が薬事・食品衛生審議会の意見を聴いて指定する〔クラスⅢ、Ⅳ〕（2条5項）。

　「管理医療機器」は、高度管理医療機器以外の医療機器であって、副作用又は機能の障害が生じた場合に人の生命及び健康に影響を与えるおそれがあることから、その適切な管理が必要なものとして厚生労働大臣が薬事・食品衛生審議会の意見を聴いて指定する〔クラスⅡ〕（2条6項）。

　「一般医療機器」は、高度管理医療機器及び管理医療機器以外の医療機器であって、副作用又は機能の障害が生じた場合においても、人の生命及び健康に影響を与えるおそれがほとんどなく、厚生労働大臣が薬事・食品衛生審議会の意見を聴いて指定する〔クラスⅠ〕（2条7項）。

　「特定保守管理医療機器」は、医療機器のうち、保守点検、修理その他の管理に専門的な知識及び技能を必要とすることから、その適正な管理が行われなければ疾病の診断、治療又は予防に重大な影響を与えるおそれがあるものとして、厚生労働大臣が薬事・食品衛生審議会の意見を聴いて指定する（2条8項）。なお、特定保守管理医療機器は、リスクではなく、保守管理の特殊性によって分類されるもので、すべてのクラスの医療機器の中に存在する。

　「再生医療等製品」は、①人又は動物の細胞に培養その他の加工を施した、臓器、組織の再建、修復、又は形成能力を持つものと、②人又は動物の細胞に導入され、これらの体内で発現する遺伝子を含有させたもの、の2つに区分して定義される（2条の9）。

　また、医薬品、医療機器及び再生医療等製品に対する制度として、厚生労働大臣が指定する「希少疾病用医薬品」がある。対象者が5万人未満で、利は薄いが、特に優れた使用価値が高いものとして、企業の責任のもとに開

発し、国が優先審査や研究試験資金の確保ならびに税制上の優遇措置などの経済面で援助を行う。

　医薬品・医薬部外品・化粧品・医療機器又は再生医療等製品の名称や効能・効果、性能等の広告は、明示的・暗示的を問わず、虚偽又は誇大な記事を広告し、記述し、又は流布してはならない（66条）。

③再生医療等製品の規制

　2012年に、京都大学の山中伸弥教授がiPS細胞の作製に対してノーベル生理学・医学賞を受賞したことは、再生医療への社会的関心を高めることになった。人の損傷した臓器の再生・修復や難病治療、創薬への応用など、iPS細胞を利用した再生医療は、革新的な医療として実用化に向け大きな期待が寄せられている。

　薬機法は、品質・有効性・安全性の確保のため、再生医療を目的にiPS細胞やES細胞などを利用するものを「再生医療等製品」として規制の対象とする。また、薬事法改正と同時に「再生医療等の安全性の確保等に関する法律」（再生医療等安全性確保法）が施行され、「再生医療」はこの2つの法律の規制を受ける。

　再生医療等製品の製造販売は、医薬品に準じた規定となっており、品目ごとにその性能等について審査を受け、承認を受けなければならない（23条の25）。承認申請には、その再生医療等製品の治験データなど、審査に必要な資料を提出しなければならない。承認審査は、名称、構成細胞、導入遺伝子、構造、用法、用量、使用方法、効能、効果、性能、副作用その他の品質、有効性及び安全性について行われる。

　再生医療等製品は、細胞の加工により元となる細胞とは異なる性質を有する。また、人の細胞を培養、加工して製造することから、加工工程に付随するリスク、個人差を反映して品質が不均一となる品質の一定性に関するリスクが存在し、有効性を確認するためのデータの収集・評価に長時間を要する。均質でない再生医療等製品は、その特性を踏まえたうえで、安全性を確保しつつ迅速に実用化が図れるよう、有効性が推定され、安全性が認められれば、早期に条件及び期限を付して（承認は7年以内）、製造販売承認を認める（23条の26）。この「期限付き、条件付き承認」制度が設けられている

点で、再生医療等製品は医薬品と大きく異なる。

　再生医療等製品に関する安全対策は、医薬品、医薬部外品、化粧品、医療機器と同じく新設の「第11章　医薬品等の安全対策」にまとめて規定されている。再生医療等製品は、安全性が最も問題となるため、医師等の再生医療等製品取扱医療関係者は、製品の使用に当たり使用の対象者に対し適切な説明を行い、使用の同意を得るよう努めるものとする（68条の4）。また、人の細胞を原材料とすることから、感染症の発生についても生物由来製品と同様の留意を必要とする。再生医療等製品による健康被害は、医薬品副作用被害救済制度及び生物由来製品感染等被害救済制度の対象となる（独立行政法人医薬品医療機器総合機構法19条、21条）。

　再生医療等製品の製造販売業は、厚生労働大臣が製造販売業の許可を与え、3年を下らない政令で定める期間（政令では5年）ごとに更新しなければならない（23条の20第1項、同2項）。再生医療等製品の製造販売業者は、当該製品を譲り受けた再生医療等製品の製造販売業者、販売業者、医療機関の開設者の氏名、住所その他厚生労働省令で定める事項（品名、数量、製造番号・製造記号、譲渡年月日及び使用の期限等）の記録を保存する義務がある（68条の7）。指定再生医療等製品又は人の血液を原材料として製造される再生医療等製品は、出荷日から起算して少なくとも30年間、上記以外の再生医療等製品は出荷日から起算して少なくとも10年間保存しなければならない（68条の7第1項）。また、再生医療等製品の製造販売業者等には、定期的に厚生労働大臣に対する感染症等に関する報告（感染症定期報告）が義務付けられている（68条の14）。この規定は、生物由来製品に関する感染症定期報告と同様である。

　再生医療等製品取扱医療関係者は、使用成績に関する調査、感染症定期報告や使用の対象者等に係る保存など、市販後の安全対策を講じなければならない。使用対象者の氏名、住所その他の厚生労働省令で定める事項（品名、製造番号・製造記号、使用年月日、保健衛生上の危害の発生又は拡大を防止するために必要な事項）を記録し、医療機関の管理者に当該記録の保存義務を課す。指定再生医療等製品又は人の血液を原材料として製造される再生医療等製品は、使用日から起算して少なくとも20年間保存しなければならない

（68条の 7 第 3 項、同 4 項）。なお、上記以外の再生医療等製品は、管理者に記録の保存義務は課せられていない。

④指定薬物規制の改正

　近年、麻薬や覚醒剤ではないものの、濫用すると幻覚や興奮などの作用を引き起こし、健康被害が発生するおそれのある脱法ドラッグや危険ドラッグと呼ばれる製品が社会問題化している。これらは、芳香剤、防臭剤、ハーブなどと称して販売され、流通経路が多岐にわたることから、青少年でも簡単に入手できる。これらの製品は、濫用すると著しく健康を害するだけではなく、正常な判断力を失うことで事故・事件の原因ともなる。従来の薬事法では取り締まることが難しかったが、平成19（2007）年より「指定薬物規制制度」が初めて旧薬事法に盛り込まれ、新たな規制対象物質となった。

　指定薬物は、「中枢神経系の興奮若しくは抑制又は幻覚の作用（当該作用の維持又は強化の作用を含む。）を有する蓋然性が高く、かつ、人の身体に使用された場合に保健衛生上の危害が発生するおそれがある物として、厚生労働大臣が薬事・食品衛生審議会の意見を聴いて指定するもの」で「緊急を要する場合には、薬事・食品衛生審議会の意見を聴かずに指定することができる」と定義される（2 条15項）。なお、大麻、麻薬及び向精神薬、覚醒剤、あへん及びけしがらは、それぞれの法律で規制されているため、指定薬物にはあたらない。

　指定薬物は、医療用又は工業原料など厚生労働省令で定める目的以外の用途（薬物濫用）に供するため、製造、輸入、販売、授与、販売若しくは授与目的の貯蔵若しくは陳列が禁止されてきた。しかし、仮に違法な薬物と指定できたとしても、指定までに時間を要し、その時点で取引の対象が別の新たな薬物に移ってしまう「イタチごっこ」が繰り返され、法律を掻い潜って販売が続けられてきた。このため、厚生労働省は、危険ドラッグ撲滅への取り組みを強化し、指定薬物としての指定を急ぐため、従来の化学物質の「個別指定方式」から、化学構造の近似する物質を一括指定する「包括指定方式」に転換することにより、摘発対象となる薬物を大幅に増やした。また、これまで都道府県の薬事監視の所管であったものについて麻薬取締官（員）等にも取締権限を付与し（平成25年 5 月改正）、規制強化を図った。さらに、平

成26（2014）年の法改正により、指定物質の正規の目的以外の製造、販売、授与、貯蔵、陳列の禁止事項に加え、濫用を目的とした「所持、使用」が禁止され、使用者側の責任も問われることになった。これは、麻薬、覚醒剤と同レベルの厳しい規制である。

⑤医薬品の新たな分類

　一般用医薬品のインターネット販売問題に端を発して平成26（2014）年の薬事法改正が行われた経緯もあり、薬機法は、医療用医薬品を含め、医薬品を「薬局医薬品」、「要指導医薬品」、「一般用医薬品」の3つに区分する（4条5項第2号、同3号、同4号）。

　「薬局医薬品」とは、要指導医薬品及び一般用医薬品以外の医薬品で、「医療用医薬品」（処方箋医薬品と処方箋医薬品以外の医薬品に分類される）と「薬局製造販売医薬品」（薬局製剤）に大別される。薬局医薬品は、貯蔵・陳列を原則として調剤室で行い、薬局開設者又は医薬品の販売業者は、販売時に品名・数量・販売の日時などを記載した書面を作成し、2年間保存しなければならない。

　「医療用医薬品」の明確な定義は、薬機法上にはないが、薬機法施行令及び薬機法施行規則により「医師若しくは歯科医師によって使用され又はこれらの者の処方箋若しくは指示によって使用されることを目的として供給される医薬品」と理解されており、対面販売が義務付けられている。「処方箋医薬品」は、適正に使用しなければ、適正な効能又は効果が得られない医薬品若しくは適正に使用しなければ危険性の大きな医薬品につき、厚生労働大臣が医師の処方箋に基づいて使用すべき医薬品を指定する。麻薬、向精神薬、覚醒剤及び原料、放射性医薬品、特定生物由来製品及び注射剤はすべて処方箋医薬品に指定される。また、薬機法は、処方箋医薬品以外の医療用医薬品も医療用医薬品に位置付け、薬局医薬品に含む。

　通常「薬局製剤」と呼ばれる「薬局製造販売医薬品」は、厚生労働大臣が指定した成分の範囲で、薬局が営業販売許可を得て、調剤用の設備及び器具を用いて製造販売することが認められている医薬品（薬局製剤指針に適合する医薬品のみ）である。なお、薬局製造販売医薬品（薬局製剤）は、政令で特例を定めることができる〔適用除外等〕（80条9項）。厚生労働省が、平成

25（2013）年12月26日のパブリックコメントで公表した薬事法施行令案は、「劇薬指定品目を除き、薬剤師による情報提供を対面による方法以外の方法により行うことも認め、薬学的知識に基づく指導については義務付けない」と、薬局製造販売医薬品のインターネット販売を認めている。

「要指導医薬品」は、平成26（2014）年の法改正により「医療用に準じたカテゴリーの医薬品」の新たな区分として新設された。これまで一般用医薬品として第一類医薬品に指定されていた「スイッチ直後品目及び劇薬指定品目」が、要指導医薬品へ移行した。要指導医薬品は、その効能及び効果において人体に対する作用が著しくないもので、薬剤師等から提供された情報に基づく需要者の選択により使用されることを目的とし、厚生労働大臣が薬事・食品衛生審議会の意見を聴いて指定する（4条5項第3号）。

要指導医薬品に指定される医薬品は、①医療用での使用経緯がなく、直接一般消費者向けに販売された直後の品目（ダイレクト直後品目）、②医療用からのスイッチ直後品目（ダイレクトOTC薬を含む）、③毒薬及び劇薬（薬局医薬品を除く）、がある。「スイッチ直後品目」は、医療から一般用に転用（スイッチ）されたばかりで、一般用としてのリスクが確定していない薬を指す。厚生労働省令で定める期間（原則として3年間）の製造販売後調査を実施した後、安全対策調査会による安全性評価が行われ、評価に合格するとスイッチOTC（Over The Counter）の指定が解除され、一般用医薬品へ移行する。また、医療用医薬品として日本国内ではまだ未承認の成分を、直接一般用医薬品として使用しているものを「ダイレクトOTC薬」という。

要指導医薬品は、慎重な販売や適正使用を促すために、使用しようとする者に対して対面販売による情報提供及び薬学的知見に基づく指導を義務付け、インターネットなどでの販売（特定販売）を禁止する。使用者本人でないときは、正当な理由がある場合にのみ販売が認められる（36条の5）。なお、例外として、医師、歯科医師、薬剤師等への販売についてはこの規定が解除される。また、①品名、②数量、③販売の日時、④販売を行った薬剤師の氏名並びに情報提供及び指導を行った薬剤師の氏名、⑤医薬品を購入又は譲り受けた者が情報提供及び指導の内容を理解したことの確認の結果、などの事項を記載した販売記録を作成し、2年間保存することが義務付けられ

ている。

　「一般用医薬品」は、医薬品のうち、その効能及び効果において人体に対する作用が著しくないものであって、薬剤師その他の医療関係者から提供された情報に基づく需要者の選択により使用されることが目的とされているもの（要指導医薬品を除く。）をいう（4条5項）。一般用医薬品は、購入者自身の判断で選び、使用されるため、要指導医薬品は除かれる。また、一般用医薬品は、副作用のリスクの高いものから、第一類・第二類・第三類と3つに分類され、規制内容がそれぞれ異なる。

　「第一類医薬品」は、その使用に関し特に注意が必要なものとして厚生労働大臣が指定するもの、新一般用医薬品として承認を受けてから厚生労働省令で定める期間を経過しないもので使用実績が少ない・安全性が確定していないなど、リスクが特に高いものがこれに分類される。第一類医薬品には、薬剤師との対面による書面（厚生労働省令で定める方法により表示された電子的記録を含む）を用いた適正使用の情報提供が義務付けられ、薬剤師の管理・指導の下でのみ販売や受け渡しが可能となる。また、要指導医薬品と同様に2年間の販売記録の保存が義務付けられている。

　作用の激しい成分を含むもの、副作用等に留意すべきもの、などリスクが比較的高いものが「第二類医薬品」に分類される。第二類医薬品には、その副作用等により日常生活に支障をきたす程度の健康被害を生ずるおそれがある医薬品であって厚生労働大臣が指定するものと、特別の注意を要するものとして厚生労働大臣が指定する指定第二類医薬品がある。第二類医薬品は、薬剤師又は登録販売者が常駐する店舗でのみ販売や受け渡しが可能である。ただし、薬剤師又は登録販売者との対面による適正使用の情報提供は、努力義務とされる。

　「第三類医薬品」は、第一類及び第二類以外の一般用医薬品で、リスクの程度は一番低く、日常生活に支障をきたす程度ではないが、身体の変調・不調が起こるおそれがあるものをいう。商品説明に際しての法的制限は受けず、購入者から直接希望がない限り情報提供の義務はないため、特定販売が可能である。

　従来、薬局、店舗販売業の店頭における一般用医薬品の陳列にあたって

は、第一類医薬品から第三類医薬品の区別に従い陳列することとされ、特に第一類医薬品は、購入者に対する情報提供を徹底するため、医薬品購入者の直接手の届かない場所に陳列するよう厚生労働省令によって定められてきた。しかし、薬機法で、「要指導医薬品」の区分が新設されたことに伴い、要指導医薬品は、一般用医薬品から明確に区分して要指導医薬品陳列区画の内部の陳列設備に陳列するよう改正された（57条の2）。

⑥医薬品の表示と添付文書

　医薬品は、その直接の容器又は直接の被包に製造販売業者・輸入業者の氏名又は名称及び住所、その品目、製造番号又は製造記号その他を記載し、厚生労働大臣指定の医薬品は、使用期限の表示をしなければならない（50条）。記載事項（表示）は、見やすい場所に読みやすく、わかりやすく、正確に、邦文で記載しなければならない。

　添付文書には、用法及び用量、使用及び取扱い上の注意等の情報が記載され、医師が処方したり薬剤師が服薬指導等を行う際の最も重要な情報源になるとともに、一般用医薬品では使用者の適正使用のための手引書となる。ただ、旧薬事法では、記載事項における「使用上の注意」を主眼としていたことから、添付文書については、医薬品、医療機器等が製造販売される際に、承認申請時に厚生労働省に提出した治験データに基づき、製薬企業等が自主的に作成するものとされてきた。しかし、市販後、日本国内にとどまらず、外国で新たな副作用が報告されたり、学会や専門誌に何らかの研究データが発表されることもあるため、薬機法は、医薬品を使用する者に対してできるかぎり多くの情報を正確に伝えるために、医薬品の添付文書の記載事項について実際に使用する場合の注意等として、当該医薬品に関する最新の論文その他により得られた知見に基づき、用法及び用量、使用及び取扱い上の必要な注意、日本薬局方収載品関連事項等を記載しなければならないとする（52条）。なお、厚生労働省の「医療用医薬品の添付文書の記載要領」（平成9年4月25日）は、「作成又は改訂年月」を添付文書の必須記載事項とし、①警告、②禁忌（使用してはならない患者）、③慎重投与、④重要な基本的注意、⑤副作用、⑥相互作用・併用禁忌、⑦高齢者への投与、⑧妊婦・産婦・授乳婦への投与、⑨小児等への投与、⑩臨床検査結果等への影響、⑪適量投与、

⑫効果・効能などの記載を求める。また、添付文書の記載事項の確認を通じて安全対策強化を図るため、添付文書の届出制度が導入された（52条の2第1項）。厚生労働大臣が指定する医薬品を扱う製造販売業者に対して、添付文書の記載事項（使用及び取扱い上の必要な注意等）を厚生労働大臣に届け出るとともに、その内容をインターネット等で公表することを義務付けている（同2項）。なお、届出受理は、独立行政法人医薬品医療機器総合機構（PMDA）に委任されている。

　直接の容器・被包（内袋も含む）及び添付文書に法定記載事項の未記載や、虚偽、誤解を招く記載、未承認の内容、保健衛生上危険がある用法・用量又は使用期間が記載されているもの（不正表示医薬品）は、販売等が禁止される（54条）。また、無許可・未承認のものや品質が基準に適合しないもの、病原微生物に汚染されている又は汚染されている可能性があるもの（容器も含む）は製造も禁止される（56条）。

⑦医薬品の製造販売

　医薬品は、生命・身体に及ぼす影響が大きいため、製造販売を行うには、製造販売に関する許可と医薬品に関する承認が必要となる。「製造販売」は、平成14（2002）年の法改正により導入されたもので（実施は平成17年から）、その定義は、製薬企業等が責任をもって自社の製造した医薬品を市場に供給（出荷又は上市）する行為をいう。製造販売業者は、製造販売の定義から、業として市場へ製品の供給をするものをいう。業として製造販売を行う場合、厚生労働大臣から許可を得なければならない（12条1項）。

　医薬品、医薬部外品及び化粧品の製造は、品目の種類に応じ、それぞれ厚生労働大臣が許可を与え（13条1項）、3年を下らない期間（政令では5年）ごとに更新しなければならない（同2項）。製薬企業などが医薬品を作って販売する場合には、医薬品に関する「製造販売」の承認を受けて、「製造販売業」の許可を取得し、「製造業」の許可を取得したうえで自ら製造するか、自ら製造しない場合は「製造業」の許可を有する業者に外部委託する方法により、医薬品の承認を得て販売することになる。医薬品の製造販売業者が自前の工場で医薬品を製造する場合は、製造販売業と製造業の許可をあわせてとることになる。

　個々の医薬品を製造販売するには、品目ごとに厚生労働大臣の承認を受けることが必要である。医薬品の承認申請を行う場合、その申請に添付される資料は、厚生労働省令で定める基準である①安全性に関する非臨床試験の実施の基準（GLP：医薬品の安全性に関する非臨床試験の実施の基準に関する省令）、②臨床試験の実施の基準（GCP：医薬品の臨床試験の実施の基準に関する省令）に従って収集・作成されなければならない（14条3項）。審査の対象となる医薬品は、「申請に係る品質」、「効能効果」及び「安全性」等が認められないとき、「品質」、「効能効果」及び「安全性」等に比して著しく有害で、使用価値が認められないときなどは、厚生労働大臣は製造販売の承認を与えない（同2項）。

　医薬品の承認をとり、社会に発売・供給した元売業者は、医薬品の品質、有効性、安全性についての責任を負う。こうした「製造販売業」制度の導入の背景には、製造という行為に着目し、「医薬品等を製造した者」がその品質、有効性、安全性に責任を持つという考えから、医薬品を社会に「発売し、供給」する行為（元売行為）を重視し、「医薬品を社会に供給しようとする者」が責任を持つという考えに法のスタンスが変更されたことがあげられる。

　医薬品、医薬部外品及び化粧品の製造販売業の許可基準は、①品質管理基準（GQP：医薬品、医薬部外品、化粧品及び再生医療等製品の品質管理の基準に関する省令）、②製造販売後安全管理基準（GVP：医薬品、医薬部外品、化粧品、医療機器及び再生医療等製品の製造販売後安全管理の基準に関する省令）、③申請者の適否基準は、薬局開設申請時の適否基準と同一とする、と相対的基準が設けられている。また、医薬品の製造販売業者に対して、製品の品質管理及び製造販売後安全管理を総括する者（総括製造販売責任者）の設置をし、原則これに薬剤師をあて、品質管理及び製造販売後安全管理を行わせることを義務付けている。

　薬機法は、医療機器の法規制を区別し、新たに医療機器及び体外診断用医薬品の規制を設けた。医療機器及び体外診断用医薬品製造販売業の許可は、その取り扱う品目の種類に応じてそれぞれ厚生労働大臣が許可を与える（23条の2第1項）。その許可は、3年を下らない政令で定める期間（政令では

５年）ごとに更新しなければ、その期間の経過によって効力を失う（同２項）。

　医療機器及び体外診断用医薬品の製造管理及び品質管理の基準は、製造販売業者を主体とした製品ごとの品質管理監督システムについて調査を行う新たな規制体系が適用された。それを受けて許可基準の見直しが行われ、GQP省令への適合をなくし、新省令の適合として、①製造管理又は品質管理に係る業務を行う体制（QMS体制省令に適合：医療機器又は体外診断用医薬品の製造管理又は品質管理に係る業務を行う体制の基準に関する省令）、②製造販売後安全管理基準（GVP省令に適合）、③申請者の適否基準（薬局開設時の申請者の適否基準と同一）を許可基準とした（23条の２の２）。

　旧薬事法は、医療機器、体外診断用医薬品を製造販売するには、医薬品と同様に製造販売承認・製造販売業の許可・製造業の許可の３つを取らなければならないと規定していたが、薬機法は、医療機器、体外診断用医薬品の「製造業」について許可制を廃止し、登録制にすることで要件を簡素化した（23条の２の３）。外国製造業者についても同様の規制が適用される（23条の２の４）。また、承認申請した医療機器、体外診断用医薬品が、以前に承認を得た医療機器、体外診断用医薬品と「同じ区分」のもので、それらの製造所が既にQMS省令に適合し、その製造所で製造する場合は、製造工程は同じ製造管理又は品質管理の方法が適用されるものとして、「基準適合認証」の調査を省略する（23条の２の５第７項）。

⑧医薬品の販売

　医薬品の販売は、薬局開設者又は医薬品の販売業の許可を得た者でなければ、業として、医薬品を販売し、授与し、又は販売若しくは授与の目的で貯蔵し、若しくは陳列してはならない（24条）。ただし、自社製品に限り、医薬品の製造販売業者が薬局開設者又は医薬品の製造販売業者、製造業者若しくは販売業者に、医薬品の製造業者が医薬品の販売業者又は製造業者に、それぞれ販売等するときは、この限りではない。医薬品販売業は、都道府県知事の許可（店舗販売業の許可は、保健所設置市長・特別区長に委任）を受けなければならず、６年ごとに更新が必要とされる。医薬品販売業は、形態により、「店舗販売業」、「配置販売業」、「卸売販売業」の３種類に分けられる。

　「店舗販売業」とは、いわゆるドラッグストアの販売形態であり、店舗を
かまえて医薬品を販売する。販売品目は、要指導医薬品又は一般用医薬品で
ある。店舗販売業者は、要指導医薬品と第一類医薬品を販売するには薬剤師
を（36条の5、同条の9）、第二類及び第三類医薬品を販売するには薬剤師
又は登録販売業者を配置しなければならない（同条の9）。また、要指導医
薬品と第一類医薬品については、薬剤師が文書で情報を提供することが義務
付けられ（同条の6第1項、同条の10第1項）、第二類医薬品については、
薬剤師による情報提供の努力義務が（同条の10第3項）、第一類から第三類
のいずれにも相談応需義務が課せられている（同条の10第5項）。

　「配置販売業」は、「一般用医薬品を、配置により販売し、又は授与する業
務」（25条2号）をいい、消費者の家庭や会社等に医薬品を預けておき、そ
こから使用した分の代金を後から請求する「置き薬」の販売形態をとる。販
売品目は、一般用医薬品のうち経年変化が起こりにくいこと、その他の厚生
労働大臣の定める基準に適合するものとされ、要指導医薬品は不可とされ
る。

　「卸売販売業」は、卸問屋の販売形態をとり、薬局や医薬品の販売業者、
病院や診療所などの医療機関を対象に医薬品を販売・授与する（25条3
号）。すべての医薬品が販売品目の対象となる。

⑨ その他の特別概念とその規制

　医薬品等のリスクは、副作用だけではなく、感染についても留意が必要で
ある。非加熱血液製剤によるHIV（薬害エイズ）や肝炎ウイルスへの感染、
医原性クロイツフェルト・ヤコブ病の発症を契機に、平成14（2002）年に
「生物由来製品」の特例が定められた。

　「生物由来製品」は、人その他の生物（植物を除く）に由来するものを原料
又は材料として製造（小分けを含む）をされる医薬品、医薬部外品、化粧品
又は医療機器のうち、保健衛生上特別の注意を要するものとして、厚生労働
大臣が薬事・食品衛生審議会の意見を聴いて指定する（2条10項）。ワクチ
ン、抗毒素、遺伝子組換えタンパク、ヘパリンなどの動物抽出成分などが製
品原料としての生物由来製品であり、その多種多様性から使用において注意
を必要とする。なお、生物由来製品に「植物由来成分」は含まれない。

　「特定生物由来製品」は、生物由来製品のうち、販売し、貸与し、又は授与した後において当該生物由来製品による保健衛生上の危害の発生又は拡大を防止するための措置を講ずることが必要なものであって、厚生労働大臣が薬事・食品衛生審議会の意見を聴いて指定する（同11項）。人血液製剤、人細胞組織医薬品などがこれにあたる。特定生物由来製品を取り扱う医療関係者（特定生物由来製品取扱医療関係者）には、当該製品等について使用対象者へ説明し、対象者の理解を得る努力義務がある（68条の21）。ただし、この規定は、再生医療等製品と比較して、対象者の同意まで求めているわけではない。

　生物由来製品による感染被害が生じた場合に、感染源の特定や感染拡大を防止するために、生物由来製品の販売・使用に関して、記録と保存義務が課せられている。生物由来製品の承認取得者は、当該製品を譲り受けた販売業者、医療機関の開設者、薬局開設者などの氏名・住所・その他厚生労働省令で定める事項（品名・数量・製造番号・製造記号及び譲渡年月日等）の記録をとり、保存しなければならない（68条の22）。特定生物由来製品又は人の血液を原料として製造された生物由来製品の場合、出荷日から起算して少なくとも30年間、これ以外の生物由来製品は、出荷日から起算して少なくとも10年間の保存が義務付けられる。また、生物由来製品の製造販売業者等には、半年ごとに厚生労働大臣への感染症等に関する報告（感染症定期報告）が義務付けられている（68条の24）。医療機関・薬局の管理者は、特定生物由来製品又は人の血液を原材料として製造される生物由来製品について、使用日から起算して少なくとも20年間保存が義務付けられるが、これ以外の生物由来製品には記録の保存義務はない。

[3] 管理薬に関する規制

　薬物に関する規制には、濫用を防止し、中毒から心身を守るため、保健衛生上の取締りを行うことを目的とした「麻薬及び向精神薬取締法」、「あへん法」、「大麻取締法」、「覚醒剤取締法」の薬物四法がある。

① 麻薬及び向精神薬取締法（昭和28年法律第14号）

　従来、日本における薬物犯罪は、刑法以外の麻薬取締法規（麻薬取締法、あへん法、大麻取締法、覚醒剤取締法）で処理されてきた。しかし、麻薬・大

麻事犯の増加や向精神薬を取締りの対象にする必要性等から、平成2
(1990) 年の法改正により「麻薬及び向精神薬取締法」が施行された。

　本法は、麻薬（あへんアルカロイド系麻薬、コカアルカロイド系麻薬など同法
別表第1に記載された麻薬）及び向精神薬（同法別表第3に記載）の輸入・輸
出・製造・製剤・譲渡・譲受・所持などの取締りを行うとともに、麻薬中毒
患者に必要な医療を行うなどの措置を講ずることによって、麻薬及び向精神
薬の濫用による保健衛生上の危害を防止し、公共の福祉の増進を図ることを
目的とする（1条）。本法は、医療現場でこれらが薬剤としてよく使用され
ていることを見据えて作成されたものではなく、麻薬及び向精神薬とそれに
かかわる一般人も含めたすべての人を規制対象とする。また、他の管理薬に
ない事項として、麻薬中毒者（あへん、大麻、麻薬の慢性中毒者）に対する医
療が含まれる（27条4項）。

　麻薬は、本法の「別表」に具体的に示されているが、日本薬局方に収載さ
れているものとして、モルヒネ、コカインなどがある。麻薬とされた成分が
わずかでも含まれているものは、それ自体も麻薬に当たる。ただし、コデイ
ンやヒドロコデイン又はその塩類に限り、1％以下の濃度になると家庭麻薬
と呼ばれ、麻薬の対象からは除かれる（2条）。なお、麻薬の製造に使われ
る「あへん」「けしがら」は、あへん法で規制される。

　麻薬取扱者であるためには、厚生労働大臣（一部の権限は地方厚生局長に委
任）又は都道府県知事の免許を要し、それ以外の者の所持を禁止する。麻薬
取扱者とは、麻薬施用者（医師・歯科医師・獣医師）、麻薬管理者（医師・歯
科医師・獣医師・薬剤師）、麻薬研究者（学問研究上、けしを除く麻薬植物を製
造し、麻薬・あへん・けしがらを使用する者）のことであり、他の麻薬取扱者
は麻薬営業者（麻薬製造業者・麻薬輸入業者・麻薬小売業者等）という（2条
8号以下）。麻薬の輸入・輸出・製造は、麻薬取扱者がその都度厚生労働大
臣の許可を得てはじめて成し得る。

　麻薬原料植物は、許可なく栽培できず、研究用以外の麻薬の交付・所持な
どは一切禁じられる。本法に違反した者は、最高無期若しくは3年以上の
懲役又は500万円以下の罰金が科せられるなど厳格な罰則が定められている
（64条以下）。また、厚生労働省に麻薬取締官、都道府県に麻薬取締員を置

き、これに立入検査、試験用収去や小型武器を携帯し得る権限を与えている（54条）。

　麻薬の施用は、原則として疾病の治療を目的とする。また、麻薬研究者が行うものを除き、施用は麻薬施用者から施用のために交付を受けたものと、麻薬処方箋により麻薬小売業者から譲渡を受けたものでなければならない。

　疾病の治療以外の目的で麻薬を使うことができる場合に、中毒者に対する施用がある。中毒の診断として、ナロルフィンの施用等（27条3項）及び中毒症状の緩和と治療にメサドンの施用等ができる（同4項）。医師は、麻薬中毒者を診断した場合は、速やかにその者の氏名、住所、年齢、性別等をその者の居住地の都道府県知事に届け出なければならない（58条の2）。また、精神保健指定医が麻薬中毒患者の診察の結果、必要があるとみなしたときは、麻薬中毒者医療施設に措置入院させることができる（58条の8）。

　麻薬と似た取扱いをされるものに、中枢神経に作用する向精神薬がある。向精神薬も具体的に「別表」に示され、濫用のおそれあるいは濫用された場合の有害作用の程度により、第1種から第3種まで分類される（50条の9）。向精神薬取扱者は麻薬取扱者の規定と同様である（2条26号以下）。ただし、麻薬よりも保健衛生上の問題が大きくないため、規制は麻薬に比べるとやや緩やかで、治療のため診療施設での所持は許される（50条の16）。また、紛失や盗取といった事故に関しては、医療機関を含めたいずれの取扱者も、厚生労働大臣若しくは都道府県知事に届け出なければならない（50条の22）。

②あへん法（昭和29年法律第124号）・大麻取締法（昭和23年法律第124号）

　「けしの栽培並びにあへんの生産、国際取引、卸取引及び使用の制限及び取締に関する議決書」（1953年）の批准に伴い、昭和29（1954）年に制定されたのが、「あへん法」である。

　「医療及び学術研究の用に供するあへんの供給の適正を図るため、国があへんの輸入、輸出、収納及び売渡を行い、あわせて、けしの栽培並びにあへん及びけしがらの譲渡、譲受、所持等について必要な取扱を行うこと」を目的とする（1条）。また、医療などの用に供するあへんの供給の適正を図るため、栽培者からの買取・売渡並びに輸出入を国が一括管理し（2条）、必

要な規制を行う。

　「けし栽培者」には、けしを栽培できる「けし耕作者」、「甲種研究栽培者及び乙種研究栽培者」があり、あらかじめ栽培地等を定めて、厚生労働大臣の許可を受けて業務を行う。あへん採取を行うことができる者は、「けし耕作者」と、学術研究のために行う「甲種研究栽培者」である（3条、12条）。この許可の有効期限は、許可日から1年以内の9月30日までである（16条）。

　厚生労働大臣の許可を受けた者以外のけしがらの輸出入は禁止されている（6条）。あへんの廃棄は、あらかじめ廃棄の日時、場所及び方法を都道府県知事に届け出なければならない（21条）。あへん又はけしがらの吸食は「何人も禁止」される（9条）。

　昭和23（1948）年に制定された大麻取締法の規制対象は、大麻草（カンナビス・サティバ・エル）及びその製品である。ただし、繊維製品としての麻の使用を確保するために、成熟した茎及びその製品（樹脂を除く）並びに大麻草の種子及びその製品を除く（1条）。大麻取扱者は、大麻栽培者と大麻研究者に限られ、いずれも都道府県知事の免許を受けなければならない（2条）。大麻取扱者でなければ大麻を所持し、栽培し、譲り受け、譲り渡し、又は研究のため使用してはならず（3条）、有資格者以外の者による大麻の栽培、所持、輸出入などの違反を厳しく処罰する（24条以下）。大麻から製造された医薬品の施用、交付並びに施用を受けることは禁止されている。

③覚醒剤取締法（昭和26年法律第252号）

　覚醒剤取締法は、「覚醒剤の濫用による保健衛生上の危害を防止するため、覚醒剤及び覚醒剤原料の輸入、輸出、所持、製造、譲渡、譲受及び使用に関して必要な取締りを行うことを目的」とする（1条）。本法は、フェニルアミノプロパン（アンフェタミン）及び各塩類、フェニルメチルアミノプロパン（メタンフェタミン）及び各塩類の2種類の化合物のみを覚醒剤として指定する。これらのいずれかを含有するもの（2条1項1号、同3号）、覚醒剤の製造原料となる10％を超える含有率のエフェドリン又はメチルエフェドリンその塩類、10％を超える含有率のフェニル酢酸、50％を超える含有率のフェニルプロパノールアミン・その塩類、フェニルアセトアセトニト

リル及びこれを含有する物、セレギリン、フェニルアセトン及びこれを含有する物など、他別表掲載のものを規制対象とする（2条）。

　覚醒剤取扱いの「指定や届出」、「禁止及び制限」、「取扱」、「業務に関する記録及び報告」等は麻薬及び向精神薬取締法と法意を同じくし、規制の厳しさは類似している。ただし、麻薬中毒者に対する医療のような規定はなく、医師の自己治療への施用や覚醒剤中毒者に対する中毒緩和・治療目的での使用又は交付も禁止されている。また、輸入・輸出は全面禁止で（13条）、例外はない。覚醒剤製造業者、覚醒剤施用機関の開設者及び管理者、覚醒剤施用機関において診療に従事する医師、覚醒剤研究者並びに施用のため交付を受けた者などを除き、覚醒剤の所持は禁止である（14条）。覚醒剤施用機関の覚醒剤の管理は、その施用機関の管理者が行わなければならない（16条）。なお、病院・薬局等は、医薬品である覚醒剤原料に限り、特段の指定なく取り扱う（施用・調剤する）ことが認められている（30条の7、30条の9）。

　覚醒剤を、みだりに、輸入・輸出し、又は厚生労働大臣の指定する業者以外の者がこれを製造した場合、1年以上の有期懲役に処せられる（41条）。医師以外の者がこれを所持したとき、譲渡、あるいは譲り受けたときは10年以下の懲役、営利目的で所持又は譲渡したときは1年以上の有期懲役又は情状により1年以上の有期懲役及び500万円以下の罰金に処せられる（41条の2）。なお、未遂も罰せられる。

　覚醒剤の事故については、喪失、盗取、所在不明の場合、定められた事項（品名、数量、事故の状況）を指定権者に届け出なければならない（23条）。

　覚醒剤の記録は、帳簿を備え、製造、譲渡、譲受、保管換、施用、施用のための交付、又は研究使用の覚醒剤の品名及び数量並びにその年月日などについて記録し、それを最終の記入日より2年間保存しなければならない（28条、29条、30条の17）。

　覚醒剤原料の輸出入については、原則禁止であるが、覚醒剤原料輸出業者及び輸入業者がその都度厚生労働大臣の許可を受けて行うことができる。また、本邦から出国又は入国する者が、厚生労働大臣の許可を受けて、自己の疾病の治療目的で携帯して医薬品である覚醒剤原料を輸出入することができ

る（30条の 6 ）。

　製造については、覚醒剤製造業者、覚醒剤研究者を含め、覚醒剤原料製造業者、覚醒剤原料研究者が業務、研究のために製造できる（30条の 8 ）。

　覚醒剤原料の譲渡・譲受は、各業者間で行われる。業者間の取引には、譲渡証及び譲受証の交換が必要で、その保存期間は譲渡・譲受の日から 2 年間である（30条の10）。また、病院、診療所の医師等が、医薬品である覚醒剤原料を交付する場合や、薬局開設者又は病院・診療所の開設者が医師等の処方箋により薬剤師が調剤した医薬品である覚醒剤原料を当該処方箋を所持する者に譲り渡すことができる（30条の 9 ）。

　覚醒剤原料は、覚醒剤製造業者や覚醒剤原料製造業者、覚醒剤原料取扱者、覚醒剤研究者、覚醒剤原料研究者並びに施用又は調剤のために使用する医師又は薬剤師、施用のために交付を受けた者（患者）が使用できる（30条の11）。

　覚醒剤原料は、病院、診療所、研究所等の所内（薬局開設者は薬局内）の鍵をかけた場所において保管しなければならない（30条の12）。廃棄は、原則として所在地の都道府県知事に届け出て当該職員の立会いのもとに行われなければならない（30条の13）。なお、病院等で診療に従事する医師等が施用のため交付した医薬品である覚醒剤原料又は薬剤師が調剤した医薬品である覚醒剤原料を廃棄した時は、30日以内に必要事項を都道府県知事に届け出なければならない。

　覚醒剤原料の事故については、覚醒剤と同様、喪失、盗取、所在不明の場合、指定権者等（薬局開設者においては、都道府県知事）に定められた事項を届け出なければならない（30条の14）。

[4] 毒物及び劇物に関する規制：毒物及び劇物取締法（昭和25年法律第303号）

　毒物及び劇物取締法は、物の性質（有毒性）で分類し、その流通・使用などによる事故から国民を守るため、「保健衛生上の見地から必要な取締を行うことを目的」とし（ 1 条）、犯罪捜査を目的とするものではない。

　農薬、食品加工、家庭用品、塗料希釈剤など、国民生活上使用される範囲が広いため、毒性の強さによって、「特定毒物」、「毒物」、「劇物」の 3 つに

分類される。

「特定毒物」は、別表第3で規定し、毒物の中で特に毒性の高い物として、厚生労働大臣が薬事・食品衛生審議会の意見を聴いて指定し、四アルキル鉛、モノフルオール酢酸などがこれにあたる。「毒物」は、別表第1で規定され、黄燐、シアン化水素、水銀、砒素などがある。「劇物」は、別表第2で規定され、塩化水素、水酸化ナトリウム、クロロホルム、メタノールなどがある。

特別な毒物又は劇物などの取扱いとして、興奮、幻覚又は麻酔性を有するもの（酢酸エチル、トルエン又はメタノールを含有するシンナー、接着剤など）は、みだりに摂取し、若しくは吸入し、又はこれらの目的で所持することを禁止し（3条の3）、この目的を知って販売した場合には罰則規定がある。また、引火性、発火性又は爆発性を有する毒物・劇物（ピクリン酸、塩素酸塩〔35%以上含有〕、ナトリウムなど）は、業務その他正当な理由による場合を除いては、所持することが禁止される（3条の4）。譲渡（販売）に際しては、原則として譲受人の氏名、住所の確認が必要であり、その記録を帳簿に記載し、5年間保存しなければならない（14条）。なお、毒物、劇物と同じ成分の薬品であっても、医薬品及び医薬部外品に該当するものは薬機法の規制を受けるため、毒物及び劇物取締法の規制からは除外される。

毒物又は劇物の販売業の登録を受けた者でなければ、毒物又は劇物を販売してはならない（3条3項）。また、18歳未満の者、心身の障害により毒物又は劇物による保健衛生上の危害の防止の措置を適正に行うことができない者として厚生労働省令で定めるもの、麻薬・大麻・あへん・覚醒剤の中毒者などには交付が禁じられる（15条1項）。毒物、劇物を業務上取扱う者には、毒物又は劇物の表示が義務付けられ（12条）、毒物、劇物を廃棄する際には、政令で定める技術上の基準に従わなければ廃棄できない（15条の2）。

取扱いに係る毒物若しくは劇物等が飛散・漏れなどにより不特定又は多数の者に対して保健衛生上の危害が生ずるおそれがあるときは、危害防止のために必要な応急措置を講じる必要があり、保健所、警察署又は消防機関に届け出るとともに、危害を防止するために必要な応急の措置を講じる必要がある（17条1項）。また、盗難・紛失などがあった場合は、直ちにその旨を警

察署に届け出なければならない（同 2 項）。

(4) 看護師・保健師・助産師；保健師助産師看護師法（昭和23年法律第203号）

[1] 看護師

　看護師は、「厚生労働大臣の免許を受けて、傷病者若しくは褥婦に対する療養上の世話又は診療の補助を行うことを業とする者」をいう（5 条）。業務に従事する看護師は、2 年ごとに氏名・性別・生年月日・住所・主たる業務・業務を行う場所・雇用形態・勤務形態などを就業地の都道府県知事に届けなければならない（33条）。

　看護師の業務内容には、危険性を伴うものが少なくないことから、その業務を「療養上の世話」と「診療の補助」の 2 つに大別し、いずれについても有資格者にのみこれを許容する業務独占を認め（31条 1 項）、患者の生命・身体の安全確保を図っている。

　「療養上の世話」と「診療の補助」は、言葉上は分けて規定されているが、両者の明確な定義付けはなされていない。ただし、「療養上の世話」が、①患者への良質な医療提供を目指すものであること、②患者の「身の回りの世話」を中心として療養生活全般に及ぶこと、③医学的専門知識・技能に基づいて行われる看護職独自の義務であること、には異論がない。したがって、「療養上の世話」は、看護師業務の本質をなすものとして、医師の指示なしに看護師自らの判断に基づき主体的に独立して行うことができる。なお、准看護師は、「療養上の世話」について医師・歯科医師・看護師の指示を必要とする（6 条）。

　「診療の補助」は、医師又は歯科医師が患者を診断治療する際に行う補助業務である。医師が患者を診察・治療する際に、看護師はこれを補助する役割を担うが、看護師による「診療の補助」業務は医行為それ自体に及ぶため、看護師が自らの判断で行うことは許されず、原則として医師の意思によって行われること、ならびに医師の指導監督のもとに行われることが条件となる。通常、これらは医師の指示として扱われ、看護師による「診療の補助」業務はこれを受けることにより正当業務となる。「診療の補助」の範囲は、患者の生命・健康に危害を生ずるおそれのない看護師の能力に見合った

ものとされ、医師のみが専権的になすべき医行為（絶対的医行為）は除外される。したがって、メスの手交や注射の準備など、医師の手足として行われる「単純な、又は機械的な診療の補助」や、与薬や注射など医師に代わって一定範囲の医行為を行う「医行為的な診療の補助」など、看護師の知識・技術で成し得るもの（相対的医行為）に限定される。なお、看護師・保健師・助産師は、受胎調節の実地指導（母体保護法15条）、ならびに患者の容態が生命あるいは健康に重大なる危険を及ぼすほどの変化・異常をきたし、かつ危急のものである場合は、臨時応急手当に限定して、医師の指示を待つことなく業務を行うことができる（37条但書）。ただし、臨時応急の手当ては必要最小限の措置に限られ、それ以上に進んだ治療行為であってはならない。

　また、看護師には、患者の意思を尊重して患者を守り、患者のQOLを維持・増進させるために患者の意向を代弁し（アドボカシー）、擁護することが求められる。医療システムは、医師を頂点とした組織的・機能的・階層的な専門職集団組織であることから、治療する側と治療を受ける側（患者）の対等な関係性の維持が困難となる場合もあり、患者の自己決定権を保障するために、患者の生活的側面と医療的側面の両方に関わる看護師にアドボカシーの専門職として新たな役割が期待されている。

[2] 保健師と助産師

　保健師は、「厚生労働大臣の免許を受けて、保健師の名称を用いて、保健指導に従事することを業とする者」をいう（2条）。保健師でない者は、保健師又はこれに類似する名称を使用してはならない（42条の3第1項）。保健師の主たる業務は、通常の保健指導といわれるもので、衛生指導や疾病予防の指導、母子の保健衛生指導、傷病者の療養補導などであるが、臨時応急の手当てもできる。傷病者の療養上の指導を行う場合は、主治医があればその指示を受け（35条）、就業地を管轄する保健所の長の指示があればそれに従わなければならない（36条）。

　助産師は、「厚生労働大臣の免許を受けて、助産又は妊婦、褥婦若しくは新生児の保健指導を行うことを業とする女子」をいう（3条）。「助産」とは、妊婦に分娩の兆候が現れてから後産が終了して完全に分娩が終了するまでの間、産婦の身の回りで分娩の世話をする分娩の介助のことである。ま

た、「妊婦」は、妊娠後分娩開始までの女子をいい、「新生児」は出生後28日を経過しない乳児をいう。

　助産師でない者は、助産師又はこれに類似する名称を使用してはならない（42条の3第2項）。助産師の業務は、正常分娩における助産、及び妊婦、褥婦若しくは新生児の保健指導である。助産師の業務に当然付随する行為として、臨時応急の手当、へその緒を切り、浣腸を行い、血圧測定、心音聴診、骨盤計の使用なども行うことができる（37条）。ただし、妊婦、産婦、褥婦、胎児又は新生児に異常があると認められた場合は、臨時応急手当の他は自ら処置をしてはならず、医師の診療、あるいは立会いのうえ直接の指示を受けなければ業務をなし得ない（38条）。

　助産師は、正常分娩における助産を行えることから、助産、妊婦、褥婦若しくは新生児の保健指導を求められた場合に、正当な事由がなければこれを拒むことはできない（39条1項）。また、自らが分娩介助をした児の出生証明書や自らが死胎の検案をした場合の死産証書又は死胎検案書の交付について求めがあった場合も正当な事由がなければ拒否できない（同2項）。さらに、妊娠4月以上の死産児を検案して異常があると認めたときは、24時間以内に所轄警察署にその旨を届け出なければならないとする「異常死産児届出義務」（41条）、分娩の介助をしたときに、妊婦の氏名・分娩の年月日・児の性別及び生死の別など助産に関する事項を速やかに記録する「助産録記載義務」（42条1項）、5年間の「助産録保存義務」（同2項）が課せられる。

　なお、保健師と助産師の免許を取得するには、それぞれ保健師と看護師、助産師と看護師の双方の国家試験に合格することが必要である。

[3] 改正保健師助産師看護師法と第6次医療法改正

(i)看護師の職域拡大と看護師研修制度の創設

　多職種協働によるチーム医療において、看護師は、医師をフォローするコ・メディカルの中心的存在として重要な役割を担っている。他方で、そもそも医師の資格をもたない者は、たとえ医療専門職であっても医行為を業とすることは許されないことから（医師法17条）、保健師助産師看護師法は、「医師又は歯科医師が行うのでなければ衛生上危害を生ずるおそれのある行為」（医行為）について看護師が独自の判断で行うことを禁止している。た

だし、これには重大な例外があり、「診療の補助」行為として、「主治の医師又は歯科医師の指示があった場合」に、看護師は、その指示された医行為を行うことができる。この「その他医師又は歯科医師が行うのでなければ衛生上危害を生ずるおそれのある行為」とはどのような医行為なのか、その範囲が問題となるが、高度な医学的判断や技術を要する医行為については、本来医師が自ら行うべきもので、たとえ医師の指示があったとしても、看護師には行い得ないものと解されてきた。第6次医療法改正では、医師不足や看護師不足に対応するため、コ・メディカルのスキルミックスとよばれる職域拡大への取り組みの一環として、①看護師の能力が最大限に発揮できるよう「診療の補助」における高度な専門知識と技能が必要な行為（特定行為）についてその範囲を明確化し、②一般的に「診療の補助」に含まれないと解されてきた一定の医行為を実施できるよう「特定行為」を実施する看護師に対して研修制度を導入し、看護師の能力水準を担保すること、が医療法に根拠付けられた。

　また、団塊の世代が後期高齢者となる2025年を見据え、看護師の職域拡大の必要性が求められることから、「地域における医療及び介護の総合的な確保を推進するための関係法律の整備等に関する法律」（平成26年法律第83号）は、チーム医療のキーパーソンである看護師が、異常の早期発見・介入、救急搬送の回避など、病院だけでなく、在宅・介護施設においても迅速で効率的な医療を提供できるよう、「特定行為」に係る看護師の研修制度の創設など、看護関連の法改正事項を数多く盛り込んでいる。

　「特定行為」とは、診療の補助のうち、より高度な専門知識及び技能が特に必要とされる行為をいう。「地域における医療及び介護の総合的な確保を推進するための関係法律の整備等に関する法律」の公布に伴い、改正保健師助産師看護師法（平成26年法律第83号）は、「その他医師又は歯科医師が行うのでなければ衛生上危害を生ずるおそれ」がある比較的侵襲性の高い21区分38行為の「特定行為」について、医師又は歯科医師の包括的な指示の下、手順書（医師又は歯科医師が看護師に診療の補助を行わせるために、その指示として作成する文書）に基づき、厚生労働大臣が指定する研修機関における一定の基準に適合する研修を修了した看護師が実施するものとした。「特

【特定行為及び特定行為区分(38行為21区分)】厚生労働省令第33号(平成27年3月13日)

	特定行為区分の名称	特定行為
1	呼吸器(気道確保に係るもの)関連	経口用気管チューブ又は経鼻用気管チューブの位置の調整
2	呼吸器(人工呼吸療法に係るもの)関連	侵襲的陽圧換起の設定の変更
		非侵襲的陽圧換起の設定の変更
		人工呼吸管理がなされている者に対する鎮静薬の投与量の調整
		人工呼吸器からの離脱
3	呼吸器(長期呼吸法に係るもの)関連	気管カニューレの交換
4	循環器関連	一時的ペースメーカの操作及び管理
		一時的ペースメーカリードの抜去
		経皮的心肺補助装置の操作及び管理
		大動脈内バルーンパンピングからの離脱を行うときの補助の頻度の調整
5	心嚢ドレーン管理関連	心嚢ドレーンの抜去
6	胸腔ドレーン管理関連	低圧胸腔内持続呼吸器の吸引圧の設定及びその変更
		胸腔ドレーンの抜去
7	腹腔ドレーン管理関連	腹腔ドレーンの抜去(腹腔内に留置された穿刺針の抜針を含む。)
8	瘻孔管理関連	胃瘻カテーテル若しくは腸瘻カテーテル又は胃瘻ボタンの交換
		膀胱瘻カテーテルの交換
9	栄養に係るカテーテル管理(中心静脈カテーテル管理)関連	中心静脈カテーテルの抜去
10	栄養に係るカテーテル管理(末梢留置型中心静脈注射用カテーテル管理)関連	末梢留置型中心静脈注射用カテーテルの挿入
11	創傷管理関連	褥瘡又は慢性創傷の治療における血流のない壊死組織の除去
		創傷に対する除圧閉鎖療法
12	創部ドレーン管理関連	創部ドレーン抜去
13	動脈血液ガス分析関連	直接動脈穿刺法による採血
		橈骨動脈ラインの確保
14	透析管理関連	急性血液浄化療法における血液透析器又は血液透析濾過器の操作及び管理
15	栄養及び水分管理に係る薬剤投与関連	接続点滴中の高カロリー輸液の投与量の調整
		脱水症状に対する輸液による補正
16	感染に係る薬剤投与関連	感染徴候がある者に対する薬剤の臨時の投与
17	血糖コントロールに係る薬剤投与関連	インスリンの投与量の調整
18	術後疼痛管理関連	硬膜外カテーテルによる鎮痛剤の投与及び投与量の調整
19	循環動態に係る薬剤投与関連	持続点滴中のカテコラミンの投与量の調整
		持続点滴中のナトリウム、カリウム又はクロールの投与量の調整
		持続点滴中の降圧剤の投与量の調整
		持続点滴中の糖質輸液又は電解質輸液の投与量の調整
		持続点滴中の利尿剤の投与量の調整
20	精神及び神経症状に係る薬剤投与関連	抗痙攣剤の臨時の投与
		抗精神病薬の臨時の投与
		抗不安薬の臨時の投与
21	皮膚損傷に係る薬剤投与関連	抗癌剤その他の薬剤が血管外に漏出したときのステロイド薬の局所注射及び投与量の調整

定行為研修」は、看護師が手順書により特定行為を行う場合に特に必要とされる実践的な理解力、思考力及び判断力ならびに高度かつ専門的な知識及び技能向上を図るための研修であり、特定行為区分ごとに厚生労働省令で定める基準に適合するものをいう。「特定行為及び特定行為区分」、「特定行為実施のための手順書」、「研修の在り方・内容」などについては「保健師助産師看護師法第37条の 2 第 2 項第 1 号に規定する特定行為及び同項第 4 号に規定する特定行為研修に関する省令」（平成27年厚生労働省令第33号）に定められている。

(ii) 看護職員の確保と復職支援；看護師等の人材確保の促進に関する法律
　　（平成 4 年法律第86号）

　急速な高齢化の進展ならびに保健医療を取巻く環境の変化に伴い、地域医療の担い手不足が深刻化している。問題解決には、看護職員の確保が重要であり、抜本的な改革が求められる。「看護師等の人材確保の促進に関する法律」は、看護師等の確保を促進するための基本指針を定めるとともに、育成や処遇の改善、資質の向上、就業の促進等の措置を講ずることにより、病院や居宅等で高度な専門知識と技能を有する看護師等を確保し、それにより国民の保健医療の向上に資することを目的としている（1 条）。同法は、看護師等の人材確保の促進のために、国・地方公共団体の責務を定め（4 条）、看護師が勤務する病院等に対し処遇改善や研修の機会を確保するための配慮等を行うこと（5 条）、中央ナースセンター及び都道府県ナースセンターを設置すること（14条以下）等を規定する。また、看護師については、自らが保健医療の重大な担い手であることを自覚し、自ら進んで能力開発・向上を図るとともに自信と誇りをもって看護業務に発揮するよう努力義務を課す（6 条）。さらに、国民に対しても看護活動に参加するよう求め（7 条）、国民の参加を受け入れるよう病院に協力を求めている。

　従来から、業務に従事している保健師、助産師、看護師及び准看護師は、保健師助産師看護師法に基づいて、2 年ごとに就業地の都道府県知事に氏名・住所などを届け出なければならないが、資格保持者の情報を的確に把握できるよう、保健師、助産師、看護師、准看護師の離職時における都道府県ナースセンターへの住所・氏名などの情報の届出規定（努力義務）が創設さ

れた。この届出の時期は、①病院や診療所、助産所、介護老人保健施設、指定訪問看護事業所を離職した場合、②取得免許業務に従事しなくなった場合、③免許取得後、直ちに就業しない場合、④平成27（2015）年10月1日現在、取得免許業務に従事していない場合である。この届出は、原則インターネット経由でナースセンターに行うが（看護師等届出サイト「とどけるん」）、インターネットを使用することが困難な者については書面による届出も可能である。看護師等が就業していた病院等の開設者や学校（養成所）などの関係者は、この届出が適切に行われるよう支援する努めがある。また、看護職員の復職支援強化策として、公共職業安定所等との連携を促進するなど都道府県ナースセンター全体の機能強化も図られている（10条）。

　さらに近時の医療は、医療現場における看護師の臨床実践能力が重視されていることから、常に専門領域に熟知していることが不可欠である。離職理由の解消後にスムーズに復職できるよう離職者に対する定期的な情報提供や、離職者のニーズに合った適切なタイミングでの復職研修など、継続的な学習ときめ細やかな支援の実施についても定めている。

(5) リハビリテーション専門職

　心身に障害のある者を、家庭・職場・学校など通常の社会生活に復帰させることを容易にするための各種サービスを「リハビリテーション」という。リハビリテーションは、患者の最大の能力を引き出すためにそれぞれの専門性を発揮し、できる限り速やかに、かつ効率的に行われる。

　リハビリテーションは、「医学的リハビリテーション（medical rehabilitation）」と「職業的リハビリテーション（vocational rehabilitation）」に大別されるが、現代では、脳卒中その他の循環器系疾患、交通外傷、精神障害などに対する医学的リハビリテーションの需要が増大している。

　医療従事者の一員として身体や精神に障害のある者を社会復帰させることを目的に、低下した機能の維持・向上を図るとともに、脳血管障害に基づく麻痺に対してリハビリテーションを行うのが、理学療法士（Physical Therapist；PT）、作業療法士（Occupational Therapist；OT）、言語聴覚士（Speech-language-hearing Therapist；ST）である。

[1] 理学療法士；理学療法士及び作業療法士法（昭和40年法律第137号）

　厚生労働大臣の免許を受けて、医師の指示の下に、「身体に障害のある者に対し、主としてその基本的動作能力の回復を図るため、治療体操その他の運動を行なわせ、及び電気刺激、マッサージ、温熱その他の物理的手段を加えること」を業とする者を理学療法士という（2条1項、同3項）。

　理学療法は、基本的動作能力の回復にあたり、身体の障害を対象にした運動など、反復が多いのが特徴である。障害や後遺症のある「体の部位」に着目し、腕の曲げ伸ばし等の運動療法、温熱や電気刺激等の物理療法、服の着換えや入浴等の模擬訓練をする日常生活活動（ADL）といった手法を使用する。なお、理学療法士が、病院もしくは診療所において、又は医師の具体的な指示を受けて、理学療法として行うマッサージは、あん摩マッサージ指圧師、はり師、きゅう師等に関する法律の規定は適用されない。

　理学療法士には守秘義務があり、正当な理由がある場合を除き、その業務上知り得た人の秘密を他に漏らしてはならない（16条）。理学療法士でなくなった後においても同様とする。違反者には50万円以下の罰金が科せられる（21条1項）。

[2] 作業療法士；理学療法士及び作業療法士法

　作業療法士は、厚生労働大臣の免許を受けて、医師の指示の下に、「身体又は精神に障害のある者に対し、主としてその応用的動作能力又は社会的適応能力の回復を図るため、手芸、工作その他の作業を行わせること」を業とする者をいう（2条2項、同4項）。

　作業療法は、理学療法士のリハビリテーションで基本的動作が回復した患者に対して行われ、精神と身体の両方の障害を対象とする。様々な作業の複合的動作バリエーションのなかで、日常生活をスムーズに送るために「応用動作と社会的適応のための能力回復」を目指す。リハビリテーションは、「創作活動」（折り紙、木工、陶芸、編み物等の手工芸や音楽、絵画、塗り絵、書道、俳句等の芸術）、「レクリエーション」（トランプ、将棋、オセロ、パズル等の遊びや散歩、体操、ゲートボール、ダンス等のスポーツ）、日常動作である「生活活動」（食事、料理、掃除、読書等）などの行為（作業）を通して行われる。

　作業療法士には守秘義務があり、正当な理由がある場合を除き、その業務

上知り得た人の秘密を漏らしてはならない（16条）。作業療法士でなくなった後においても同様とする。違反者には50万円以下の罰金が科せられる（21条1項）。

[3] 言語聴覚士：言語聴覚士法（平成9年法律第132号）

言語聴覚士は、「厚生労働大臣の免許を受けて、言語聴覚士の名称を用いて、音声機能、言語機能又は聴覚に障害のある者についてその機能の維持向上を図るため、言語訓練その他の訓練、これに必要な検査及び助言、指導その他の援助を行うことを業とする者」をいう（2条）。

言語聴覚士が対象とする主な障害は、ことばの障害（失語症や言語発達遅滞など）、聞こえの障害（聴覚障害など）、声や発音の障害（音声障害や構音障害）、食べる機能の障害（摂食・嚥下障害）である。これらの障害は、生まれながらの先天性のものから、病気や外傷による後天性のものがあり、小児から高齢者まで幅広く現れる。言語聴覚士は、このような障害のある者に対し、問題の本質や発現メカニズムを明らかにし、対処法を見出すために様々なテストや聴性脳幹反応検査などを実施し、評価を行った上で、必要に応じ医師又は歯科医師の指示の下で「診療の補助」として、嚥下の訓練から人工内耳の調整、指導、助言その他の援助を行う。

言語聴覚士は、適切な医療の確保がなされるよう医師、歯科医師、看護師、理学療法士、作業療法士などの医療専門職、ソーシャルワーカー、介護福祉士、介護支援専門員などの保健・福祉専門職、心理専門職や教師などと緊密な連携を図りながら、保健・福祉機関、教育機関など幅広い領域で活動し、支援を行う。

言語聴覚士には守秘義務があり、正当な理由がなく、その業務上知り得た人の秘密を漏らしてはならない（44条）。言語聴覚士でなくなった後においても同様とする。違反者には50万円以下の罰金が科せられる（50条1項）。

(6) 福祉専門職

社会福祉法ならびに介護福祉法で位置付けられた医療・福祉に関する相談援助など社会福祉業務に携わる社会福祉士（Contified Social Worker；SW）、身体介護や生活援助などの社会福祉業務に携わる介護福祉士（Certified Social Worker；CW）、そして精神保健福祉法で位置付けられ精神障害者に対す

る相談援助など社会福祉業務に携わる精神保健福祉士（Psychiatric Social Worker；PSW）は、福祉系三大国家資格（通称：三福祉士）とされる。

[1]　社会福祉士；社会福祉及び介護福祉法（昭和62年法律第30号）

　社会福祉士は、「第二十八条（社会福祉士となる資格を有する者が社会福祉士となるには、社会福祉士登録簿に、氏名、生年月日その他厚生労働省令で定める事項の登録を受けなければならない。）の登録を受け、社会福祉士の名称を用いて、専門的知識及び技術をもつて、身体上若しくは精神上の障害があること又は環境上の理由により日常生活を営むのに支障がある者の福祉に関する相談に応じ、助言、指導、福祉サービスを提供する者又は医師その他の保健医療サービスを提供する者その他の関係者（福祉サービス関係者等）との連絡及び調整その他の援助を行うこと（相談援助）を業とする者」をいう（2条1項）。社会福祉士は、保健、医療、児童福祉、高齢者福祉、障害者福祉、行政、その他の福祉サービス等の社会福祉全分野を担う「ジェネラリストソーシャルワーカー」である。

[2]　介護福祉士；社会福祉及び介護福祉士法

　介護福祉士は、厚生労働大臣の免許を受け、「介護福祉士の名称を用いて、専門的知識及び技術をもつて、身体上又は精神上の障害があることにより日常生活を営むのに支障がある者につき心身の状況に応じた介護（喀痰吸引その他のその者が日常生活を営むのに必要な行為であつて、医師の指示の下に行われるもの）を行い、並びにその者及びその介護者に対して介護に関する指導を行うことを業とする者」をいう（2条2項）。介護福祉士は、身体精神上の障害、又は日常生活を営むのに支障がある人に対して、入浴・排泄その他を直接介護するとともに、介護者に対するアドバイスを行う。

[3]　精神保健福祉士；精神保健福祉士法（平成9年法律第131号）

　ノーマライゼーション（normalization；障害者や高齢者がほかの人々と等しく生きる社会・福祉環境の整備・実現を目指す考え方）の観点から、障害者を社会復帰へと導く専門職を設置することを目的に、精神障害者の保健及び福祉分野に特化した「スペシフィックソーシャルワーカー」として資格化されたのが精神保健福祉士である。精神保健福祉士は、「精神保健福祉士の名称を用いて、精神障害者の保健及び福祉に関する専門的知識及び技術をもつ

て、精神科病院その他の医療施設において精神障害の医療を受け、又は精神障害者の社会復帰の促進を図ることを目的とする施設を利用している者の地域相談支援の利用に関する相談その他の社会復帰に関する相談に応じ、助言、指導、日常生活への適応のために必要な訓練その他の援助を行うこと（相談援助）を業とする者」をいう（2条）。精神科病院などの医療機関や精神障害者の社会復帰を支援する施設において、日常生活に適応するための訓練や援助など社会復帰に関する相談に応じるとともに、多職種と連携しながら地域や医療機関との橋渡しなどを行うカウンセラー的な業務を担う。

(7) 臨床検査技師；臨床検査技師等に関する法律（昭和33年法律第76号）

　臨床検査技師は、「厚生労働大臣の免許を受けて、臨床検査技師の名称を用いて、医師又は歯科医師の指示の下に、人体から排出され、又は採取された検体の検査として厚生労働省令で定めるもの（検体検査）及び厚生労働省令で定める生理学的検査を行うことを業とする者」をいう（2条）。同条の厚生労働省令で定める検体検査は、①微生物学的検査、②免疫学的検査、③血液学的検査、④病理学的検査、⑤尿・糞便等一般検査、⑥遺伝子関連・染色体検査、などである（臨床検査技師等に関する法律施行規則1条の1）。生理学的検査は、①心電図検査（体表誘導によるものに限る。）、②心音図検査、③脳波検査（頭皮誘導によるものに限る。）、④筋電図検査（針電極による場合の穿刺を除く。）、⑤基礎代謝検査、⑥呼吸機能検査（マウスピース及びノーズクリップ以外の装着器具によるものを除く。）、⑦脈波検査、⑧熱画像検査、⑨眼振電図検査（冷水若しくは温水、電気又は圧迫による刺激を加えて行うものを除く。）、⑩重心動揺計検査、⑪超音波検査、⑫磁気共鳴画像検査、⑬眼底写真検査（散瞳薬を投与して行うものを除く。）、⑭毛細血管抵抗検査、⑮経皮的血液ガス分圧検査、⑯聴力検査（気導により行われる定性的な検査であって、[a] 周波数1000ヘルツ及び聴力レベル30デシベルのもの、[b] 周波数4000ヘルツ及び聴力レベル25デシベルのもの、[c] 周波数4000ヘルツ及び聴力レベル30デシベルのもの、[d] 周波数4000ヘルツ及び聴力レベル40デシベルのもの、を除いたものに限る。）、などである（臨床検査技師等に関する法律施行規則1条の2）。

　業務を行う場所は、病院や診療所以外に、衛生検査所を開設し業務を行うことができる（20条の3以下）。なお、検査を業とする施設を開設する場合

は、厚生労働省令に従い、衛生検査所の所在地の都道府県知事（所在地が保健所を設置する市又は特別区の場合は、市長又は区長）の登録を受けなければならない。

　臨床検査技師は、患者に対して行う検査のうち、放射線を用いる検査以外のほぼすべてを取り扱う職種である。臨床検査技師の行う検査は、電子機器を用いる先端医療に近い検査業務である「生理学的検査」と検体検査・微生物学的検査・血清学的検査・病理学的検査・生化学的検査などの「検体検査」の2つであるが、これらの検査以外に、医師又は歯科医師の具体的な指示を受け、採血を行うことができる。また、業務について、信用失墜の禁止義務（18条）、守秘義務（19条）がある。

(8)　診療放射線技師：診療放射線技師法（昭和26年法律第226号）

　診療放射線技師は、「厚生労働大臣の免許を受けて、医師又は歯科医師の指示の下に、放射線を人体に対して照射（撮影を含み、照射機器又は放射性同位元素［その化合物及び放射性同位元素又はその化合物の含有物を含む。］を人体内に挿入して行うものを除く。）することを業とする者」をいう（2条2項）。この法律における「放射線」は、①アルファ線及びベータ線、②ガンマ線、③百万電子ボルト以上のエネルギーを有する電子線、④エックス線、⑤その他政令で定める電磁波又は粒子線、などの電磁波又は粒子線をいう（同1項）。また、放射線を用いた診断・治療のみならず、MRIやその他画像による診断を行うための装置であって政令で定める検査を医師又は歯科医師の指示のもとに行うことができる（24条の2）。エックス線写真やCT、MRI等診断機器の取扱いのほか、放射線治療も扱い、診断から治療まで診療放射線技師は幅広い業務を行う。

　放射線は、厳重な管理が必要とされるため、人体に対して放射線を照射する場合は、医師又は歯科医師の具体的な指示を受けなければならず（26条1項）、かつ人体への照射後は、①照射を受けた者の住所・氏名・性別・年齢、②照射の年月日、③照射の方法（具体的かつ精細に記載する）、④指示を受けた医師又は歯科医師の氏名及び指示の内容、を記載（診療放射線技師法施行規則16条）した照射録を遅滞なく作成し、指示をした医師又は歯科医師の署名を受けなければならない（28条1項）。これらに違反した場合は、罰

則（医師又は歯科医師の具体的な指示を受けずに照射した場合は 6 月以下の懲役若しくは30万円以下の罰金又はこれらの併科、遅滞なく照射後の照射録作成及び医師又は歯科医師の署名を受けなかった場合は20万円以下の過料）に処せられるほか、医療監視の際の重点監査項目にもなっている。また、業務には守秘義務が課され（29条）、違反した場合は50万円以下の罰金に処せられる（35条）。

　業務は、原則として、病院又は診療所において行わなければならない（26条 2 項）が、多数の者の健康診断を一時的に行う場合、胸部エックス線検査など（コンピュータ断層撮影装置を用いた検査を除く）で百万電子ボルト未満のエネルギーを有するエックス線照射は、病院又は診療所以外での業務の制限から除外される。

　なお、診療放射線技師の業務内容の「医師又は歯科医師の指示を受けて照射すること」という定義における「指示」の内容が問題となる。この「指示」と診療放射線技師の「業務の範囲」を条文通りに解釈すると、診療放射線技師の業務の範囲は限定されるはずであるが、近年は、RI検査や消化管撮影などの法に規定されている業務内容、実態、法制度のギャップ（消化管撮影における造影（補助）機器の人体内への挿入などは医師が行わなければならず、診療放射線技師が行うことは違法であるが、ほとんど技師が行っているのが現状である）が非常に大きいことが指摘されている。

(9) 臨床工学技士；臨床工学技士法（昭和62年法律第60号）

　臨床工学技士（medical engineer；ME）は、「厚生労働大臣の免許を受けて、臨床工学技士の名称を用いて、医師の指示の下に、生命維持管理装置の操作（生命維持管理装置の先端部の身体への接続又は身体からの除去であつて政令で定めるものを含む。）及び保守点検を行うことを業とする者」をいう（2条 2 項）。「生命維持管理装置」とは、人の呼吸、循環又は代謝の機能の一部を代替し、又は補助することが目的とされている装置をいう（同 1 項）。人工呼吸器・高気圧治療装置・人工心肺装置・補助循環装置・体外式ペースメーカー・除細動器・血液透析装置などがこれにあたる。臨床工学技士は、名称の使用停止を命じられている場合を除き、「診療の補助」として、生命維持管理装置の操作を行うことができる（37条）。医師の具体的指示を受ける操作は、①身体への血液、気体又は薬剤の注入、②身体から血液又は気体

の抜き取り（採血を含む）、③身体への電気的刺激の負荷、である（臨床工学技士法施行規則32条）。

　臨床工学技士の最も大きな役割は、人工呼吸器などの生命維持装置の操作である。医療機器の急速な発展により、ICU（集中治療室）、CCU（冠状動脈疾患管理室）、救急救命センターなどで高度医療・高度な医療機器を扱う機会が増加し、人工心肺から自動点滴装置まで多様な医療機器が用いられるようになったことで、これらの保守点検・操作を行う専門家の必要性が高まっている。また、臓器移植法の制定によって、医療現場で臓器移植を前提とした脳死状態の患者が増えていることにより、新たな需要が見込まれるなど、救急医療・高度医療・臓器移植の現場で不可欠な人材になっている。

5.　チーム医療

　複数の専門職と連携し、業務を遂行することを「多職種連携協同」（専門職連携）といい、ある目的をもってチームを組み、医療を遂行することを「チーム医療」という。チーム医療の考え方は、欧米から導入され、最近では日本でも日常的に使用されるようになった。チーム医療推進の背景には、医療技術の高度化・専門分化とともに、医師一人ですべての診療を行うことが困難になってきたこと、超高齢社会を迎え、医療ばかりでなく福祉へのニーズが年々高まるなど、高齢化に伴い必要とされる医療サービスが多種多様になり、様々な専門家が患者情報を共有し、患者を一人の人間として総合的・包括的に捉えていく「全人的医療」の実践が必要になったことがあげられる。また、「患者の権利」が強く意識されるようになったこともチーム医療を推進させる大きな要因となった。

　チーム医療について、平成21（2009）年9月にチーム医療の推進と普及を目的に厚生労働省で発足した「チーム医療推進協議会」は、医師を含めた医療関連職種を「メディカルスタッフ」と呼び、「一人ひとりの患者に対してメディカルスタッフがそれぞれの職種を尊重し、さらに専門性を高めて、それを発揮しながら患者が満足できる最良の医療を提供する」ことをチーム医療とする。なお、医師・歯科医師の指示のもと連携して医療を提供する専門職は、「コ・メディカル」とも呼ばれる。また、平成22（2010）年4月30

日に出された厚生労働省による通知「医療スタッフの協同・連携によるチーム医療の推進について」（厚生労働省医政局発第 1 号）において、チーム医療は、「多種多様な医療スタッフが、各々の高い専門性を前提とし、目的と情報を共有し、業務を分担するとともに互いに連携・補完し合い、患者の状況に的確に対応した医療を提供する」と定義された。

　チーム医療の意義は、①他職種からの患者に関する情報をすべてのスタッフでタイムラグなく共有できる、②それぞれの職種が問題を抽出し解決に向けて検討し、チームにフィードバックすることで、早期発見やフォローアップにつながる、③治療方針・患者ケアの方向性が定まり、一貫性が得られる、④多職種が介入することで、職種を超えた多くの専門的な情報が提案され、現状よりも患者がより良い方法を選択できる、⑤医療従事者同士で連帯感をもてる、などの利点があげられる。他方で、チーム医療の利点を発揮するためには、①それぞれの職種を通じて得られる患者・家族の情報を集約し、チームとして治療方針等について患者に対応する必要があること、②チーム全体を統括する代表者のもとでチームの統一した意思決定を行うためのプロセスが規則化されなければならないこと、③情報の共有化によりチーム全体で守秘義務が遵守されなければならず、患者・家族に対してチームとして医療にあたっていることを説明して理解を得なければならないこと、④定期的に診断治療方針の検討会（カンファランス）を行うなど、異業種間の認識のずれを調整するために情報を新たにするとともに最新の医療方針のもとで医療が行われる必要があること、⑤チーム構成員の意識と責任の共有化のためにクリニカルパス（Clinical pathways）などを活用して医療の効率性と安全性を高めること、などの配慮が必要となる。

　従来のチーム医療のイメージは、診断し治療方針を決定する中心的業務を医師が独占し（医師法17条）、看護師や薬剤師などの専門職が補佐的に関与するものだった。しかし、現在のチーム医療は、医師との上下関係の中で医師の指示によって関わるのではなく、患者を中心として、多種多様な医療スタッフが専門性の高い提案をしながらチーム全体で治療目標を設定し、患者の状況に的確に対応した診察、検査、治療、リハビリテーションから保健指導にいたる一連の作業を緊密な連携のもとに行う。また、安心・安全な医療

を提供するために、医療スタッフの役割分担の現状や知識・技能など当該医療機関における実状を十分に把握し、各業務における管理者及び担当者間においての責任の所在を明確化した上で、具体的な連携・協力方法を決定することが必要となる。

　チーム医療の代表的なモデルとして、①患者中心モデル、②疾病中心モデルの2種類があげられる。前者は、患者中心型医療を概念化したものであり、患者とその家族を中心に医療スタッフ同士のコミュニケーションによる連携により、医療スタッフ全体で患者・家族の治療・ケアに総合的にあたる一般的なチーム医療のスタイルである。ただし、患者を中心としながら患者の意思よりも医療スタッフの意思が優先されてしまう危険性もある。後者は、患者参加医療を概念化したもので、患者とその家族もチームの一員として参加し、医療スタッフと連携を取りながら疾患に立ち向かうスタイルである。ただし、このモデルが意味を持つためには、患者自身や家族が医療チームの一員として積極的に治療に参加する姿勢が求められる。

　また、最近は、診療においても院内の他診療科と広く連携を図ったり、他のコ・メディカルスタッフとの連携を図るだけではなく、地域医療において医療機関同士が連携を図る場合を含むことが多い。チーム医療は、多様なチーム構成員の立場から、患者にとって最善の診療・治療法を考察することが効果的な治療に繋がる。複雑化・高度化し続ける医療において、チーム医療、組織医療が円滑に、かつ効果的に遂行されるためには、チームを構成する医療スタッフが、各自の職務を十分に果たし得るようお互いの立場を尊重するとともに、統率がとられなければならない。

　一方、チーム医療では、各職種がもつ複雑な技術が集約して行われるため、各々の職種の志向性の違いや職域の隙間が重なり、集団特性等によって、リスクやエラーを検出・指摘・訂正できない場合がある。医療事故が起きた場合、近年は、医療者個人よりも特に組織としての医療機関に非難の目が向けられるようになったことにより、問題が「個人モデル」から「組織モデル」に移りつつある。そのため、各人各種が自己の職種に対する自覚を持つだけではなく、関連職種の機能・役割について十分に認識することが重要である。安全や質を担保するためには、コミュニケーションやリーダーシッ

【クリニカルパスの利点】

・治療の効率化　　・治療の標準化　　・コスト、資源の節約
・根拠に基づいた医療（evidence-based medicine：EBM）の実践
・平均在院日数の短縮
・患者への診療内容の開示、治療目標設定
・患者と医療スタッフ、又は医療スタッフ同士の連携向上

【患者中心モデル】

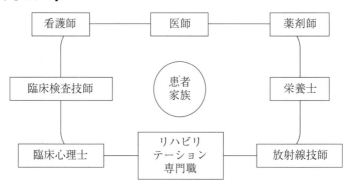

【疾病中心モデル】

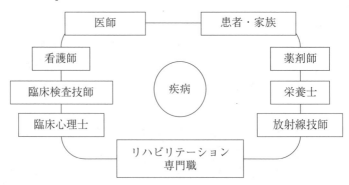

プ、意思決定、状況確認などの「ノンテクニカルスキル」の向上が重要であり、職種や経験の壁を越え、チームの一員としてこれらの能力を強化し、実践することが必要となる。それだけに、職種や立場にかかわらず、チームメンバーが互いに尊重し合い、対等な立場で安全管理体制を確立し、有効に連携することがチーム医療には期待される。

第4節　医療の安全対策

1. 医療職の安全への取組み

　平成11（1999）年に大学病院で起きた患者取違え事件（●事例2-2）を機に医療事故が社会問題化したことで、医療に対する疑念は強まり、社会的信用の低下をもたらした。その結果、「人間は必ずミスを起こす」ことを前提として、そのミスが事故につながらないように防止対策を施し、患者の安全を最優先に確保するという「医療のリスクマネジメント」が意識されるようになった。

　医療現場では、常にリスクは存在するが、そのリスクを事前に調査・予測し、適切な管理や教育によってリスクを許容範囲にまで回避、制御し減らすことは可能である。厚生労働省は、平成14（2003）年に「厚生労働大臣医療事故対策緊急アピール」として、医療安全活動の骨子を提起し、また、医療職側もリスクを把握・分析して再発防止策を講じ、それを実行・評価するとともにそのサイクルを繰り返す「医療安全活動」に力を入れるようになった。このようなシステム的アプローチが「リスクマネジメント」（安全管理）の出発点となる。

2. 医療事故・医療過誤とインシデント（ヒヤリ・ハット）

　医療現場での誤り・エラーの結果は、患者に被害が及んだ場合の「医療事故」と、可能性はあったものの医療事故にまでは至らない「潜在的医療事故」に分けられる。前者は、「アクシデント」とも呼ばれ、医療に関わる場所で医療の全過程において発生するすべての人身事故（損害）を包括する言葉として使われる。例えば、①患者だけではなく、医療従事者に被害が生じ

た場合（暴れた患者に医療従事者が殴られて怪我をした場合や注射針の誤刺など）、②医療行為と直接関係のない、施設や設備の使用・管理上の事故（患者や見舞客などが病院の階段を踏み外して転倒し、怪我をした場合など）、③死亡・生命の危機・病状の悪化・合併症（医療行為に際して二次的に発生し、患者に影響を及ぼす事象）など不可抗力（人間が手を尽くしてもどうにもすることができないこと）による身体的被害及び苦痛・不安などの精神的被害が生じた場合も含まれる。すなわち、医療事故のすべてに医療従事者の不注意・怠慢などの「過失」があるわけではないため、「過失のある医療事故（医療過誤）」と「過失のない医療事故」に分けて考える必要がある。

　「医療過誤」は、「医療事故」の一類型で、医療の過程において医療従事者が当然払うべき業務上の注意義務を怠り、医療的準則に違反したことによって患者に損害を及ぼした場合のことで、医療従事者の怠慢さえなければ回避することができた事例をいう。医療が人間の手によって行われる以上、ある確率で過失が発生するのは避けられないが、結果として生じた医療過誤に対して、医療従事者は業務上の注意義務を怠ったことについて責任を問われることになる。ただし、過失の有無は、事例によって必ずしも明確ではないこともある。一方、「過失のない医療事故」は、医療従事者が最善を尽くしても不可抗力によって発生する事故のことである。すべての患者は、生体自体の不確実性や、疾病や加齢などによる様々な危険性を有しており、たとえ医療従事者に過失がなくても有害な結果が生じることがある。

　「潜在的医療事故」は、「インシデント」又は「ヒヤリ・ハット」とも呼ばれ、ある医療行為が患者に実施されなかったが、仮に実施されていたとすれば何らかの被害が予測される場合や、患者に実施されたが結果的に患者に被害を及ぼすに至らなかった場合など、状況によっては医療事故につながる可能性があったが、幸運にも事故にならずに済んだ医療事故が起こる寸前の段階のことをいう。医療安全対策の一環として、報告対象となっている一部の医療施設が、医療事故情報やヒヤリ・ハット事例を「公益財団法人日本医療機能評価機構（JCQHC；Japan Council for Quality Health Care）」に報告することになっている。日本医療機能評価機構では、専門家が報告を受けた事例を分析・解析し、その結果などを報告対象医療機関及び情報提供を希望する

医療機関に月1回程度ファックスなどで情報提供して医療の安全対策の推進を図っている。また、分析・解析した情報を報告書、年報及び医療安全情報などにまとめて日本医療機能評価機構のホームページに掲載している。なお、ヒヤリ・ハット事例の発生は、「薬剤」（無投薬・過剰投薬・薬剤取違え調剤など）が最も多く、これは、医薬品の名称や外観が類似したものが多いことが要因の1つと考えられる。また、当事者職種の内訳は、「看護師」が全体の約80%と最も多くを占め、医師、薬剤師の順となっている。

　重大事故の発生には、「ハインリッヒ（Heinrich）の法則」が成り立つとされる。この法則は、災害事故を分析して提示されたもので、1つの重大事故の背景には、29の「軽傷」を伴う小さな事故があり、その背景には300もの危うく大惨事になる「傷害のない」出来事があるとするものである。医療現場も例外ではなく、医療におけるリスクマネジメントが強く望まれている。

　医療事故やインシデント（ヒヤリ・ハット）が発生した場合は、必ず「事故報告書」や「インシデントレポート」を作成しなければならない。この「事故報告書」や「インシデントレポート」は、新たな事故が起こることを防止し、より良いサービスを提供するためのもので、事実確認や原因究明だけではなく、当事者及び組織全体への注意喚起や安全管理システムの再構築などに活用される。ただし、個人に対する責任追及や当事者処罰のために用いられるものではないため、事実を正確に記録し、速やかに報告することが求められる。

　医療の安全確保のためには、個人よりも組織としてのヒューマンエラーに対応する取り組みが重要である。医療事故の防止には、インシデントレポートや事故報告書を作成するだけで十分とはいえず、事故の実例を様々な観点

【医療過誤】

①	行為者自身が意図したものではない場合
②	規則に照らして望ましくない場合
③	第三者からみて望ましくない場合
④	客観的期待水準を満足しない場合

【インシデント、医療過誤、医療事故の関係】

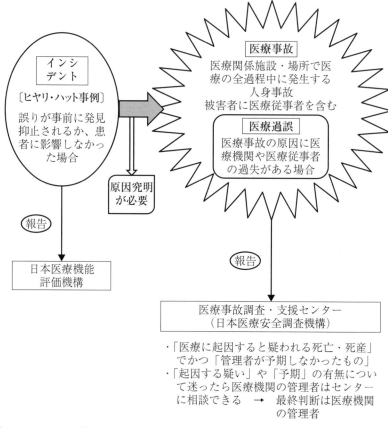

【ハインリッヒの法則】

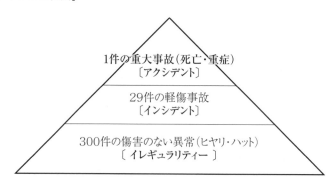

から徹底分析し、各医療機関のスタッフで具体的な防止策を共有するとともに、フェイルセーフ（fail safe：何らかの間違い、事故が起きることをあらかじめ予想し、被害を最小限に抑える、又は事故をバックアップで補うなどにより、人為的ミスがあっても安全が確保されるよう幾重にも安全の網を巡らす安全性工学の仕組み）やフールプルーフ（fool proof：安全設計上の概念で、ミスが発生するという前提で不特定多数の者が間違った操作をしても危険な状態を招かないようにする設計）の考えに基づき、ヒューマンエラー（人間に起因する誤り）が生じても事故を回避できるシステムの構築が必要となる。

3. 医療の安全確保と行政

(1) 安全確保のための措置

　第 5 次医療法改正において、「医療の安全」の概念が導入され、「国等の責務」（6 条の 9）、「病院等の管理者の責務」（6 条の10）、「医療安全支援センター」（6 条の13）、「国による情報の提供等」（6 条の13第 1 項第 2 号）からなる「第三章　医療の安全の確保」が新設された。国・都道府県・病院等の医療機関における管理者の責務が明文化され、患者の安全政策の推進が、国や自治体の責務であると同時に、医療機関の義務でもあることが法律上明確になった。

　病院・診療所・助産所の管理者に対し、①医療安全のための体制確保（指針の作成、委員会の設置、職員研修の実施、事故発生時における報告や手順、分析等の安全の確保を目的とした改善のための方策）、②院内感染対策のための体制確保（指針の作成、委員会の開催、研修の実施、感染症の発生時における報告や手順、分析等の安全の確保を目的とした改善のための方策）、③医薬品の安全管理体制の確保（医薬品安全管理責任者の配置、研修の実施、業務手順書の作成）、④医療機器安全管理体制の確保（医療機器安全管理責任者の配置、研修の実施、保守点検計画の策定と実施）、を義務付けた。また、都道府県等に対しては、患者・その家族からの苦情・相談に対応できる体制作りを求め、「医療安全支援センター」の設置を努力義務とした。

　また、医療法施行規則においても、第 1 章「三　医療の安全の確保」（1 条の11ないし 1 条の13）を追加して、①医療に係る安全管理のための指針を

整備すること、②医療に係る安全管埋のための委員会（医療安全管理委員会）を設置すること、③医療に係る安全管理のための職員研修を実施すること、④医療機関内における事故報告等の医療に係る安全の確保を目的とした改善のための方策を講ずること、の 4 点を掲げ、医療機関の管理者が確保すべき安全管理について規定している。

(2) 医療安全支援センター

医療安全支援センターは、患者からの医療に関する苦情や相談に対応するとともに、医療機関及び患者に対し医療安全に関する助言ならびに情報提供などを行う。医療安全支援センターは、医療法の規定（ 6 条の13）に基づき、各都道府県、保健所設置地区、 2 次医療圏ごとに設置される。

①患者・住民と医療提供施設との信頼関係の構築を支援するよう努めること、②患者・住民と医療提供施設との間にあって、中立的な立場から相談等に対応し、患者・住民と医療提供施設の双方から信頼されるよう努めるこ

【医療の安全確保に向けた行政の役割】

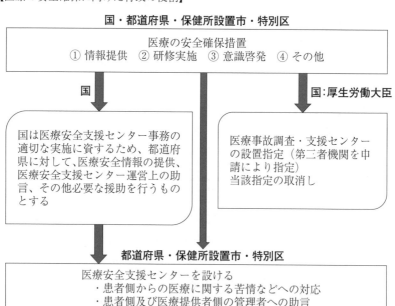

と、③患者・住民が相談しやすい環境整備に努めること、④相談者のプライバシーを保護し、相談により相談者が不利益を被ることがないよう配慮する等、安心して相談できる環境整備に努めること、⑤地域の医療提供施設や医療関係団体の相談窓口や関係する機関・団体等と連携、協力して運営する体制を構築するよう努めること、の5つの基本方針のもとで、①患者・住民からの苦情や相談への対応（相談窓口の設置）、②地域の実情に応じた医療安全推進協議会の開催、③患者・住民からの相談等に適切に対応するために関係する機関・団体等との連絡調整、④医療安全の確保に関する必要な情報の収集及び提供、⑤研修会の受講等によるセンター職員の資質の向上、⑥医療安全の確保に関する必要な相談事例の収集・分析及び情報提供、⑦医療安全施策の普及・啓発、などを主な業務とする。

(3)　医療事故調査制度

　第6次医療法改正に基づき、平成27（2015）年10月から医療事故調査制度が導入され、「医療に起因する又は起因すると疑われる予期しない死亡・死産」の報告と原因調査がすべての病院・診療所・助産所に義務付けられた。この制度は、医療機関による院内事故調査を行ったうえで、厚生労働省の指定する民間の第三者機関である「医療事故調査・支援センター」（社団法人「日本医療安全調査機構」）に報告し、そこで懲罰を伴わず、患者・報告者・施設を特定しない中立的な立場で収集・分析した調査結果をもとに医療事故等による患者の死亡原因等を究明し、以降の医療事故の再発防止と医療の安全・質の向上を図るというものである。対象となる医療事故は、「医療に起因する又は起因すると疑われる死亡・死産」で、かつ「管理者が予期しなかったもの」である。該当するものとして、治療や検査等による場合や、誤嚥・身体抑制に関連するものがあり、該当しないものとして天災や火災によるもの、原病の進行、自殺等が考えられる。

　該当する事例があれば、医療機関の管理者（院長）は、あらかじめ遺族に説明したうえで、速やかに、医療事故調査・支援センターに当該医療事故の日時、場所及び状況などを報告するとともに、医療事故調査等支援団体（都道府県医師会、大学病院、学術団体、医療関係団体等）に協力を求め、外部委員を入れて事故原因を明らかにするための院内調査を行う。また、医療事故

調査を終了したときについても、医療機関の管理者は、調査結果を遺族に説明するとともに、遅滞なく、その結果を医療事故調査・支援センターに報告しなければならない。調査結果について不服のある遺族又は医療機関は、医療事故調査・支援センターに再調査をするよう依頼することができる。再調査を行った医療事故調査・支援センターは、その結果を遺族及び医療機関に報告する。

　同センターに報告の義務がない、管理者が死亡（死産）を予期しなかった場合とは、①当該医療の提供前に医療従事者から患者等に対して死亡（死産）が予期されていることを説明し、②その内容を診療録その他の文章に記録し、③管理者が関係する医療従事者から事情の聴取を行い、医療安全管理のための委員会から意見を聞いたうえで、当該医療の提供前に患者の死亡（死産）が予期されていることが求められる。この場合、患者等に対して、一般的な死亡の可能性についての説明や記録ではなく、当該患者個人の臨床経過等を踏まえて死亡（死産）が起こりうることを説明し記録しなければならない。

　医療事故調査・支援センターの業務は、①報告により収集した情報の整理及び分析を行うこと、②報告をした病院等の管理者に対し、情報の整理及び分析結果の報告を行うこと、③病院等の管理者又は遺族の依頼により医療事故調査を行い、その結果を病院等の管理者及び遺族に報告すること、④医療事故調査に従事する者に対し、医療事故調査に係る知識及び技能に関する研修を行うこと、⑤医療事故調査の実施に関する相談に応じ、必要な情報の提供及び支援を行うこと、⑥医療事故の再発防止に関する普及啓発を行うこと、⑦その他、医療の安全の確保を図るために必要な業務を行うこと、である。なお、医療事故調査・支援センターは、調査などの業務を行うときは、その開始前に業務の実施方法に関する事項などについて業務規程を定め、厚生労働大臣の認可を受けなければならない。

　ただし、医療事故調査制度には問題もある。1つは、医療機関自身が制度の調査主体である点である。「医療事故」に該当するかどうかの判断と最初の報告は、医療機関の管理者が行い、「起因する疑い」や「予期」の有無について迷った場合、医療機関の管理者は、医療事故調査・支援センターに

相談できるが、最終判断は、医療機関の管理者が行うため裁量の幅が広くなる。医療機関の管理者が報告しない場合でも、遺族が「医療事故」として医療事故調査・支援センターに報告する仕組みになっていないため、遺族から医療事故調査・支援センターに依頼できる規定がないのも制度の欠点である。また、医療事故調査制度の目的は、原因究明と再発防止にあるため、医療者個々の責任を追及する制度ではなく、調査報告書でも個人を特定される記述はせず、医療機関の法的責任の有無を示すこともない。さらに、直接原因だけではなく、背景要因、システム的な要因も探る必要があるが、そのための調査分析の視点や方法が具体的に示されていない。医療機関が誠実な姿勢で調査を尽くすためにも今後の課題とされる。

【医療機関の安全確保】

医療機関共通の安全確保の責務
体制確保のための実施措置

[安全管理体制の確保]　⟹　[安全管理措置の実施]

① 医療安全管理の指針を整備
② 医療安全管理の委員会を開催（無床診療所は任意）
③ 医療安全管理の職員研修を実施
④ 事故報告等の医療安全確保

① 院内感染対策のための体制確保
・院内感染対策のための指針の策定
・院内感染対策のための委員会の開催（病院、入院施設を有する診療所）
・従業者に対する院内感染対策のための研修の実施
・感染症の発生状況の報告などの院内感染症対策の推進を目的とした改善のための方策の実施

② 医薬品安全管理体制の確保
・責任者（医薬品安全管理責任者）の配置
・従業者に対する医薬品の安全使用のための研修の実施
・医薬品の安全使用のための業務手順書の作成及び当該手順書に基づく業務の実施
・医薬品の安全使用のために必要となる情報の収集、安全使用を目的とした改善のための方策の実施

③ 医療機器安全管理体制の確保
・責任者（医療機器安全管理責任者）の配置
・従業者に対する医療機器の安全使用のための研修の実施
・医療機器の保守点検に関する計画の策定及び保守点検の適切な実施
・医療機器の安全使用のために必要となる情報の収集、安全使用を目的とした改善のための方策の実施

④ 高難度新規医療技術又は未承認新規医薬品等の提供
・必要な措置（努力義務）

 特定機能病院では管理者の責任がさらに追加

特定機能病院の管理者の責任
① 専任の医療安全管理責任者及び院内感染対策責任者を設置
② 医療安全管理部門の設置
③ 患者からの医療安全相談に応じる体制
④ 監査委員会の設置
⑤ 高難度新規医療技術・未承認新規医薬品等の提供にあたって必要な措置
⑥ 医療機関内における事故等の報告 → 日本医療機能評価機構など
（日本医療機能評価機構の医療事故情報収集等事業に基づくもので、医療法に基づく事故調査とは別に実施されている。医療事故及びヒヤリ・ハット事例を当該機構へ報告する。）

【医療事故調査制度】

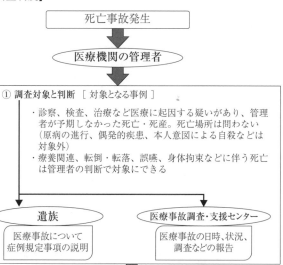

死亡事故発生

↓

医療機関の管理者

↓

① 調査対象と判断　［ 対象となる事例 ］
・診察、検査、治療など医療に起因する疑いがあり、管理者が予期しなかった死亡・死産。死亡場所は問わない（原病の進行、偶発的疾患、本人意図による自殺などは対象外）
・療養関連、転倒・転落、誤嚥、身体拘束などに伴う死亡は管理者の判断で対象にできる

遺族
医療事故について症例規定事項の説明

医療事故調査・支援センター
医療事故の日時、状況、調査などの報告

↓

② 医師事故調査等支援団体(医師会・学会など)に調査の支援依頼
原因究明の調査(医療事故調査)の実施

↓

③ 調査：日本医療安全調査機構

［ 調査方法 ］
・支援団体の支援を求め、外部委員を参画させて調査する
・解剖や死亡時画像診断の要否は管理者が判断する
・遺族からのヒアリングが必要な場合があることも考慮する
［ 調査報告書の書き方 ］
・個人の責任を追及しない（現場の医療従事者などは匿名化する）
・遺族が希望する方法（口頭、書面、その両方）
・法的責任の有無は書かないが、報告書を訴訟に使用することは制限されない
・センターは個別事例・医療機関名を公表しない

遺族
結果の報告

医療事故調査・支援センター
結果の報告

↓

集計分析

納得がいかない場合はセンターによる調査を依頼できる(調査途中でも可能)

●事例2-2　横浜市大患者取違え事件

最高裁判所平成19年 3 月26日第二小法廷決定（平成15年（あ）第1033号）

【事実の概要】

本件は、平成11（1999）年 1 月11日、横浜市立大学医学部附属病院第 1
外科において、心臓手術予定の男性患者Ｘ（74歳）と肺手術予定の男性患者
Ｙ（84歳）を取り違えて手術を行い、両患者に傷害を負わせた事案である。

患者取違えの経緯は、病棟看護師ＡがＸ及びＹを病棟から運び出し、手
術室に引き継ぐ際、Ａが手術室の看護師Ｂに対して明確に患者の名前を伝え
ず、ＢもＡから患者名を聞くなどして明確に確認を行わず、その後に 2 名
分のカルテ等が引き渡されたため、ＸをＹと、ＹをＸと誤信してそれぞれの
引渡しを受け、介助担当看護師らをして、両患者を取り違えて誤った手術室
に搬送し、両手術室においてそれぞれの麻酔科医Ｃ、Ｄも麻酔導入前の患者
確認を怠り、麻酔導入後に入室して手術を執刀した医師Ｅ、Ｆらも患者が異
なることに気付かなかった。患者 2 名は、年恰好は似ていたが、顔つきや
髪型などの容貌等はかなり異なり、手術中の病状の所見は、手術前の検査結
果と全く異なっていた。両手術室には、被告人医師ら以外に患者の主治医
等、他にも医療関係者がいたにもかかわらず、誰も取違えに気付かなかっ
た。これらの過失が競合した結果、Ｘに対して肺手術を、Ｙに対して心臓手
術が行われ、Ｘに全治 2 週間、Ｙに全治約 5 週間の傷害を負わせたという
ものである。

1 審（横浜地判平成13年 9 月20日判タ1087号296頁）は、心臓手術側の麻
酔科医Ｃを無罪とし、Ｃ以外の被告人 5 名に対して業務上過失傷害罪の成立
を認めた（Ａは罰金30万円、Ｂは禁固 1 年執行猶予 3 年、Ｄは罰金40万円、Ｅ
は罰金50万円、Ｆは罰金30万円）。Ｃにのみ無罪が認められたのは、麻酔導入
前に麻酔科の慣行からみて一般的な方法であった患者への姓の声掛けによる
確認を行っており、その後手術室にいた関係者の中で唯一Ｃだけが、術前回
診等の際の患者の容貌や所見との差異から取違えの可能性を疑い、周囲の先
輩医師らに疑問を述べ、看護師に病棟に問合せをさせる等の措置を取ってい
たことによる。そのため、「被告人Ｃとしてはなすべき注意義務を尽くした

というべき」であり、「患者の同一性確認のため正当な問題提起をし、相当な努力をした被告人Ｃにさらに尽くすべき義務があるというのは過酷に過ぎ」ると判断された。これに対し、検察側、被告側の双方が事実誤認・量刑を争って控訴した。

　２審（東京高判平成15年３月25日刑集〔参〕61巻２号214頁）では、最も刑の重かった看護師Ｂに対する判断も注目されたが、１審判決を破棄して６名それぞれに患者の同一性確認義務違反による過失の競合を認定し、被告人全員に業務上過失傷害罪の成立を認めた。本来、患者の同一性確認は、病院全体でシステムを構築して行うべきであるとの基本的立場から、同病院ではその役割分担の取り決めがなかったものの、医師がグループ制をとっていた点に着目し、患者の確認を医師・看護師の双方が行うべきものとして、Ａ、Ｂ、Ｄ、Ｅ、Ｆについては各罰金50万円に処した。また、第１審で唯一無罪とされたＣについても、麻酔導入前から患者の同一性確認義務を負うだけではなく、更なる確認義務があったことを認定し、Ｃの過失責任を肯定して罰金25万円に処した。これに対してＣのみが上告を申立てた。

【裁判の結果】

　上告棄却。

＜決定要旨＞

①「医療行為において、対象となる患者の同一性を確認することは、当該医療行為を正当化する大前提であり、医療関係者の初歩的、基本的な注意義務であって、病院全体が組織的なシステムを構築し、医療を担当する医師や看護師の間でも役割分担を取り決め、周知徹底し、患者の同一性確認を徹底することが望ましいところ、これらの状況を欠いていた本件の事実関係を前提にすると、手術に関与する医師、看護師等の関係者は、他の関係者が上記確認を行っていると信頼し、自ら上記確認をする必要がないと判断することは許されず、各人の職責や持ち場に応じ、重畳的に、それぞれが責任を持って患者の同一性を確認する義務」がある。

②「これを被告人Ｃについてみると、(i)麻酔導入前にあっては、患者への問い掛けや容ぼう等の外見的特徴の確認等、患者の状況に応じた適切な方法で、その同一性を確認する注意義務があるものというべきところ、上記の

問い掛けに際し、患者の姓だけを呼び、更には姓にあいさつ等を加えて呼ぶなどの方法については、患者が手術を前に極度の不安や緊張状態に陥り、あるいは病状や前投薬の影響等により意識が清明でないため、異なった姓で呼び掛けられたことに気付かず、あるいは言い間違いと考えて言及しないなどの可能性があるから、上記の呼び掛け方法が同病院における従前からの慣行であったとしても、患者の同一性の確認の手立てとして不十分であったというほかなく、患者の容ぼうその他の外見的特徴などをも併せて確認しなかった点において、(ii)更に麻酔導入後にあっては、外見的特徴や経食道心エコー検査の所見等から患者の同一性について疑いを持つに至ったところ、他の関係者に対しても疑問を提起し、一定程度の確認のための措置は採ったものの、確実な確認措置を採らなかった点において、過失があるというべきである。」

③「この点に関し、他の関係者が被告人Cの疑問を真摯に受け止めず、そのために確実な同一性確認措置を採らなかった事情が認められ、被告人Cとしては取り違え防止のため一応の努力をしたと評価することはできる。しかしながら、患者の同一性という最も基本的な事項に関して相当の根拠をもって疑いが生じた以上、たとえ上記の事情があったとしても、なお、被告人Cにおいて注意義務を尽くしたということはできないといわざるを得ない。」

【争点】

　この判決は、現在多くの医療現場で実施されているチーム医療で起こり得るミスとそれに関わった医療スタッフ個々人の刑事責任について、患者の同一性確認義務の視点から問題を提起した事例として重要である。

１．チーム医療における事故発生メカニズム

　現在の医療安全の考え方は、チームで患者の安全を守ることが重視され、多職種連携が鍵となっている。また、近年では、いくつもの小さな事故が重なり、一つの重大事故に発展するケースが少なくないことから、小さなエラーを少なくすることが重大事故を防ぐことに繋がるという考えが主流になっている。小さなエラーが重なり重大事故につながる考察方法として、リーズン（J.Reason）が提唱した「スイスチーズモデル」と「スノーボー

ル・モデル」があげられる。

　「スイスチーズモデル」とは、リスク管理概念の一つで、1枚1枚のチーズを1人1人のスタッフに例える【図1】。あるスタッフや機械が危険を発生させても、何人かが集まればそこに開けられた小さな穴（ミス）は誰かが防ぎ、階層的な防護により事故になるのを防いでくれる。ただし、防護は完璧ではないため、防護が不十分な箇所があったり、チーズの穴がたまたま重なったところをその危険が潜り抜けた場合には、大きなミスを全員が共通に見逃し、重大事故の発生に至ることもありえるとする考えである。まさに、本件はその典型であり、「患者の同一性」の確認を見逃すという致命的なことに至ったわけである。

　「スノーボール・モデル」は、ミスを雪だるまに例えて説明される【図2】。小さな雪だるま（小さいミス）のうちにストップをかけておけば、一番下の大きな雪だるま（大きな事故）には至らない。すなわち、最初の「ヒヤリ・ハット」の小さなミスの段階でチェックが働かなければ、雪だるまは膨らみながら加速し（ニアミス）、患者に近づくにつれどんどん危険が増大して、最後の大きな雪だるまになると相当な勢いで加速しているため、誰にも止められず、結果的に大事故に至るというものである。一個人がいかに優れ

【図1】スイスチーズモデル「Reason, J. 1997 Managing the risk of organizational accidents, Ashgate Publishing Limited（塩見弘（監訳）、高野研一・佐相邦英（訳）1999　組織事故－起こるべくして起こる事故からの脱出　日科技連)」

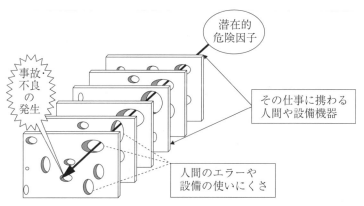

【図2】医療組織の事故とエラーの連鎖（スノーボール・モデル）

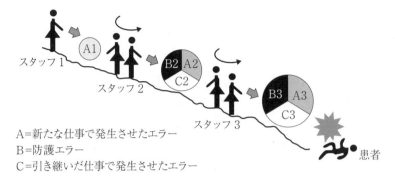

A=新たな仕事で発生させたエラー
B=防護エラー
C=引き継いだ仕事で発生させたエラー

注：斜面ででこぼこは、スタッフ間のコミュニケーションの困難さを表現

（山内桂子・山内隆久『医療事故―なぜ起こるのか、どうすれば防げるのか―』朝日文庫、2005）

ていても限界があり、大事故が発生しうることを指摘する。

　本件は、「スイスチーズモデル」と「スノーボール・モデル」の2つが絡んだ事案である。

2．信頼の原則と医療の安全確保

　本件は、チーム医療に起因する重大事故として、執刀医と看護師との間に「信頼の原則」が働く余地があったのかが争われ、特に、執刀医については信頼の原則が適用されるべきとの主張がなされた。

　「信頼の原則」とは、複数の者が関与する事務において、その事務に関与する者は、他の関与者が規則を守り適切な行動をとるであろうことを信頼するのが相当な場合には、たとえ他の関与者が規則を無視するなどの不適切な行動をとり、それと自己の行動が相まって構成要件的結果が発生しても、その結果について過失責任を問わないとする概念である。本件の取り違えは、チーム医療としていくつかあったチェックポイントをすり抜けた結果生じたものであり、いずれかの場面でチェックが働いていれば防止できたはずである。チーム医療は、単なる役割分担として、各自の役割を果たせば十分との意識のもとで行われるような「分業」という名目で片づけられるものではない。原則的には信頼しうる関係にあっても、具体的な補助者の過誤に対して

は、医師の適切な指導監督により是正が可能な限り、医師はその責任を免れない。とりわけ、手術の場合は、患者の同一性について、看護師、医師ともに自ら確認しなければならず、代替を許さない項目である。

本件は、連絡体制ないし監督体制の不備に言及し、医療行為に対する「信頼の原則」の適用の前提として、医療行為における当該注意義務に基づいた病院内の管理体制、関係者間の取組みならびに役割分担を要求し、その点を欠いていることから、当該医療行為における注意義務を信頼の原則により軽減することが認められない旨を判示している。

3．麻酔科医Cの過失責任

1審、2審ならびに最高裁の間で最も判断が分かれたのが、Cの注意義務違反の有無である。本件の場合、複数の過失が競合して生じた結果であるが、その責任は、過失の内容と程度に応じて判断されるべきである。ただし、チーム医療では、相互チェックを重要な役割として各人に求めることから、チェックを怠る過失責任は、刑罰の種類に差をつけるほど大きな違いはない。医師は、患者確認を怠ったばかりでなく、麻酔導入時及び術中に患者に接し、様々なデータとの差異が認められたことも考慮しなければならず、第一段階での誤りが取違えのきっかけとなる重大なものであったとしても、医師の責任がこれより軽くなるとは言い難い。最高裁判決でも、麻酔導入前に確認の十分な手立てをとらず、麻酔導入後患者の同一性に関する疑いが生じた際に確実な確認措置をとらなかった点になお過失があると認定し、「患者の同一性という最も基本的な事項に関して相当の根拠をもって疑いが生じた以上、上記事情があったとしても、なお、被告人において注意義務を尽くしたということはできない」として、取違え防止のためにCが行った努力は、無罪をもたらす要因とはなりえないと厳しく結論付けた。

4．看護師の過失責任

看護職は、診療の補助及び療養上の世話の「最終行為者」となることが多く、他職種のエラーを発見し、修正することはあるが、他職種が看護職のエラーを検出することは難しいという特徴がある。しかし、看護職独自の法的地位が確立されていることから、看護師は、責任の重さを自覚しなければならない。したがって、看護師らの行為によって取違え手術の危険が創出さ

れ、確認体制を欠くなかでその危険が現実化したことは明らかであり、因果
関係が肯定される。

5．起訴対象者の妥当性

　本件は、看護職のヒューマンエラーに端を発するものであった。しかし、
それだけが原因ではなく、組織における医療事故予防に関するシステムの不
備や偶発的な不可抗力によって、複数の医療職のヒューマンエラーにより誘
発された結果である。これらの点から、起訴対象者には一定の合理性が認め
られる。

第 5 節　　医療職の法的責任

　医療職に限らず、一般的に法律上制裁が科される責任は、民事責任・刑事責任・行政責任の 3 種類に分けられる。また、非法律上の責任には、社会的責任や職業上の責任等がある。3 種類の法的責任のうち、一般的に最も広範に認められるのが民事責任で、次に行政責任、そして最も限定して適用されるのが刑事責任である。

1.　民事責任

　民事責任は、診療契約に基づく安全な医療や看護を提供する義務が果たせなかった場合に、患者側にそれによって生じた損害を賠償する責任のことである。被害者の救済に重きをおき、過失により個人の受けた損害を金銭の支払いによって賠償することを目的とする。被害者側（患者及びその家族）が加害者側（医療提供者）に損害賠償を求める場合、加害者側には民法に基づく「不法行為責任」（709条）と「債務不履行責任」（415条）が追及される。ただし、加害者が企業の場合には、賠償責任を追及しやすい特別民法である「製造物責任法（PL法）」に基づいて損害賠償請求がなされることもある。

　民事責任は、「損害の衡平な分担」という理念のもとに違法性を判断する。すなわち、被害を受けた損害の負担を被害者と加害者の間で公平に行うもの（負担の公平）であり、刑事責任における罰金のような懲罰的な金銭の支払いとは異なる。また、民事責任では、「賠償」という言葉が用いられ、違法行為を法律要件としない「補償」とは区別される。

　民事上の責任は、大別して、「示談」（和解）、「調停」、「民事訴訟」の 3 つの方法で解決が図られる。

　「示談」（和解）は、裁判によらず、話合いなどによって当事者間の合意により解決することである。当事者間の話し合いで「示談」（和解）が成立しなかった場合や可能性がない場合には、簡易裁判所に「調停」を申し立てることがある。「調停」は、裁判官と調停委員が調停委員会を構成して第三者が紛争解決に助力する方法であるが、解決はあくまで当事者の合意に基づい

て行われる。

　「示談」(和解)、「調停」ともに不成立の場合、又はそれらに全く関係なく、「民事訴訟」となり損害賠償が請求された場合には、「民事裁判」が行われ、原告と被告の間で不法行為が成立するかを争う。

　なお、近年は、医療事故をめぐる紛争が増加していることから、医療者と患者・家族の間のトラブルを裁判に提訴することなく処理する仕組みに関心が高まっている。この仕組みは「裁判外紛争処理(ADR：Alternative Dispute Resolution)」と呼ばれ、設置主体や内容・手続き等も多様で、裁判所が関与するもの(民事調停や家事調停など)や行政機関の関与するもの(消費生活センターなど)、民間団体が組織するもの(各種PL(製造物責任)ADR、弁護士会の仲裁センターなど)がある。このうち民間のADRは、平成19(2007)年4月に「裁判外紛争解決手続の利用の促進に関する法律」が施行され、その利用の拡充・活性化が図られている。法務大臣が、ADRの業務に認証を付与することで事業者の質を担保するとともに(同法5条)、認証を受けた団体が行う紛争解決は、それが不調になっても裁判への途が閉ざされることのないよう時効の中断を認めるなど(同法25条)、制度の利便性を高める措置が講じられている。

(1)　不法行為責任(民法709条)

　民法709条は、「故意又は過失によって他人の権利又は法律上保護される利益を侵害した者は、これによって生じた損害を賠償する責任を負う。」と規定して、故意、過失を問わず損害賠償の責任を負わせている。不法行為の成立には、①侵害者に故意又は過失があること、②法律上保護される利益があること、③上記②の利益に対する侵害があること、④損害が発生したこと、及び⑤上記③の侵害行為と④の損害との間に因果関係があること、が必要とされる。ただし、すべての不法行為について責任が生じるわけではなく、違法性がない場合には不法行為責任は生じない。また、現実に生じた損害のすべてを賠償させるのではなく、社会通念上相当と認められる限度で原因結果の因果関係を認め、妥当な範囲の損害だけを賠償させる「相当因果関係説」が通説である。一方、チーム医療における事故のように数人で患者に損害を与えた場合は、共同行為者すべてが責任を負う。これを「共同不法行

為」という。(●事例2-2)

　なお、不法行為があったことは、訴えた側である原告が証明する責任がある。また、行為のあった時から20年又は損害及び加害者を知った時から3年（人の生命又は身体を害する場合は5年）を過ぎると、時効により請求権が消滅する。

(2) 債務不履行責任（民法415条）

　患者が医療行為を受ける際には、患者と医療機関との間で診療とそれに対する診療報酬の支払いに関する医療契約が締結される。債務者である医療機関には、安全な医療を提供する義務があり、患者は債権者として安全な医療を受ける権利があるという関係が成立する。民法415条は、「債務者がその債務の本旨に従った履行をしないとき又は債務の履行が不能であるときは、債権者は、これによって生じた損害の賠償を請求することができる。」と、債務不履行による損害賠償について規定する。医療における債務不履行とは、医師・看護師・薬剤師その他医療従事者が、現代における医療水準をもってすれば、診断・治療が可能であるにもかかわらず、誠意をもって治療などの医療提供にあたらなかったという「過失」によって、その債務の履行がなされなかった場合をいう。医療契約に基づく損害賠償請求は、民法415条の不完全履行を理由とした「債務不履行」によるものであるから、債務者である契約当事者（医療機関）は、履行補助者（医療提供者）のミスが原因で債務の履行ができなくなった場合、自ら債務不履行の責任を負う。そのため、債務不履行による損害賠償は、契約当事者（医療機関）に対してのみ請求することができ、契約関係にない医療従事者（医療機関の被用者は医療債務の「履行補助者」）には請求をすることができない。(●事例2-3)

　債務不履行がないことは、加害者側である被告が証明する必要がある。なお、権利を行使することができるようになってから10年又は権利を行使できることを知ってから5年（人の生命又は身体を害する場合は20年）を経過すると、時効により請求権が消滅する。

(3) 使用者責任（民法715条）

　医師などの医療従事者が医療事故を起こした場合、その医療従事者を雇用している医療機関の経営者も責任を負う。これが「使用者責任」の制度であ

る（民法715条 1 項「ある事業のために他人を使用する者は、被用者がその事業の執行について第三者に加えた損害を賠償する責任を負う。」）。なお、医療事故を起こした医療機関の経営者が国又は地方公共団体である場合は、その経営者である行政主体が、公務員である医療提供者の行為や医療施設の不備もしくは欠陥から引き起こされた医療事故について、被害者に対する賠償責任を負う（国家賠償法 1 条、 2 条）。

　使用者（医療機関の経営者）に過失がなく、被用者（医療提供者）に過失がある場合に、使用者（医療機関の経営者）は、「使用者責任」ということで責任を負う。被害者の確実な救済を図るためには、被用者よりも資力のある使用者に対して賠償を求めるほうが有利であるし、また、使用者も被用者の活動によって利益を得ているとの考えから、使用者の賠償責任が定められている。直接の加害者も民法709条（不法行為責任）で損害賠償責任を負うので、被害者は、加害者である被告及びその使用者の両方に損害賠償を請求することができる。被用者に故意又は重過失があり、使用者が被用者に代わって損害賠償を支払ったときは、使用者は被用者に求償することができる（同法715条 3 項）が、故意又は重過失により患者に被害を与えた場合以外は、実際の加害者である医師や看護師などの医療提供者は個人的責任を負わず、医療提供者に対する求償権の行使にも制限が加えられている。なお、被害者側にも過失があった場合は、「過失相殺」（同法722条）により、本来の賠償額から一定程度（例： 3 割、 1 割など）を減額させる。この過失相殺は、債務不履行の場合も同様である。

2.　刑事責任

　一定の範囲の個人に対して侵害を加え、それを当該個人に賠償すべきとする民事の考えに対して、刑事は、社会に迷惑をかけたり、社会の治安を揺るがしたなど、社会や国家に対する罪の概念である。刑事責任は、社会秩序を維持するための規範に違反した場合に刑罰が科せられる最も厳しい責任である。刑法は、基本的に「故意」による他者の生命・身体・財産に対する侵害行為ならびにその結果を犯罪とし、その罪を犯した個人に対して国が罰を与える。

【不法行為に基づく法的責任】

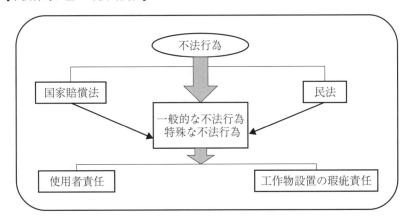

　刑事事件は、起訴されない場合（不起訴処分）と起訴される場合に大きく分かれる。嫌疑がない、あるいは嫌疑が不十分な場合は、起訴が猶予される場合がある。起訴には、「略式命令請求」又は「公判（刑事裁判）請求」がある。略式命令請求の場合、正式裁判を経て、無罪か有罪かが決定し、有罪の場合は刑が科せられるが、刑の執行が猶予されることもある。

(1)　業務上過失致死傷罪（刑法211条）

　医療において、刑事責任が問われるのは、非常に特別な場合に限られるため、医療職に対する刑事責任の追及は頻繁に行われるものではない。医療提供者が医療事故で問われる刑事上の責任は、「業務上過失致死傷罪」（刑法211条1項「業務上必要な注意を怠り、よって人を死傷させた者は、五年以下の懲役若しくは禁錮又は百万円以下の罰金に処する。重大な過失により人を死傷させた者も、同様とする。」）である。（●事例2-4）ここでいう「業務」とは、医師の診療行為、薬剤師の調剤行為、看護師の療養上の世話及び診療の補助行為などであり、この業務が人の生命、身体に対して危険を生ぜしめるおそれがあるため、「業務上必要な注意」として高度の注意義務を課し、「過失」についても普通の過失と比べて重く処罰する。

　「注意義務」とは、注意すれば結果を認識することができ、結果を回避し得たにもかかわらず、不注意により認識を欠き、結果を回避しなかったこと

である。「注意義務」は、事故発生当時、一般的に良識を備えた各職種の知識・技術による「注意義務」を基準に考え、それを怠る医療行為をした場合に「過失」となる。そのため、①注意義務の存在と、②注意義務違反の有無に基づいて過失が認定されることになる。この注意義務の内容は、結果の発生を予見すべき義務（結果予見義務）及び、この予見に従って結果の発生を回避するための措置をとるべき義務（結果回避義務）、ならびに、その義務を課す前提として、それを尽くすことのできる可能性があったこと（予見可能性及び回避可能性）の存在が必要となる。

(2) 秘密漏示罪（刑法134条）

　医師や薬剤師、助産師などには、刑法上の守秘義務があり、その違反者に「秘密漏示罪」（刑法134条）が適用されることがある。なお、秘密漏示罪は親告罪であり、被害者等の申し出による「告訴」がなければ公訴を提起することができない（同法135条）。

3.　行政責任

　医療職の場合、行政責任は、民事責任・刑事責任とは別に、厚生労働大臣が行政上の立場から国家資格について追及するものである。医療従事者の業務は、国民の保健衛生上の危害を防止するため、それにふさわしい知識・技能を備えていると認められる者にのみ許容され、これが免許制度の趣旨である。専門的医療人は、法によって付託された権限に基づき、医療に貢献する立場であるから、法の付託に違反した場合にその「専門性」に係る責任を問われ、法的に認められた権利を失うことがある。そこでは、おおむね刑事事件に準じた取扱いがなされている。医療従事者や医療関係施設が医事に関する行政法規に違反した場合は、監督行政庁がその違反者や違反施設に対し、違反是正又は制裁として、業務停止（3年以内）・免許取消、戒告、改善命令などの行政処分を行う。さらに、行政刑法として刑事責任も問われることになる。なお、行政責任の追及は、懲戒や事故再発防止を目的とするものであることから、故意、過失を問わない。

　厚生労働大臣は、戒告、3年以内の業務停止処分を受けた有資格者（医師・歯科医師・薬剤師・看護師など）と、免許取消処分を受けた者で再免許を

【医療事故に伴う行政責任】

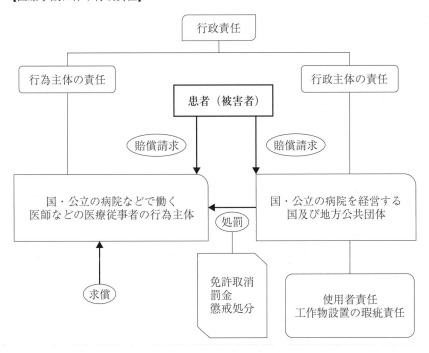

希望する者（取消処分を受けた日から5年を経過しない者を除く）に対し、医療職としての倫理の保持（倫理研修）又は医療職として具有すべき知識及び技能に関する研修（技術研修）として厚生労働省令で定めるもの（再教育研修）を受けるよう命ずることができる。厚生労働大臣は、再教育研修を修了した者について、その申請により、再教育を修了した旨を医籍・歯科医籍や薬剤師簿に登録し、再教育研修修了登録証を交付する。この再教育研修に応じない場合は罰則がある。なお、医師の場合、修了の登録がなければ臨床研修等修了医師とはならない。

● 事例 2-3　褥瘡裁判

東京地裁　平成 9 年 4 月 28 日判決（平成 7 年（ワ）第 9103 号：損害賠償請求事件）

（判時 1628 号 49 頁、判タ 949 号 192 頁）

【事実の概要】

　糖尿病の既往があるＡは、平成 4（1992）年 1 月 5 日に外出先で倒れ、救急車でＢ病院に搬送された。そこで昏睡状態となり、東京都立Ｃ病院に転院して小脳出血と診断され、血種除去手術を受けた。その後、Ａは、意識のない状態から、会話や自力での寝返りはできないものの介助により車椅子に乗れる状態まで回復した。Ｃ病院は、病院の体制上、ある程度回復したＡを入院させておくことが困難となったため、自宅近くのＹ医師が経営するＹ胃腸病院を紹介し、Ａの妻Ｘは、4 月 18 日にＡをＹ病院に転入院させた。

　Ｃ病院では、褥瘡予防のために 2 時間毎の体位変換等が行われていたことから、Ａの褥瘡が発症することはなかった。しかし、Ｙ病院では、3 時間毎の体位変換を行うことになっていたものの、入院当初から必ずしもこれが励行されておらず、そのため、Ａは、入院して間もない 4 月 26 日に仙骨部に第 1 度（発赤）ないし一部第 2 度の褥瘡が発生し、同年 6 月 25 日頃には、第 2 度（膨張、硬結が加わり、水疱形成や真皮に至る潰瘍が認められる状態）となった。そこで、Ｙ医師は、同年 7 月 3 日から数回にわたり褥瘡部の痂皮を切除する等の処置を講じるとともに輸血や鉄剤の投与あるいは栄養状態の改善を施したりした。一方、妻Ｘは、独自の判断で同年 6 月 15 日に全身用エアーマットを購入して使用するようになった。

　Ａは、同年 11 月 26 日頃から褥瘡のポケットが深くなり始め、12 月に入ってからは高熱が続き、第 3 度（潰瘍が皮膚全層に及び、皮下脂肪層に至る深さになった状態）まで憎悪したうえ、次第に全身状態や意識状態が悪化し、12 月 23 日頃には呼吸困難な状態となり、同月 26 日には気管切開が実施された。

　Ｘは、Ｙに対しＣ病院への転院を希望し、同月 28 日にＡはＣ病院に転院したが、同月 30 日に腎不全により死亡した。

　Ｘは、Ａの死亡原因は褥瘡にあるとして、Ｙに対し、主位的に診療契約上の債務不履行、予備的に不法行為を理由に慰謝料等 2800 万円の損害賠償を

請求した。

【裁判の結果】

　一部認容、一部棄却（確定）（認容額841万円余）

① Ｙは、「自力で体動できない患者の場合、２時間毎に体位変換を行うことや、糖尿病などのリスクを持った患者の場合はもっと頻繁に体位変換を実施する必要があることは知っていた」。Ｙ病院では、「２時間毎の体位変換」を実施せず、「看護師に体位変換を行うよう指示を与えることもなく、・・・おおむね３時間毎の体位変換さえ必ずしも励行されていたわけではなく、」ＡはＹ病院に「入院して間もなく仙骨部に褥瘡を発症したこと、・・・しかも圧迫を軽減する用具として効果のあるエアーマットの使用については、その指示や勧誘等を行うことなくＸが独自に購入して初めて使用するような状況であったこと」、褥瘡は「第Ⅲ度の状態にまで憎悪したこと等の事実関係」に照らすと、Ｙは、「褥瘡の予防と治療のために必要とされる適切な体位変換を実施しなかったものというべきであり、この点において・・・注意義務違反がある。」

②「褥瘡が発症した時期、その期間、褥瘡の程度、その他・・・Ａの全身状態の低下等にかんがみると、直接の死因である腎不全については腎機能障害が原因と考えられるけれども、その一方で褥瘡も腎機能を悪化させる要因として少なからざる影響を及ぼしたものと推認するのが相当」として、Ａの死亡と褥瘡との間には因果関係が認められる。

【争点】

　本件は、入院患者の死亡原因と病院側の褥瘡の予防と治療の過誤の有無が争われた珍しい事例である。

１．褥瘡について法的責任が問題になる場合

　褥瘡は、持続的圧迫により、皮膚、皮下脂肪組織、筋肉への血流が途絶え、これらの組織が壊死した状態である。本判決が、「褥瘡の予防と治療」と述べているように、大別すると、①褥瘡の発生を防止するための処置に関する、リスク評価、体位変換、清潔保持、エアーマットの使用、栄養管理などの義務、さらに、②褥瘡が発生した後の管理・治療に関しては、①に加えて保存的治療、外科的治療、感染症対策などの義務が主張されることが考え

られ、これらの 2 つの場面で法的責任が問われる。本件も、褥瘡発生予防を適切に行わなかった法的責任が争点となった。

2．褥瘡予防に関する医師の注意義務

　褥瘡発生の原因は、唯一、同一部位の長時間の圧迫である。持続的圧迫により、皮膚、皮下脂肪組織、筋肉への血流が阻止され、これらの組織が壊死した状態になる。

　本件では、上記①及び②の双方の場面について、Aが自力で体動できない患者で糖尿病の既往も有していたこと、エアーマットを使用していなかったことなどから、褥瘡予防及び褥瘡改善のための積極的な医療介入を行わず、看護師にも診療行為の一部として体位変換の指示をするなど適切な医療が提供されなかった点をYの過失とし、注意義務違反を認定した。

3．看護師の注意義務

　褥瘡予防のための体位変換は、保健師助産師看護師法 5 条の「療養上の世話」に相当する看護師の本来的業務である。しかし、Y病院では、 3 時間毎の体位変換さえ十分に実施されておらず、Y病院の看護師たちの看護に対する認識の低さが実践行動に現れていた。このような不十分な看護では、褥瘡の改善は期待できず、褥瘡の管理において注意義務違反があったといえよう。本件では、看護師の過失は問われていないが、看護師らの注意義務違反は、Yが経営者として、 2 時間毎の体位変換を実施できる看護体制を整備しなかったこと、及び履行補助者の看護師に体位変換を指示しなかった過失に包含されたものと推察できる。

4．適切な医療を受ける権利の侵害

　看護体制上、看護師の数が限られるという制約があるからといって、褥瘡の予防と治療に関する診療上の義務が免除ないし軽減されるわけではない。業務が多忙で、適切な看護が提供できないのであれば、それを実施できる看護体制にある他の医療機関に転医させるなどの措置が講ぜられるべきであった。A及び遺族であるXは、適切な医療を受ける権利を侵害されたといえよう。

● 事例 2-4　埼玉医大抗癌剤過剰投与事件

最高裁　平成17年11月15日第一小法廷決定（平成16年（あ）第385号：業務上過失致死被告事件）
（刑集59巻 9 号1558頁、判時1916号154頁、判タ1197号127頁）

【事実の概要】

　Xは、私立S大学附属病院の耳鼻咽喉科科長兼教授であり、同科の医療行為全般を統括し、同科の医師を指導監督していた。同科の診療は、指導医、主治医、研修医各 1 名の 3 名でチームを組んで治療を担当し、その職制上、指導医の指導の下に主治医が中心となって治療方針を立案し、指導医の了承の後、科長Xが最終的に決定する体制がとられていた。

　当時16歳のAは、右顎下部腫瘍治療のために同病院に入院し、専門医であるY（原審相被告人－医師経験 9 年目）を指導医に、Z（一審相被告人－同 5 年目）を主治医とし、これに研修医が加わった 3 名が治療に当たることになった。Aの症例は、滑膜肉腫という極めて稀な難病であったが、同科には、Xを始めとして滑膜肉腫の臨床経験のある医師がいなかった。主治医Zは、同科病院助手の医師からVAC療法（横紋筋肉腫に対する効果的な化学療法と認められるもので、硫酸ビンクリスチン、アクチノマイシンD、シクロフォスファミドの 3 剤を投与するもの）が良いと言われ、同病院の図書館で文献を調べ治療計画を立てたが、Zが文献を誤読し、週 1 度の間隔で抗癌剤（硫酸ビンクリスチン）を投与すべきところ、12日間連続投与するという誤った投与計画を立て、これに基づき 7 日間にわたって連日投与し、Aは抗癌剤の過剰投与による多臓器不全により死亡した。なお、Zが誤った治療計画を立て、Yに同プロトコールの写しを渡し、説明して了承を求めた際に、Yは同療法についての文献や同療法に用いられる薬剤の添付文書を読まなかったうえ、上記プロトコールが週単位で記載されているのを見落としていた。さらに、Zは、Xに対して同療法を行いたい旨報告し、Xがこれを了承した際に、XはZに対し、同療法の具体的内容やその注意点などの説明を求めず、投与薬剤の副作用の知識や対応方法についても確認していなかった。

　主治医Z、指導医Y、耳鼻咽喉科科長Xの 3 名は、業務上過失致死罪で起訴された。その内、Zは 1 審（さいたま地判平成15年 3 月20日刑集59巻 9 号

1570頁）で、Yは 2 審（東京高判平成15年12月24日刑集59巻 9 号1582頁）
で、それぞれ有罪が確定したが、Xが過失を争って上告したのが本件である
（ 2 審では、禁錮 1 年執行猶予 3 年の有罪判決）。

　起訴状の訴因としてXが問われた過失は、①主治医Zが立てた抗癌剤の投
与計画の誤りを看過した、②投与した抗癌剤の副作用の発現状況等を的確に
把握せず、適切な対応を怠った、というものである。

【裁判の結果】

　上告棄却

　被告人の業務上過失致死罪の成否については職権で判断。

①「Xは、主治医のZや指導医のYらが抗癌剤の投与計画の立案を誤り、そ
　の結果として抗癌剤が過剰投与されるに至る事態は予見し得たものと認め
　られ・・・Xとしては、自らも臨床例、文献、医薬品添付文書等を調査検
　討するなどし、VAC療法の適否とその用法・用量・副作用などについて
　把握した上で、抗癌剤の投与計画案の内容についても踏み込んで具体的に
　検討し、これに誤りがあれば是正すべき注意義務があった。」

②「抗癌剤の投与計画が適正であっても・・・Xとしては、Zらが副作用の発
　現の把握及び対応を誤ることにより、副作用に伴う死傷の結果を生じさせ
　る事態をも予見し得たと認められ・・・少なくとも、Xには、VAC療法の
　実施に当たり、自らもその副作用と対応方法について調査研究した上で、
　Zらの硫酸ビンクリスチンの副作用に関する知識を確かめ、副作用に的確
　に対応できるように事前に指導するとともに、懸念される副作用が発現し
　た場合には直ちにXに報告するよう具体的に指示すべき注意義務があっ
　た。」

【争点】

　本件は、治療方針の決定に関し、主治医ではない大学病院の医局の統括責
任者が過失責任を問われた初めての事例である。従来の事例におけるチーム
医療が、「業務分担」のためのものであったのに対し、本件は、「教育指導」
のためのチームであり、職制上の最終決定者について踏み込んだ指導監督の
要否を示した点に特徴がある。

　1．抗癌剤の投与計画の誤りを看過した過失

　S大学附属病院における治療体制は、一定の医療水準の確保、医療過誤の防止、医師の育成等を目的とした大学病院一般における医局の在り方に準じたもので、Xは、科長として患者の治療方針を決定する責任と権限を有する立場にあった。

　本件で採られた抗癌剤治療の選択自体に誤りはなく、Xは、Zからその治療方法を採ることの報告を受け、これを了承していたが、具体的な薬剤の投与計画内容までは検討していなかった。このような場合において、Xには、さらに進んで治療方法の具体的内容に踏み込んで検討、審査すべき注意義務があるかが問題となる。

　本決定では、稀有な症例であること、抗癌剤の危険性、医局員の誰も臨床経験がなかったこと、科に勤務する医師の医療水準からみて、過誤防止のために指導医や主治医らに対する指導監督の必要を平素から感じていたこと、などの事情を挙げ、Xが自ら病気の病態、予後、治療方法を十分に検討し、Z、Yらにも同様の検討を行うよう指導すべきであったのに、投与計画案を是正せず適切な指導を怠ったとして、監督責任の限度でXの過失を認定した。

2．副作用への対応に関する過失

　本決定は、「投与計画が適正であっても」として、VAC療法の高度の危険性ゆえに副作用への対応についての過失を検討している。原審は、患者の治療方針の最終的な決定権者であるXには、「治療医としての責任」があると認定したのに対して、本決定は、「主治医と全く同一の立場で副作用の発現状況等を把握すべきであるとの趣旨であれば過大な注意義務を課したものといわざるを得ない」と説示して、あくまで監督・指導者としてのXの立場を踏まえ、副作用に関する過失については、懸念される副作用が発現した場合においては直ちにXに報告するよう具体的に指示して適切に対処すべき注意義務を肯定し、その限度でXの注意義務を認めた。

3．本件の特殊性

　本件においては、(i)疾患が極めて稀なもので、医局員のみならず、科長Xでさえも治療に従事した臨床経験がなく、さらに、関係した医師のいずれもが経験したことのない特殊かつ危険な療法が想定されていたこと、(ii)

チェック体制に問題があるなど、医療チームが本来の機能を果たしていな
かったこと、㈫稀有な症例・難治性症例・重篤な症例については、科長X
が最終決定権を有していた、という看過し得ない特別事情が存在した点に留
意すべきである。

　治療医には、①適正な投与計画を立案する注意義務と、②副作用を的確に
把握し、これに適切に対処する注意義務、が課せられるが、チーム医療にお
いては、このような治療医としての注意義務が全員、ことに科長に対しても
課されるべきではない。医学的知見・技量に最も秀で、かつ医局員をコー
ディネートする能力が最も高い、トップたる科長は、基本的に、指揮、命
令、監督に専念したほうが、むしろ効率的に適正な医療サービスの提供を実
現することができるからである。本決定も、わざわざ滑膜肉腫やVAC療法
の特殊性に繰り返し言及していることからすると、通常の症例にまで同様の
監督権限の行使を義務付けているわけではなく、標準的な医療チームに治療
計画の立案を委ね、さらなる調査を経ない決済や、場合によって事後報告に
とどめることが、ただちに科長の注意義務違反を構成するとの前提にたって
いるわけではないと解すべきである。

第6節　公衆衛生と法

1. 母子保健に関する法

(1) 母子保健法（昭和40年法律第141号）

　従来、母子保健に関する事項は、児童の健全な出生と育成を図ることを目的として昭和22（1947）年に制定された「児童福祉法」において児童福祉施策の一環として規定され、児童及び妊産婦の健康の保持増進、児童の疾病障害に対する指導療育が図られていた。しかし、母子の健康保持・増進については十分ではなく、母性の保護に重きを置き、総合的に母と子の健康の保持増進を図るため、昭和40（1965）年にこれを分離・強化し、単独の法律として「母子保健法」が制定された。

　母子保健法は、母と子の健康の保持増進に対する国及び地方公共団体の責務を述べるとともに、母親及び乳幼児の保護者は積極的に知識を求め、自らその健康の保持増進に努めるべきことを強調している。さらに、平成6（1994）年、より身近な母子保健サービスの提供を目指して法改正が行われ、新たに1歳6ヵ月児の健康診査を設けたほか、それまで都道府県又は保健所を設置する市が実施していた妊娠・出産・育児に関する訪問指導、3歳児健康診査及び新生児・妊産婦に対する訪問指導などの基本的母子保健に関連する事項を市町村に移管した。

　母子保健法の施行については、「母子保健法施行令」及び「母子保健法施行規則」がある。「母子保健法施行令」は、新生児の訪問指導、妊娠の届出と母子健康手帳の交付、妊産婦の訪問指導、低体重児の届出と未熟児訪問指導、未熟児養育医療等に関する事項を規定する。「母子保健法施行規則」は、健康診査、妊娠の届出、母子健康手帳の様式、養育医療等に関する事項を規定する。

[1] 目的・理念

　母子保健法の目的は、「母性並びに乳児及び幼児の健康の保持及び増進を図るため、母子健康に関する原理を明らかにするとともに、母性並びに乳児

及び幼児に対する保健指導、健康診査、医療その他の措置を講じ、もつて国民保健の向上に寄与すること」である（1条）。

　また、母性の尊重と保護、乳幼児の健康の保持増進、母性及び保護者の努力を理念とする（2条、3条、4条）。

［2］定義

　母子保健法が定める定義は、「妊産婦」、「乳児」、「幼児」、「保護者」、「新生児」、「未熟児」の6つである（6条）。

　「妊産婦」とは、妊娠中又は出産後1年以内の女子をいう。「乳児」は、1歳に満たない者、「幼児」は、満1歳から小学校就学の始期に達するまでの者をいう。「保護者」は、親権を行う者、未成年後見人その他の者で、乳児又は幼児を現に監護する者をいう。「新生児」とは、出生後28日を経過しない乳児をいう。「未熟児」は、身体の発育が未熟のまま出生した乳児であって、正常児が出生時に有する諸機能を得るに至るまでのものをいう。なお、WHOの申合せでは、生下時体重2500g未満を未熟児とし、統計的にはその取扱いがされているが、本法では、生下時体重にかかわりなく身体の発育が未熟なものを未熟児とし、正常児が出生時に有する諸機能を有するに至るまでは未熟児として取り扱い、一定の期間は定めていない。

［3］母子保健の向上に関する措置

　母子保健に関する知識の普及は、都道府県及び市町村の役割である。母性又は乳児・幼児の健康の保持・増進のために、妊娠、出産又は育児に関して相談に応じ、指導・助言を行い、地域住民の活動を支援する（9条）。母子保健に関する施策としては、保健指導、健康診査、医療援護などと母子保健の基盤整備などがあげられる。市町村は、妊産婦やその配偶者、乳幼児の保護者に対して、妊娠・出産・育児に関する保健指導を行わなければならない（10条）。

　妊娠した者は、速やかに市区町村長（保健所を設置する市又は特別区においては保健所長を経て市長又は区長）に妊娠の届出をしなければならない（15条）。妊娠の届出は、母子健康手帳の交付、健康診査、保健指導など一連の母子健康対策の基点となる重要なものである。ただし、妊娠の届出は、義務ではなく、妊娠した者が自発的な意思に基づいて届出をするよう奨励した規

定である。なお、届出時期については特に定められていないが、21世紀の母子保健の国民運動計画「健やか親子21」では、妊娠11週以内の届出が推奨されている。

　母子健康手帳は、妊娠や出産育児に関する事項を記録することによって、母子の健康状態を管理するものであり、妊娠の届出をした者に対して市町村が交付する（16条1項）。多胎児の場合は、出産後その乳児数だけ交付される。妊産婦又は乳幼児の保護者は、健康診査又は保健指導を受けたときは、その都度母子健康手帳に必要な事項の記載を受けなければならない。

　妊産婦及び乳幼児に対しては、母親（両親）学級・育児学級（9条）や保健師による訪問指導（10条）などの必要な保健指導が行われる。また、妊産婦に対しては、市町村により血液検査、感染症の抗体検査、超音波検査などの健康診査が行われ（17条）、妊娠前期と後期合わせて2回、妊娠健康診査及び必要に応じて精密健康診査を公費で受けることができる（13条）。

　保健指導の結果、新生児の育児上必要な場合には訪問指導が行われる（11条）。未熟児は、新生児に比して死亡率が高く、出生後速やかに適切な措置をすることが重要である。低体重児が必ずしも未熟児とは限らないが、未熟児である可能性は高いので、体重が2500グラム未満の低体重児が出生した場合には、保護者は、出生の日時、場所、出生時の体重その他一定の事項を速やかに都道府県、保健所を設置する市又は特別区に届け出なければならず（18条）、この保護者による届出を受けて、養育上必要な保健指導や医療が行われる（19条、20条）。また、疾病異常・心身障害の早期発見、生活習慣・栄養指導、健康な発達のための養護等を目的として、市町村長には、1歳6ヵ月児健康診査及び3歳児健康診査の実施が義務付けられている（12条）。なお、これらに加え、乳児に対する健診を必要に応じて行うことになっているが、実際には、3～4ヵ月健診と9～10ヵ月健診が広く行われている。

[4]　母子健康センター

　母子健康センターは、母子保健活動の拠点となるものである。市町村は、必要に応じ母子保健施設として母子健康センターを設置するように努めなければならない（22条）。現在、この母子健康センターには、母子保健に関す

る各種の相談及び母性・乳幼児の保健指導を行う保健指導部門のみのもの
と、これらにあわせて助産を行うものとがある。

(2) 母体保護法（昭和23年法律第156号）

　母体保護法は、不妊手術及び人工妊娠中絶に関する事項を定めることなど
によって、母性の生命健康を保護することを目的とした法律である。平成
8（1996）年にらい予防法の廃止に伴い、優生保護法を全面改正し名称変更
して成立した。従前の優生保護法は、戦前の混乱期に妊娠中絶を合法化する
ために制定されたものである。その立法目的は、母性の生命健康とともに、
優生学上の見地から不良な子孫の出生の抑制が含まれており、障害をもつ人
に、中絶や不妊手術をさせる条文が規定されていた。平成8年の改正で
は、障害者差別となる優生思想に基づく規定である強制断種等に係る条文が
削除され、優生手術は不妊手術と言い換えられるなど、母体保護を目的とし
た内容に改正され、名称も現在のものに改称された。

　本法による対象事項は、「不妊手術」、「母体保護（人工妊娠中絶）」、「受胎
調節の実地指導」の3つである。

[1] 目的

　母体保護法の目的は、母性の生命健康の保護であり、そのための手段とし
ての不妊手術及び人工妊娠中絶ならびに受胎調節の実地指導について規定す
る（1条）。

[2] 定義

　母体保護法で定める定義は、「不妊手術」と「人工妊娠中絶」の2つであ
る（2条）。

　「不妊手術」とは、生殖腺を除去することなく、例えば精管切除結さつ、
卵管圧ぎ結さつなど（母体保護法施行規則1条）によって生殖を不能にする
手術で、これら以外の方法、例えば放射線を照射することによって生殖を不
能にすることなどはできない。

　「人工妊娠中絶」は、胎児が母体外において生命を保続することができな
い時期に、人工的に、胎児及びその附属物を母体外に排出することをいう
が、「胎児が母体外で生命を保続することができない時期」の基準は、通常
妊娠満22週未満とされている。なお、妊娠週数の判定は、指定医師の判断

に基づく。

[3] 不妊手術

　医師は、①妊娠又は分娩が、母体の生命に危険を及ぼすおそれのあるもの、②現に数人の子を有し、かつ、分娩ごとに母体の健康度を著しく低下するおそれのあるもの、のいずれかに該当する場合、本人及び配偶者の同意を得て不妊手術を行うことができる（3条）。不妊手術を行った医師は、理由を付して都道府県知事に届け出なければならず（25条）、届出義務に違反した場合には罰則がある（32条）。

[4] 人工妊娠中絶

　人工妊娠中絶は、刑法の堕胎罪にあたるが、母体保護法における人工妊娠中絶は、刑法の例外である。法の規定する条件に該当する者に対して、都道府県医師会の指定を受けた医師（指定医師）が行う場合にのみ認められる。条件は、①妊娠の継続又は分娩が身体的又は経済的理由により母体の健康を著しく害するおそれのあるもの、②暴行若しくは脅迫によって又は抵抗若しくは拒絶することができない間に姦淫されて妊娠したもの、である（14条1項1号、同2号）。いずれの場合も、本人及び配偶者の同意が必要である（同2項）。人工妊娠中絶を行った医師は、理由を付して都道府県知事に届け出なければならず、届出義務に違反した場合には罰則がある（25条）

[5] 受胎調節の実地指導

　妊娠・分娩を避ける方法としては、肉体的にも精神的にも母体に及ぼす影響が大きい人工妊娠中絶よりもむしろ積極的に受胎調節を行うことが望ましいとされている。そのため、母体保護法には、受胎調節の実地指導に関する規定が置かれている。女子に対して避妊用の器具を指導する受胎調節の実地指導は、医師のほかは都道府県知事の指定を受けた者（受胎調節実地指導員）でなければ業として行うことはできない（15条）。この指定を受けることのできる者は、厚生労働大臣の定める基準に従って都道府県知事の認定する講習を修了した助産師・保健師又は看護師である。ただし、実地指導に際して子宮腔内に避妊用の器具を挿入することは、医師でなければ行うことができない。なお、厚生労働大臣の指定する避妊用具としては、現在、①ペッサリー類、②避妊用海綿その他の避妊用スポンジ類、③避妊薬注入用器具類、

④家庭用膣内洗浄器具類、⑤子宮内避妊器具類、の5種類がある。

(3) 児童虐待の防止等に関する法律（平成12年法律第82号）

　児童虐待の防止等に関する法律は、増加の一途にある児童虐待を、児童の人権を著しく侵害するものとして防止を促進し、児童の権利利益の擁護に資することを目的に制定された。保護の対象となる児童を18歳未満とし、国及び地方公共団体の責務、児童虐待の早期発見と通告、立入検査、被害児童の保護や自立支援のための措置、加害親への指導、親権の適切な運用等について定めている（1条）。

[1] 定義

　本法の定める「児童虐待」は、児童を現に監護する保護者によって行われる以下の行為である（2条）。

　①児童の身体に外傷が生じ、又は生じるおそれのある暴行を加える「身体的虐待」、②児童にわいせつな行為をすること又は児童をしてわいせつな行為をさせる「性的虐待」、③児童の心身の正常な発達を妨げるような著しい減食又は長時間の放置、保護者以外の同居人による②の行為又は次の④に掲げる行為と同様の行為の放置その他の保護者として監護を著しく怠る「ネグレクト（保護の怠慢）」、④児童に対する著しい暴言又は著しく拒絶的な対応、児童が同居する家庭における配偶者に対する暴力その他の児童に著しい心理的外傷を与える言動を行う「精神的虐待」、である。

[2] 早期発見・通告義務

　学校、児童福祉施設、病院、都道府県警察、婦人相談所、教育委員会、配偶者暴力相談支援センターその他児童の福祉に業務上関係のある団体及び学校の教職員、児童福祉施設の職員、医師、歯科医師、保健師、助産師、看護師、弁護士、警察官、婦人相談員その他児童の福祉に職務上関係のある者は、児童虐待を発見しやすい立場にあることを自覚し、早期発見の努力義務が課せられている（5条1項）。被虐待児童を発見した場合は、速やかに、これを市町村、都道府県の設置する福祉事務所若しくは児童相談所に通告しなければならず（6条1項）、この通告義務は、守秘義務より優先する（同3項）。児童虐待の通告を受けた場合は、児童相談所が中心となり、一時保護や立入調査、虐待を行った保護者への指導、面会や通信等の制限を行う。

2. 感染症に関する法

(1) 感染症の予防及び感染症の患者に対する医療に関する法律（平成10年法律第114号）

　わが国の感染症対策は、明治30（1898）年制定の伝染病予防法を中心に行われてきたが、感染症を取り巻く状況の激しい変化に対応するため、旧来の伝染病予防法、性病予防法（1948年制定）と後天性免疫不全症候群の予防に関する法律（エイズ予防法、1989年制定）を統廃合した「感染症の予防及び感染症の患者に対する医療に関する法律」（以下、「感染症予防法」）を制定し、平成11（1998）年に施行した。

　平成14（2002）11月から翌年7月初旬にかけて東アジアを中心として世界中に広かった「SARS（重症急性呼吸器症候群）」などの海外における感染症の発生、移動手段の発達に伴う人や物資の移動の迅速化・活発化や保健医療を取り巻く環境の変化に対応するため、感染症予防法は、平成15（2003）年に一部改正され、さらに平成19（2007）年にも改正されて結核予防法と統合された。また、高病原性鳥インフルエンザ（H5N1）の感染拡大状況と新型インフルエンザが発生した場合の蔓延に備え、平成20（2008）年に新型インフルエンザ等感染症を感染症予防法に新たに位置付けた。平成24（2012）年から中東を中心に感染症の報告が持続している中東呼吸器症候群（MERS）や、平成25（2013）年以降に人への感染が確認されているH7N9型鳥インフルエンザについて、その病原性や感染力を考慮し、鳥インフルエンザA（H5N1）と同等の二類感染症に指定し、平成28（2016）年にはジカ熱（ジカウイルス感染症）を四類感染症に位置付けた。さらに、令和3（2021）年には、新型コロナウイルス感染症及び再興型コロナウイルス感染症が新型インフルエンザ等感染症の一類型として追加されるなど、変化していく感染症に応じて法体制を整え対策の充実を図っている。

[1] 目的と基本理念

　感染症予防法は、感染症の発生の予防と蔓延を防止することによって公衆衛生の向上及び増進を図ることを目的としている（1条）。そのために、感染症の予防及び感染症の患者に対する医療に関し必要な措置を定める。

　施策の推進は、国際的動向・保健医療を取り巻く環境の変化・国際交流の

進展等を踏まえて行われるが、新感染症その他の感染症などに迅速かつ的確に対応することができるよう、感染症の患者等が置かれている状況を深く認識し、感染症の患者等の人権を尊重しつつ、総合的かつ計画的に推進されることを基本理念としている（2条）。

[2] 責務

感染症予防法は、感染症への積極的な取り組みを国・地方公共団体・国民・医療従事者の責務として義務付けている。

国及び地方公共団体は、感染症に関する正しい知識の普及、情報の収集及び提供、研究の推進、病原体などの検査能力の向上、人材の養成などを図るとともに、感染症の患者が良質かつ適切な医療を受けられるように必要な措置を講ずるよう努めなければならない（3条）。

厚生労働大臣は、感染症の予防・蔓延の防止のための施策、医療提供体制、調査・研究、医薬品の研究開発の推進、病原体等の検査の実施体制及び検査能力の向上、人材養成、啓発・知識の普及、患者等の人権尊重、緊急時の連絡体制を含む施策に関する事項について基本方針を定めるとともに、少なくとも5年ごとに基本方針の再検討を加える（9－11条）。また、都道府県は、この基本方針に基づき、感染症の予防のための施策の実施に関する計画（予防計画）を定め公表しなければならない。感染症のうち特に必要なものについては、厚生労働大臣は、当該感染症に係る原因究明・発生予防・蔓延防止等、予防の総合的な推進を図るための施策（特定感染症予防指針）を定め、公表しなければならない。

国民は、感染症に対する正しい知識を持ち、その予防に必要な注意を払うよう求められている（4条）。

また、医師その他の医療関係者は、感染症の予防のための施策に協力し、感染症の予防に寄与するよう努めるとともに、感染症の患者等が置かれている状況を深く認識し、良質かつ適切な医療を行うよう努めなければならない（5条）。

[3] 定義

感染症予防法は、「感染症」、「病原体等」、「感染症指定医療機関」についての定義を定めている。

　「感染症」については、感染力・感染した場合の重篤性などからみた危険性の度合い等に応じて5段階の類型と、これら以外に新型インフルエンザ等感染症、指定感染症、新感染症を合わせた8類型の感染性の疾病を定める。

　「病原体等」とは、感染症の病原体及び毒素をいい、「毒素」とは、感染症の病原体によって産生される物質であって、人の生体内に入った場合に人を発病させ、又は死亡させるものをいう。

　「特定病原体等」については、一種病原体等、二種病原体等、三種病原体等、四種病原体等の4つの定義を定める。「一種病原体等」は、極めて強い病原性を有し、国民の生命及び健康に極めて重大な影響を与えるおそれがある病原体等であるとして、本法及び政令で定めるものをいう。「二種病原体等」は、強い病原性を有し、国民の生命及び健康に重大な影響を与えるおそれがある病原体等であるとして、本法及び政令で定めるものをいう。「三種病原体等」は、病原性を有し、国民の生命及び健康に影響を与えるおそれがある病原体等であるとして、本法及び政令で定めるものをいう。「四種病原体等」は、病原性を有し、国民の健康に影響を与えるおそれがある病原体等として、本法及び政令で定めるものをいう。

　「感染症指定医療機関」には、「特定感染症指定医療機関」、「第一種感染症指定医療機関」、「第二種感染症指定医療機関」及び「結核指定医療機関」がある。「特定感染症指定医療機関」は、新感染症の所見がある者又は一類感染症、二類感染症若しくは新型インフルエンザ等感染症の患者の入院を担当させる医療機関として厚生労働大臣が指定した病院をいう。「第一種感染症指定医療機関」は、一類感染症、二類感染症又は新型インフルエンザ等感染症の患者の入院を担当させる医療機関として都道府県知事が指定した病院をいう。「第二種感染症指定医療機関」は、二類感染症又は新型インフルエンザ等感染症の患者の入院を担当させる医療機関として都道府県知事が指定した病院をいう。「結核指定医療機関」は、結核患者に対する適正な医療を担当させる医療機関として都道府県知事が指定した病院若しくは診療所又は薬局をいう。

　感染症予防法では、他にも「疑似症患者」（感染症の疑似症を呈している者

をいう）、「無症状病原体保有者」（感染症の病原体を保有している者であって、当該感染症の症状を呈していないものをいう）について定義を定めている（6条）。

[4] 届出・公表

　感染症予防法は、病原体の種類や性質以外に、対象となる感染症を診断した医師の届出基準についても定める。一類から四類感染症、新感染症、指定感染症、ならびに新型インフルエンザ等感染症では、全医療機関の医師が、それらの感染症の患者及び疑似症患者や無症状病原体保有者（キャリア）を診断後直ちに最寄りの保健所長を通じて氏名・年齢・性別を含めた全患者数を都道府県知事に報告する（全数把握）。また、五類感染症には、全数把握と定点把握があり、全数把握では一類から四類と同様の方法で、7日以内（侵襲性髄膜炎菌感染症及び麻疹では直ちに）に患者数の報告を求め、定点把握では指定届出期間（定点）から毎週若しくは毎月の届出を求めている。これらの届出を受けた都道府県知事は、直ちに、又は厚生労働省令で定める期間内に厚生労働大臣に報告しなければならない。

　都道府県知事は、発生の状況の届出を担当させる病院等（指定届出機関）を指定する（14条）。厚生労働大臣及び都道府県知事は、感染症の発生の状況・動向・原因に関する情報並びに予防・治療に必要な情報を個人情報の保護に留意しつつ、適切な方法で積極的に公表しなければならない（16条）。

[5] 感染症患者の医療

① 就業制限

　一類感染症の患者及び二類感染症、三類感染症又は新型インフルエンザ等感染症の患者又は無症状病原体保有者は、感染症を公衆に蔓延させるおそれがある業務として厚生労働省令で定められた業務に従事する者は、通知された場合には、感染症のおそれがなくなるまでの期間として定められている期間従事してはならない（18条）。

② 入院・退院

　都道府県知事は、一類感染症の蔓延を防止するために必要があるときは、72時間を限度として、感染症指定医療機関に入院すべきことを勧告できる（応急入院制度）。勧告の際には、適切な説明を行い、理解を得るよう努めな

ければならない。この勧告を受けた者が従わない場合は、感染症指定医療機関に入院させることができる（19条）。都道府県知事は、一類感染症又は二類感染症の蔓延を防止するため必要があると認めるときは、各保健所の感染症の審査に関する協議会の意見を聴いたうえで、感染症指定医療機関に入院している患者に対し10日以内の期間を定めて入院すべきことを勧告し、従わない場合は入院させることができる。さらに、入院期間の経過後において入院を継続する必要があると認めるときは、感染症の審査に関する協議会の意見を聴いたうえで、10日ごとの期間を区切って延長することができる（20条）。

　入院している患者が、病原体を保有していないことが確認されたときは、退院させなければならない（22条1項）。病院又は診療所の管理者は、入院している患者について、入院に係る一類感染症、病原体を保有していないことを確認したときは、都道府県知事にその旨を通知しなければならない（同2項）。また、都道府県知事は、入院している患者等から退院の求めがあったときは、一類感染症の病原体を保有しているかどうか確認をしなければならない（同4項）。

　これらは、二類感染症及び新型インフルエンザ等感染症の患者についても準用される（26条）。

③ 消毒その他の措置

　都道府県知事は、一類感染症、二類感染症又は三類感染症等の発生を予防し、又はその蔓延を防止するため必要があると認めたときは、消毒、ねずみ族及び昆虫等の駆除、飲食物、衣類、寝具その他の物件の処分、死体の移動の制限及び水の使用又は給水の制限を行うことができる。この命令によって予防・蔓延防止が困難であるときは、市町村に措置を指示するか、当該都道府県の職員に必要な措置をとらせることができる（27-31条）。

　病原体に汚染された疑いのある死体は、原則として火葬しなければならない。十分な消毒を行い、許可を受けたときは埋葬することができる。また、墓地、埋葬等に関する法律の規定にかかわらず、24時間以内に火葬し、又は埋葬することができる（30条）。

　病原体に汚染されたか汚染の疑いのある生活用水、消毒の困難な建物につ

【感染症法に基づく分類と主な措置】

類型	性格	感染症名	対応・措置（強制できるもの）							
			届出基準	届出期間	届出先	入院	就業制限	対物措置	医療体制
一類感染症	日本では発症していないが、感染力、罹患した場合の重篤性等に基づく総合的な観点から見た危険性が極めて高い感染症	エボラ出血熱、クリミア・コンゴ出血熱、痘そう、南米出血熱、ペスト、マールブルグ病、ラッサ熱	患者及び無症状病原体保持者を含むすべての症例について、氏名、年齢、性別を含めた患者数を届出	診断後直ちに届出	最寄りの保健所長を経由して都道府県知事へ	○	○	○	特定感染症指定医療機関第一種感染症指定医療機関
二類感染症	感染力、罹患した場合の重篤性等に基づく総合的な観点から見た危険性が高い感染症	急性灰白髄炎（ポリオ）、結核、ジフテリア、重症急性呼吸器症候群（SARS）、鳥インフルエンザ（H5N1、H7N9）、中東呼吸器症候群（MERS）				○	○	○	特定感染症指定医療機関第一種感染症指定医療機関第二種感染症指定医療機関
三類感染症	感染力、罹患した場合の重篤性等に基づく総合的な観点から見た危険性は高くないが、特定の職業への就業によって感染症の集団発生を起こしうる感染症	コレラ、細菌性赤痢、腸管出血性大腸菌感染症、腸チフス、パラチフス				×	○	○	一般医療機関
四類感染症	動物又はその死体、飲食物、衣類、寝具その他の物件を介して人に感染し、国民の健康に影響を与えるおそれのある感染症（ヒトからヒトには感染しない）	A型肝炎、E型肝炎、狂犬病、炭疽、鳥インフルエンザ（H5N1、H7N9を除く）、マラリア、デング熱、日本脳炎、ウエストナイル熱、重症熱性血小板減少症候群（SFTS）、ジカウイルス感染症 など				×	×	○	媒介動物の輸入禁止輸入検疫
新感染症	既知の感染症の中で上記一～三類に分類されない感染症において一～三類に準じた対応の必要が生じた感染症（政令で指定、1年限定）	＜当初＞都道府県知事が厚生労働大臣の技術的指導・助言を得て個別に対応する感染症＜要件指定後＞政令で症状の要件指定をしたのちに一類感染症と同様の扱いをする感染症	全数把握（医師が届出）						厚生労働大臣が公衆衛生審議会の意見を聴いたうえで、都道府県知事に対し対応について技術的指導・助言を行う。一類感染症に準じた対応を行う。特定感染症指定医療機関
新型インフルエンザ等感染症	新たなウイルスを病原体とするインフルエンザ	新型インフルエンザ平成21（2009）年4月～平成23（2011）年3月に新型インフルエンザ（H1N1）が指定された（現在は五類感染症のインフルエンザに含まれる）				○	○	○	特定感染症指定医療機関第一種感染症指定医療機関第二種感染症指定医療機関
	かつて世界的規模で流行したインフルエンザで、その後流行することなく長期間が経過して再興したもの	再興型インフルエンザH2N2亜型などを想定							
指定感染症	既知の感染症の中で上記一～三類に分類されない感染症において一～三類に準じた対応の必要が生じた感染症（政令で指定、1年限定）	政令で原則として1年間に限定して指定される感染症（1年間の延長が可能）							一～三類感染症に準じた入院措置や消毒等の対物措置を実施（適用する規定は政令で規定）
新型コロナウイルス感染症*	*現在は「指定感染症」だが、2022年1月末で期限切れのため、法的位置付けを見直し								
五類感染症	国が感染症の発生動向の調査を行い、その結果等に基づいて必要な情報を国民一般や医療関係者に提供・公開していくことによって発生・蔓延を防止すべき感染症（ヒトからヒトへ感染する）	クリプトスポリジウム症、B型肝炎、C型肝炎、梅毒、麻疹、風疹、後天性免疫不全症候群（AIDS）など	患者及び無症状病原体保持者を含むすべての症例について、年齢、性別を含めた患者数を届出	原則、診断後7日以内に届出		×	×	×	一般医療機関
		インフルエンザ、性器クラミジア感染症、淋菌感染症、性器ヘルペスウイルス感染症、尖圭コンジローマ、メチシリン耐性黄色ブドウ球菌感染症（MRSA）など	定点把握（指定届出機関の管理者が届出）	指定機関で診断された症例について、診断した患者数を届出	次の月曜日まで／翌月初日までに届出	×	×	×	

いて、使用又は給水・立入りの制限又は禁止等を命ずることができる（31条、32条）。緊急の必要があるときは、72時間以内の期間を定めて、病原体に汚染されたか汚染された疑いのある場所の交通を制限し、又は遮断することができる（33条）。

　都道府県知事は、一類から四類又は新型インフルエンザ等感染症の病原体に汚染された人・動物・場所等又は疑いがある人・動物・場所等、感染症を人に感染させるおそれがある関係者、管理者、所有者に対し、質問し必要な調査をさせることができる人員を選任し、防疫活動に従事させることができる（35条）。

④ 医療

　都道府県知事は、一類感染症、二類感染症、新型インフルエンザ等感染症、新感染症による入院に係る患者からの申請があったときは、感染症指定医療機関において受ける医療に関する費用を負担する（37条）。なお、都道府県の負担は、負担可能な扶養義務者がいる場合、医療保険・介護保険・労災保険の給付がある場合は、その限度において負担しなくてもよい（37条2項、39条）。

(2) 予防接種法（昭和23年法律第68号）

　戦後、わが国では、感染症の脅威に対する社会的防衛の観点から、予防接種を義務として法律で強制してきた。予防接種は、感染症の流行・拡大防止に大きな成果をあげるとともに死者の減少に寄与することになった。しかし、ある一定の割合で予防接種による健康被害が発生するため、極めて稀に生じる予防接種後の重篤な後遺障害や死亡などの副反応による健康被害が過大視されるようになった。予防接種に関する正確な情報の提供、安全な予防接種実施のための体制の整備、予防接種による健康被害者に対する救済制度の充実などが求められるとともに、予防接種はその対象となる疾病の特性や必要性、有効性などについて国民の理解と協力を求め、自覚を促すことによって自らの意思で接種を受けるという考え方へと変化していく。

　国民と予防接種の関係が変化するなかで、種痘後脳炎やインフルエンザワクチンによる急性脳症に関する訴訟の国側の敗訴を受けて、平成6（1994）年に予防接種法が改正された。その内容は、①予防接種を受けることは強制

ではなく、努力義務であるとして、義務接種から勧奨接種への転換と予防接種を受ける本人や親権者の責任の比重が大きくなったこと、②国が正確な情報を提供し、国民が理解したうえで接種することを目指すとともに、万一、健康被害が起きた場合は、国が迅速な救済を図ることを法律の目的として位置付け、予防接種健康被害の救済制度の充実を図ったこと、③健康被害防止の観点から、予防接種を受けることが不適当な者や要注意者を定めるとともに、十分な予診・問診が行えるよう、かかりつけ医師による個別接種が推奨されたこと、である。

　さらに、平成15（2003）年に一部改正が行われ、対象疾患の類型化と追加が行われるとともに、平成19（2007）年には結核予防法の廃止により、結核予防のBCGが予防接種法における規制となった。また、平成25（2013）年の改正では、先進諸国と比べて公的に接種する種類が少ない、いわゆるワクチン・ギャップの解消や、予防接種施策を総合的・継続的に評価・検討する仕組みの構築等のため、予防接種制度の幅広い見直しが行われた。

[1] 目的

　予防接種法は、市町村長が実施主体となり、伝染病の発生及び蔓延を予防するために予防接種を行うこと、公衆衛生の向上・増進を図ること、予防接種による健康被害に対し迅速な救済を図ることを目的とする（1条）。

[2] 定義

　本法における予防接種とは、疾病に対して免疫の効果を得させるため、疾病の予防に有効であることが確認されているワクチンを、人体に注射し、又は接種することをいう（2条）。

[3] 対象疾病と予防接種の実施

　予防接種には、「法律による予防接種」と「任意の予防接種」がある。「法律による予防接種」には、「定期の予防接種」と「臨時の予防接種」があり、定期の予防接種は、市町村長が期日又は期間を指定して行う。臨時の予防接種は、緊急の必要があるときに、都道府県知事（都道府県知事が必要と認めるときは市町村長に行うよう指示することができる）が対象者及び期日・期間を指定して、臨時に予防接種を行うこととされている。

　対象疾病は、定期接種として、集団における発生及び蔓延の予防を目的と

したＡ類疾病（14疾病）と、個人の発病又は重症化を防止し、あわせてこれにより蔓延を防止するＢ疾病（２疾病）がある。また、Ａ類疾病及びＢ類疾病のうち、都道府県知事が蔓延予防上緊急の必要があると認めたときには臨時接種が実施される（又は市町村長に実施を指示する）。痘そうやＨ５Ｎ１インフルエンザが想定されている。

　伝染病の蔓延が減少する一方、国民の健康意識や予防接種に対する関心が変化し、国民に理解と協力を求め自覚を促すことが重要視されるようになり、定期接種のうちＡ類疾病、臨時接種（Ａ類疾病及びＢ類疾病）の対象者は、予防接種法において「当該予防接種を受けるよう努めなければならない」と勧奨接種とされた（９条）。これに対して、定期Ｂ類疾病には、接種を受ける努力義務はない。国及び地方公共団体は、国民に対し、予防接種の対象疾病の特性、必要性、有効性その他について広報や啓発を行うなど、十分な勧奨を行うこととされている。

　なお、市町村長又は都道府県知事は、予防接種を行うにあたっては、予防接種を受けようとする者の健康状態を厚生労働省令で定める方法により調べ、適当でない場合は、予防接種を行ってはならないとされている（７条）。健康状態を調べる方法は、問診、視診、検温及び診察とされている（予防接種法施行規則２条）。また、予防接種を受けることが適当でないものとして、予防接種法施行規則は、①当該予防接種に相当する予防接種を受けたことのある者で当該予防接種を行う必要がないと認められるもの、②明らかな発熱（37.5度以上）を呈している者、③重篤な急性疾患に罹患していることが明らかな者、④予防接種の接種液成分に対してアナフィラキシーを呈したことがあることが明らかな者、⑤麻しん及び風しんに係る予防接種の対象者にあっては、妊娠していることが明らかな者、⑥結核に係る予防接種の対象者にあっては、結核その他の疾病の予防接種、外傷等によるケロイドの認められる者、⑦Ｂ型肝炎に係る予防接種の対象者にあっては、HBs抗原陽性の者の胎内又は産道においてＢ型肝炎ウイルスに感染したおそれのある者であって、抗HBs人免疫グロブリンの投与に併せて組換え沈降Ｂ型肝炎ワクチンの投与を受けたことのある者、⑧ロタウイルス感染症に係る予防接種の対象者にあっては、腸重積症の既往歴のあることが明らかな者、先天性消

化管障害を有する者（その治療が完了したものを除く。）及び重症複合免疫不全症の所見が認められる者、⑨肺炎球菌感染症（高齢者がかかるものに限る。）に係る予防接種の対象者にあっては、当該疾病に係る法第5条第1項の規定による予防接種を受けたことのある者、⑩上記の他に予防接種を行うことが不適当な状態にある者、をあげる（予防接種法施行規則2条）。

[4] 健康被害に対する救済措置

　市町村長は、予防接種時に疾病に罹り、障害や死亡などの健康被害が生じた場合、それが当該予防接種によるものであると厚生労働大臣が認定したときは、予防接種健康被害救済制度に基づき、①医療費及び医療手当（本人）、②障害児養育年金（18歳未満の者を養育する者）、③障害年金（18歳以上の者）、④死亡一時金（遺族）、⑤葬祭料（葬祭を行った者）、を給付して救済しなければならない（15条、16条）。

　手続きは、健康被害の報告を受けた市町村が、専門家や医師会の代表により構成される調査委員会を開催して症例についての情報や接種時の状況を調査し、都道府県を経て国に調査結果を提出する。その後、国により設置された疾病・障害認定審査会により予防接種との因果関係が検討され、その結果を踏まえて厚生労働大臣による認定手続きがとられる。また、国は、上記給付の対象者で居宅において介護を受けるものの医療・介護等に関して、その家庭からの相談に応ずる事業、その他の保健福祉事業の推進を図ることが定められている（22条）。

　なお、予防接種法では、予防接種の対象疾病のほかに対象者（対象年齢）や回数を定めていることから、予防接種の対象疾病であっても対象年齢以外での接種の場合は、任意予防接種として扱われ、健康被害が生じた場合は、独立行政法人医薬品医療機器総合機構法に基づく医薬品副作用被害救済制度により救済される。

【予防接種法で規定する疾病と対象年齢等（令和 3 年 4 月現在)】

種類	対象となる感染症	接種時期	回数
A類疾患（主に集団予防、重篤な疾患の予防に重点・本人に努力義務・接種勧奨あり）	Hib（ビブ）感染症	・生後 2 ヶ月～5 歳未満	1～4 回（接種開始時期により異なる）
	肺炎球菌感染症（小児がかかるものに限る）	・生後 2 ヶ月～5 歳未満	1～4 回（接種開始時期により異なる）
	B型肝炎	・生後 2 ヶ月～1 歳未満	3 回
	ロタウイルス感染症	・初回接種は生後 2 ヶ月～14 週 6 日	2 回又は 3 回
	ジフテリア 百日咳 破傷風	・1 期初回：生後 3～12ヶ月未満 ・1 期追加：初回接種終了後から 6 ヶ月以上の間隔をおいて	3 回 1 回
		・2 期：11～13歳未満	1 回
	ポリオ（急性灰白髄炎）	・1 期初回：生後 3～12ヶ月未満 ・1 期追加：初回接種終了後から 6 ヶ月以上の間隔をおいて	3 回 1 回
	結核	・生後12ヶ月までの期間	1 回
	麻疹 風疹	・1 期：生後12～24ヶ月未満 ・2 期：5 歳以上 7 歳未満で小学校就学の 1 年前から就学の前日までの期間	1 回 1 回 （計 2 回）
		・1962（昭和37）年 4 月 2 日～1979（昭和54）年 4 月 1 日までの間に生まれた男性（2022年 3 月31日までの間に限る）	
	水痘	・生後12～36ヶ月未満	2 回
	日本脳炎	・1 期：生後 6 ヶ月～90ヶ月 ・2 期：9～13歳未満	3 回 1 回
	ヒトパピローマウイルス感染症	・中学 1 年～高校 1 年の女子	3 回
B類疾病（主に個人予防に重点・努力義務なし・接種勧奨なし）	インフルエンザ	・65歳以上の者 ・60歳以上65歳未満であって、心臓、腎臓もしくは呼吸器の機能又はヒト免疫不全ウイルスによる免疫の機能に障害を有する者	毎年度 1 回
	肺炎球菌感染症（高齢者がかかるものに限る）	・65歳の者（2019年度～2023年度までの間に 65歳、70歳、75歳、80歳、85歳、90歳、95歳、100歳となる者） ・60歳以上65歳未満であって、心臓、腎臓もしくは呼吸器の機能又はヒト免疫不全ウイルスによる免疫の機能に障害を有する者	1 回のみ

【予防接種法における予防接種の類型】

	定期接種（5条1項）		臨時接種 （6条1項又は2項）	新臨時接種 （6条3項）	任意接種
	A類疾病	B類疾病			
概要	A類疾病、B類疾病について、市町村長が政令で定めた年齢の対象者に実施		主にA類疾病、B類疾病について、都道府県知事が緊急の必要性があると認めたときに実施（又は市町村長に実施を指示）	蔓延防止上緊急の必要がある （臨時接種対象疾病より病原性が低いものを想定）	① 予防接種法対象外の疾病（流行性耳下腺炎、A型肝炎、狂犬病など） ② 政令で定めた年齢以外の時期に実施するA類疾病とB類疾病の予防接種
実施主体	市町村		都道府県（国が指示又は自ら実施） 市町村（都道府県が指示） 〔厚労大臣が疾病を定めた場合に実施〕	市町村 （国が都道府県を通じて指示） 〔厚労大臣が疾病を定めた場合に実施〕	
努力義務 （被接種者の責務）	○	×	○	×	
勧奨（市町村長又は都道府県知事が行う）	○	×	○	×	
費用	市町村 （9割程度を地方交付税措置）	市町村 （3割程度を地方交付税措置）	都道府県が実施した場合 　国1/2 都道府県1/2 市町村が実施した場合 　国1/3 都道府県1/3 　市町村1/3	国1/2 都道府県1/4 市町村1/4 （低所得者分のみ）	自己負担
接種費用の自己負担	あり （実際はほとんどないことが多い）	あり	×	あり	
予防接種法	対象				対象外
救済制度	予防接種健康被害救済制度				医薬品副作用被害救済制度
救済制度の管轄	市町村		都道府県	市町村	医薬品医療機器総合機構（PMDA）

第3章

医 療 倫 理

第1節　医療倫理

1. 法と倫理

　法と倫理ないし道徳（モラル・社会常識）は、いずれも人間の行為を規制する規範（ルール）であるが、両者は必ずしも同じではない。法は、その外的・社会的側面において拘束力をもち、違反した場合は、強制力が働き公権力からの制裁（罰則等）が加えられる。一方、倫理は、善悪などの価値観や判断基準といわれ、社会における人間としての行動についてその内面性に関わり、道徳意識などの秩序として捉えられる。法と同様に倫理も規範としての性格を有するが、自主的な態度に委ねられるため、原則的に国家からの強制や制裁は基本的には加えられず、倫理における制裁は道義的なものである。したがって、倫理の中で社会秩序を維持するために重要な規範として強制力を行使し、違反した場合の罰則規定を設ける等の立法手続きを行った倫理規範が法と定義できる。

　基本的に、法と倫理は、社会的あるいは個人的なものに限らず、重要規範について内容が重複する。ただし、これまで倫理のみに委ねられてきたある一定の事柄について、判断基準が求められるようになり、伝統的な価値観との間で法による規制をどうするのかという問題が生じるようになった。近年の先端医療・生命科学の急速な進歩は、価値観に変革を迫り、特に先端医療における行動規範が未だ確立していないこともあり、生命倫理（bioethics）の問題として、「法による倫理への介入」が課題となっている。生命倫理は、基本的に一貫した考えが示されているわけではなく、体制も不十分であ

るため、法的規制の対象として議論され、その社会的影響の大きさから医事法学の現代的争点となっている。

2. 医療と倫理規範

(1) 医療倫理に関する規範

　伝統的な医療システムは、ピラミッドの頂点に医師を置き、その下に階層序列的にその他の医療スタッフ（看護師・薬剤師など）がいて、その最底辺に患者・家族を位置付ける「医師中心のシステム（doctor-oriented-system：DOS）」であった。このような構造を支えたのが「ヒポクラテスの誓い（The Hippocratic Oath）」以来の医療倫理であった。

　「ヒポクラテスの誓い」は、古代ギリシアの医師ヒポクラテス（又はその医師集団）が、自学派の医師集団に全能の神ゼウスの子である医の神アポロンらに医師として行うことと行わないことを神誓させた医師の代表的な倫理規範である。堕胎の禁止・安楽死援助の禁止など、患者の生命・健康保護の思想、専門性の尊重、後輩たちの育成、守秘義務などの患者のプライバシー保護、平等に医療を行うことが述べられている。なお、この誓いには、専門家としての尊厳の保持、医師が医療を施す旨の専断的医療ともとられる表現があるため、パターナリズムの精神が強いと批判されることもある。しかし、ヒポクラテスの誓いは、「ジュネーブ宣言（Declaration of Geneve）」の骨子となるなど、現在でも多くの部分が医療従事者の倫理規範になっている。

　ヒポクラテスの誓いの現代版として、1948年9月の世界医師会（World Medical Association：WMA）第2回総会で採択されたのが、「ジュネーブ宣言」である。医師の使命（医師の誓い）に関する宣言として、その後、1968年・1983年・1994年・2006年に修正されて今日に至っている。ヒポクラテスの誓いが医師の職業団体への加入の誓いであったのに対し、ジュネーブ宣言は、医学医療の世界的普遍性の確認のために医師たちが「医師としての職務に従事することを許されたとき」に自ら生涯をかけて守る「誓い」の形で「自由意思に基づいて、名誉をかけて」宣言し、「患者の健康」を自らの職務の第一の関心にすることを要求するとともに、「守秘義務」、「患者の公平な

扱い」、「人命の尊重」、「医学的知識の不正使用の禁止」を要求している点に特徴がある。

　他方で、医療の高度化・専門化の進展、ならびに患者の価値観・人生観に基づくQOLの多様化によって、患者にとって最善であるかを医師が単独で決定することが困難になってきたことで、「医師中心のシステム」を支えた

【代表的な医療倫理規定】

年　代	医の倫理規定	内　容
B.C.4世紀	ヒポクラテスの誓い	ギリシアの医聖・ヒポクラテスが自学派の医師に神誓させたもの。代表的な医師の倫理規範。患者の生命、健康、プライバシー保護や医師の尊厳保持など医師としての心構えを宣言 パターナリズムの精神が強く現れている
1947年	ニュルンベルク綱領	人を対象とした医学研究において「被験者の自発的同意の絶対性」や「暴力・強圧的な実験の排除」などの厳守すべき10項目の基本事項を軍事裁判所が規定
1948年	ジュネーブ宣言	「ヒポクラテスの誓い」の精神を現代化・公式化した「医の倫理」に関する規定
1949年	医の倫理に関する国際規定	「ジュネーブ宣言」の趣旨を受け継ぎ、さらに「医師間の倫理義務」を追加
1964年	ヘルシンキ宣言	ナチスの人体実験に対する裁判綱領（「ニュルンベルク綱領」）をもとに、被験者の人権尊重など「人を対象とする医学研究における倫理規定」を宣言
1968年	シドニー宣言	死に関する声明 臓器移植のための死亡判定（心臓移植時の死亡は脳死）の規定
1981年	リスボン宣言	患者の権利（医師を自由に選択する権利、十分な説明を受けた後、治療を受けるか拒否するかの決定権など）を規定 インフォームド・コンセントの必要性を明記
2002年	ワシントン宣言	「ヘルシンキ宣言の項目を明確にするための注釈」を追加した宣言

【ジュネーブ宣言】

①	全生涯を人道のために捧げる
②	人道的立場にのっとり、医を実践する
③	人命を最大限に尊重する
④	患者の健康を第一に考慮する
⑤	患者の秘密を厳守する
⑥	国籍、人種、宗教、社会的地位による差別・偏見をしない

【リスボン宣言】

リスボン宣言の内容	
良質の医療を受ける権利	何人も差別されない医療、質が保証された医療、継続性のある医療、患者の最善の利益に即する医療を受ける権利
選択の自由の権利	医師や病院の選択、別の医師の意見（セカンドオピニオン）を求める権利
自己決定権	治療の自己決定権、自己決定に必要な情報を得る権利
意識のない患者	法定代理人からインフォームド・コンセントを取得する権利
未成年者あるいは法的無能力の患者	患者が未成年者あるいは法的無能力者の場合、法定代理人の同意が必要とされる。それでもなお、患者の能力が許す限り、患者は意思決定に関与しなければならない。
患者の意思に反する処置	患者の意思に反する治療は、法律が認めかつ医の倫理の原則に合致する場合のみ実施可能
情報に関する権利	医療上の自己情報、健康状態の説明を受ける権利
秘密保持に関する権利	治療上のすべての個人情報が生前も死後も守られる権利
健康教育を受ける権利	説明された上での自己選択により健康教育を受ける権利
尊厳性への権利	私生活の尊重、苦痛の除去、人道的末期医療を受ける権利 尊厳と安楽を保ち死を迎えるための支援を受ける権利
宗教的支援を受ける権利	自分が選んだ宗教の聖職者による支援を受ける権利

パターナリズムの精神は妥当性を欠くものになった。選択の最終的な責任者は、決断の主体者である患者自身であるという「患者の自己決定権」を重視する「患者中心の医療システム（patient-oriented-system：POS）」が登場し

た。

　患者の自己決定には、医療情報の提供が必要だが、インフォームド・コンセントという用語が初めて使われたのは、1957年、アメリカのカリフォルニア控訴裁判所におけるサルゴ判決であった。この判決は、リスクの説明がないまま行われた腰部からの大動脈造影検査後に下半身が麻痺した事例に対し、医師が提案した医療行為について同意を得るためには、患者に十分な説明をすべきであり、情報開示が医療従事者の義務であることを示したものである。その後、1960年代の医療過誤裁判で新しい法理が取り入れられ、徐々に現在のインフォームド・コンセントの形がつくられていった。

　こうした流れを受けて、世界医師会は、1981年にリスボンで開催した第34回総会で、「患者の権利に関するWMAリスボン宣言（World Medical Association Declation of Lisbon on The Rights of The Patient)」を採択した。「患者の権利宣言」ともいわれる本宣言は、治療を受ける上で患者がもつ権利と自己決定権について6項目をあげる。医師は、常に自己の良心に従い、また、常に患者の最善の利益の為に行動すべきであるとする。さらに、現代医療の倫理的大原則であるインフォームド・コンセントの必要性についても明記するとともに、プライバシー権や尊厳死の権利をあげる。リスボン宣言は、1995年・2005年の修正を経て現代版に至っている。

(2) 臨床研究における倫理規範

　医療・医学・科学の進歩には、臨床研究・治験が不可欠となるが、臨床研究・治験を行うには、徹底した患者・被験者保護が必要となる。そもそも、このような被験者保護の概念が意識されるようになったきっかけは、ナチス政権下での非倫理的な人体実験に対する反省からであった。

　第二次世界大戦後、ニュルンベルクでナチスの戦争犯罪に対する裁判が開かれ、ナチスの人道に反する虐殺・人体実験の事実が知られるとともに、当時の医師達がそれに協力していたことが明らかとなった。当然、人体実験は糾弾されるようになったが、当時はこれを問題と捉える法律は存在していなかった。ただし、医学の進歩には、人体実験が必要であることも事実であることから、非倫理的な人体実験と合理的な臨床研究を区別するための基準として、「被験者の人権尊重」を趣旨とした医学研究（医学実験）上の倫理的

【ニュルンベルク綱領の概要】

① 人間を対象とする医学実験（以下、実験）に際しては、被験者の自発的な同意（法的能力、強制がない、自由な意思、実験内容の理解）が絶対に必要であること
② 実験は、他の方法では得られない、社会に有益な成果を生み出すようなものであること
③ 実験は、動物実験を行った上で実施が正当化されること
④ 実験は、不必要な身体的・心理的苦痛を避けること
⑤ 死や障害が予測される実験を実施しないこと
⑥ 実験によって予想される危険度より、得られる結果のほうが人類に対する貢献度が大きいと考えられること
⑦ 実験は、適切な準備と設備のもとで行うこと
⑧ 実験は、科学的に資格がある科学者によってのみ行われること
⑨ 実験中も被験者は自由に実験を中止できること
⑩ 傷害の危険性が予測される場合、実験者は実験を中止すること

規範が制定された。それが、1947年に出された「ニュルンベルク綱領（Nuremberg Code）」である。本綱領の趣旨は、第1条に凝縮されている。医学実験においては、「被験者の自発的同意（voluntary consent）」を必須条件とし、被験者が決定を下すことができる知識ないし情報が与えられ、十分な理解を得たうえで、被験者本人の同意が必要であるとする。「情報開示」と「被験者の自発的同意の尊重」の理念は、後に採択された「ヘルシンキ宣言（Declaration of Helsinki）」におけるインフォームド・コンセントの雛形となり、今日のインフォームド・コンセント概念の出発点となった。また、「患者の利益」は、医学研究者が個人で守らなければならないものであり、暴力、強圧的な実験の排除を訴え、「医学実験が許容されるに足る、道徳的、倫理的、法的概念を満足させるための基本的な諸原則」（10原則）をあげる。

　ニュルンベルク綱領が制定された1947年には、パリで「世界医師会（WMA）」が結成され、専門職の倫理規定が国内法よりも上位に位置付けら

【ヘルシンキ宣言の主な内容】

① 医学研究の目的よりも被験者（患者）の権利・利益が優先すること

② 被験者（患者）の生命、健康、尊厳、自己決定権、プライバシー、個人情報の秘密を守ること

③ 科学的根拠、過去のデータ、動物実験に基づき、科学的原則に従い行うこと

④ 研究の計画と実施内容を研究計画書（プロトコール）に明示すること

⑤ 研究計画書（プロトコール）、研究の進行状況の適正を倫理審査委員会が審査すること

⑥ 研究への参加は、インフォームド・コンセントを与える能力がある被験者（患者）本人の自発的・自由意思によるものであること

⑦ 研究を行う前に、インフォームド・コンセントをできれば書面で取得すること

⑧ 適切な倫理的・科学的な教育と訓練を受けた有資格者にのみ研究が行われること

⑨ 個人を特定できるヒト由来の試料又はデータ（遺伝子や臓器なども含む）を使用する研究でも原則として収集・保存又は再利用に対する同意を取得すること

⑩ すべての臨床試験は、一般的にアクセス可能なデータベースに登録し、研究結果を一般的に公表すること

れるべきことが論じられ、翌年に臨床医の倫理規定として「ジュネーブ宣言」が採択された。

　1964年には、ニュルンベルク綱領を受けて、第18回世界医師会総会で「ヘルシンキ宣言」が採択された。ヘルシンキ宣言は、「人を対象とする医学研究の倫理的原則（Ethical Principles for Medical Research Involving Human Subject）」との副題がつけられ、医療行為全般における医師ならびに医師以外の研究者が守るべき最も基本的な国際倫理規範とされる。患者・被験者の「知る権利」「拒否する権利」、そして医学研究に対する同意・承諾の合法要件として「自発的同意」が必須となることを明記しており、インフォームド・コンセント概念の原点とされる。具体的には、医師と医学研究者のコ

ミュニティが専門家集団として国家による非倫理的行為から患者を守るため、治験審査委員会が独立して同僚評価（peer review）を行い、インフォームド・コンセントを得る仕組みについて規定する。また、実験実施にあたっては、被験者に目的・方法・予想される利益・危険・苦痛などについて十分な説明を行い、自由意思に基づく参加同意を得る必要があること、被験者に自由意思による参加の撤回を保障し、参加撤回による不利益を抑止する義務がある。特に弱い立場にある被験者（未成年者、重度の精神障害者、意識のない患者など）への配慮を重視し、「他のすべての利益（価値）」が被験者への配慮を上回ってはならないとする。その後も、ヘルシンキ宣言は、世界医師会によって時代に即した倫理的な内容に追加・修正がなされており、わが国において治験の実施方法などを規定する「医薬品の臨床試験の実施の基準に関する省令（GCP：Good Clinical Practice）」に活かされている。

　ところが、これらの倫理綱領が策定された後も、非人道的な医学研究は根絶されなかった。中でも有名なのが、1972年に発覚したアメリカのタスキギー事件である。これは、1932年から40年間という長期にわたり、国立衛生研究所が梅毒罹患者の黒人男性400余名を隔離施設に収容し、何らの治療も行わず死亡まで観察研究を行っていたものであり、社会に大きな衝撃を与えた。被験者には、梅毒実験に関する情報は提供されておらず、治療の必要性やその機会も奪われていた。

　これを受けて、米国被験者保護のための医学研究の倫理性の基準として1979年に国家委員会が策定したのが、「ベルモントレポート（The Belmont Report）」（生命医学及び行動科学研究における被験者保護のための倫理的原則とガイドライン）である。ここでは、人を対象とする研究が倫理的に行われることを保証するため、基本的な倫理原則として、人格の尊重（respect for persons）・善行（beneficence）・正義（justice）の3原則が示され、自由意思による同意、インフォームド・コンセント、自己決定権、同意能力のない者の保護などに加え、研究のリスクを個人や社会が得る利益が上回ることや被験者の選定における公平・公正などを要求している。ビーチャム（T.Beauchamp）とチルドレス（J.Childress）は、1979年に出版された『生命医学倫理の諸原則』において、先の3原則に無危害原則（nonmaleficence principle) を加え、より一般化して生命倫理の 4 原則として呈示した。

　ベルモントレポートの倫理 3 原則とその内容は、ヘルシンキ宣言の改訂時に採り入れられ、現在の研究倫理の基礎となっている。

第 2 節　輸血拒否

1. 「輸血拒否」と法

　医療が、「生命の尊重」を最大の命題とすることは、いつの時代においても不変である。しかし、それはすべての医療が「医師の判断」（裁量）に委ねられることを意味するのではない。医師には、「患者の権利」に対する「配慮」が必要とされる。そのため、医師と患者の倫理観あるいは価値観の相違が医療行為そのものに大きな影響を与え、場合によっては、「生命の尊重」と「患者の権利の尊重」という二つの価値（保護法益）が対立することもある。

　例えば、1970年代にアメリカで組織された宗教団体「エホバの証人（Jehovah's Witnesses）」の信者らが、宗教上の理由から輸血を拒否し、死に至る場合があることはよく知られている。このような「輸血拒否」の問題は、医師に対して、患者信仰の尊重を優先すべきか、患者の生命の保持を優先すべきかという「医療における意思尊重」と「生命保持のジレンマ」に関する難しい選択を迫ることになり、「医療とは何か」、「患者の権利とは何か」という重要な課題を提起することになった。

　近年は、血液製剤によるエイズや肝炎などの感染症の問題や血液型の不適合による死亡事故など、輸血の安全性に関する事案も存在する。しかし、輸血拒否の法的な問題は、「生命の尊重」と「患者の人権」をどのように調和させるのかという点にある。医師の立場からは、患者の生命を救助するために輸血による手術しか方法がない場合、たとえそれが「患者の意思」に反しても輸血は「正当な医療行為」であり、少なくとも「緊急避難」として違法性が阻却される。他方で、患者の立場からは、患者が拒否している行為を強要することは、「患者の権利」（人格権）に対する違法な侵害であり、違法行為といえる。

　医師と患者の倫理観あるいは価値観に相違があり、それが医療行為そのものに影響する場合、医師あるいは医療機関はどのように対応することが求められるのか。すなわち、「医療上の救命行為」と「信仰」「真理」のいずれが優先されるのかという問題に、法は「患者の権利」を重視し、「正当な医療行為」よりも「患者の権利」を優先させるべきであるとの考えを示した（●事例3-1）。ただし、輸血拒否は単なる治療拒否ではなく、1つの条件提示であるため、医師には、その条件のもとで最善を尽くすべき義務がある。

2. 未成年者の場合

　たとえ、未成年者であっても、判断能力があると認定される場合には、患者の意思は尊重されるべきである。しかし、何歳から判断能力をもつとされるかについては統一的な見解がないため、原則として、子どもの自己決定権は親権者によって代替される。したがって、例えば、子どもが手術の必要な疾病にかかった場合に、実施の判断は親権者が行う。ただし、全権委任されているわけではなく、少なくとも医療については、親権者が子どもに不当なリスクを背負わせることを日本の公権力は認めていない。例えば、信仰上の理由などで子どもに対する輸血を親権者が拒否したとしても、子どもの生命に危険があると判断されれば、児童虐待の一種である「医療ネグレクト」（治療を受けないと、子どもの生命・身体・精神に重大な影響が及ぶ可能性が高いにもかかわらず親権者が治療に同意しない、もしくは治療を受けさせる義務を怠ったりすることにより、親権者が子どもに必要な医療を受けさせないこと）と認定され、親権が一時的に停止されて適切な医療が施される（●事例3-2）。

3. ガイドライン

(1) 輸血におけるインフォームド・コンセントに関する報告書（日本輸血学会誌44（3）、444-457頁、1998年）

　平成10（1998）年、日本輸血学会（現「日本輸血・細胞治療学会」）は、「輸血におけるインフォームド・コンセントに関する報告書」を公表し、宗教上の理由による輸血拒否に関して、医療の自己決定権に基づき、「輸血拒否と免責証明」の提出や転医を推奨することを示した。この報告書は、患者が成

人の場合は、輸血拒否を「人格権」として捉える考え方を明瞭にしたが、他方で、18歳未満の患者の対応は、各病院の判断に委ねられた。

(2) 宗教的輸血拒否に関するガイドライン（2008年2月）

　患者が未成年の場合、親権者が必要な輸血を拒否することがある。原則的に、判断能力のない場合も含め、患者本人に明確な輸血拒否の意思表示がない場合は、必要な輸血を行わない理由は見当たらない。

　平成20（2008）年2月、日本輸血・細胞治療学会、日本麻酔科学会、日本小児科学会、日本産科婦人科学会、日本外科学会の代表者を中心とした宗教的輸血拒否に関する合同委員会によって、「宗教的輸血拒否に関するガイドライン」が作成された。このガイドラインは、日本輸血学会の「輸血におけるインフォームド・コンセント」を全面的に見直したものである。

　このガイドラインの特徴は、今までの裁判例を踏まえて、特に未成年の患者に重点を置いている点にある。輸血拒否が必要となる可能性がある患者について、18歳以上（児童福祉法4条「児童の定義」に基づく）、15歳以上18歳未満（民法797条の代諾養子、同法961条の遺言能力に基づく）、15歳未満（「臓器の移植に関する法律」の運用に関する指針による臓器提供意思を斟酌）の場合に分け、医療に関する判断能力と親権者の態度に応じた対応を整理している。

① 患者が18歳以上で医療に関する判断能力がある場合（医療に関する判断能力は主治医を含めた複数の医師が判断する）に限り、当事者の自己決定権（輸血拒否）を尊重する。

② 患者が15歳以上18歳未満、又は医療に関する判断能力がないと判断される場合は、患者が輸血を希望すれば輸血を実施し、患者と親権者の双方が輸血を拒否する場合はそれを尊重する。当事者は輸血を拒否するが、親権者が輸血を希望する場合は、医療側はなるべく無輸血治療を行うが、最終的に必要な場合は輸血を行う。

③ 患者が15歳未満又は医療に関する判断能力がない場合で親権者双方が拒否する場合、医療側はなるべく親権者の理解を得られるように努力し、なるべく無輸血治療を行うが、最終的に輸血が必要になれば輸血を行う。親権者の同意が得られず、むしろ治療行為が阻害されるよう

な状況においては、児童相談所に虐待通告し、児童相談所で一時保護の上、児童相談所から親権喪失を申し立て、あわせて親権者の職務停止の処分を受け、親権代行者の同意により輸血を行う。また、親権者の一方が輸血に同意し、他方が拒否する場合は、親権者双方の同意が得られるよう努力するが、緊急を要する場合は、輸血を希望する親権者の同意に基づき輸血を行う。

　ガイドラインは、親権者の意向に配慮すると同時に、未成年者の支援策を提示し、輸血を含む治療を行わなければ生命の危険がある場合など特殊な状況に配慮し、親権者の同意が得られなくても輸血を可能とする道を示した。

【未成年者の輸血同意と拒否のフローチャート】

（「宗教的輸血拒否に関するガイドライン」一部加筆）

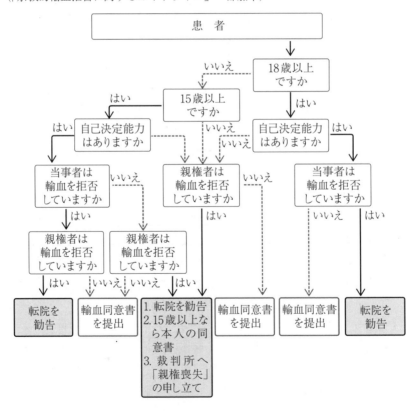

● 事例 3 - 1　東大輸血拒否事件（エホバの証人輸血拒否事件）

最高裁平成12年 2 月29日判決（民集54巻 2 号58頁）

【事実の概要】

　X（本件控訴審継続中の平成 9 年 8 月13日に死亡）は、宗教団体「エホバ
の証人」の信者であり、宗教上の信念から、いかなる場合にも輸血を受ける
ことは拒否するという固い意思を有していた。Xの夫であるX 1 は、「エホ
バの証人」の信者ではないがXの意思を尊重しており、Xの長男X 2 は、そ
の信者であった。

　Xは、平成 4 （1992）年 6 月、国家公務員共済組合連合会立川病院に入
院したが、「悪性の肝臓血管腫」との診断結果を伝えられた際に、同病院の
医師から、輸血をしないで手術をすることはできないといわれた。そのた
め、同年 7 月11日に同病院を退院し、輸血を伴わない手術を受けることが
できる医療機関を探した。Xは信者の紹介で、同年 8 月18日に、Y 1 （国）
が設置し、運営している東京大学医科学研究所附属病院（以下「医科研」と
いう）に入院し、開腹手術を受けた。

　ところで、同手術に先立つ 9 月 7 日に、XとX 1 及びX 2 は、医科研の
医師であるY 2 らに対して、Xが輸血を受けることができない旨を伝えてい
た。さらに、X 2 は、同月14日にY 2 医師に対してX及びX 1 が連署した
免責証書を手渡したが、右証書には、Xは輸血を受けることができないこと
及び輸血をしなかったために生じた損傷に関して医師及び病院職員等の責任
を問わない旨が記載されていた。

　しかし、輸血を必要とする事態が生じる可能性があったことから、Y 2 医
師らはその準備をしたうえで、 9 月16日に本件手術を施行した。患部の腫
瘍を摘出した段階で出血量が約2245ミリリットルに達したことから、Y 2
医師らは、輸血をしない限りXを救うことができない可能性が高いと判断し
て輸血を行った。なお、Y 2 医師らは、「輸血以外に救命手段がない事態
になれば輸血する」旨の治療方針を決定していたが、Xらに対してその旨の
説明をしていなかった。手術が終ったあとで輸血したことを知らされたX
は、Y（国）を相手に「債務不履行」（民法415条）及び「不法行為」（同法

709条）に基づき損害賠償を請求した。

【裁判の結果】

(1)第 1 審（東京地裁）　請求棄却

　　① 手術中にいかなる事態になっても輸血をしないとの特約は、「公序良俗」に反して無効である。

　　② 説明義務に基づく説明は、医学的な観点からなされるものであり、手術の際の輸血について述べるとしても、輸血の種類・方法及び危険性等の説明に限られ、いかなる事態になっても患者に輸血をしないかどうかの点は含まれない。

　　③ 生命を救うために、被告医師らは本件輸血をしたものであって、右のような状況では、本件輸血は、「社会的に正当な行為」として違法性がない。

(2)控訴審（東京高裁）請求認容

　　①「絶対的無輸血の合意」が成立していると認めることはできない（手術に当たりできる限り輸血をしないこととする限度での合意成立の効果は認めるべきである）。

　　② 本件のような手術を行うことについては、患者の同意が必要であり、医師がその同意を得るについては、担当医師らは、無輸血で手術を行う100％の見込みがないと判断した時点で（少なくとも術前検討会の後X及び家族への手術説明の際には）、担当医師団の方針としてその説明をすべきであった。

　　③ 担当医であるＹ２らが、Ｘに対し、相対的無輸血の治療方針を採用していることを説明しなかったことにより、Ｘは絶対的無輸血の意思を維持して医科研での診察を受けないこととするのか、あるいは絶対的無輸血の意思を放棄して医科研での診察を受けることとするのかの選択の機会（自己決定権行使の機会）を奪われ、その権利を侵害された。

(3)上告審（最高裁）　請求認容

＜判決要旨＞

① 本件において、Ｙ２医師らが、Ｘの肝臓の腫瘍を摘出するために、医療水準に従った相当な手術をしようとすることは、人の生命及び健康を管理す

べき業務に従事する者として当然のことであるということができる。

② しかし、患者が、輸血を受けることは自己の宗教上の信念に反するとして、輸血を伴う医療行為を拒否するとの明確な意思を有している場合、このような意思決定をする権利は、人格権の一内容として尊重されなければならない。

③ そして、Ｘが、宗教上の信念からいかなる場合にも輸血を受けることは拒否するとの固い意思を有しており、輸血を伴わない手術を受けることができると期待して医科研に入院したことをＹ２医師らが知っていたなど本件の事実関係のもとでは、Ｙ２医師らは、手術の際に輸血以外には救命手段がない事態が生じる可能性を否定し難いと判断した場合には、Ｘに対し、医科研としてはそのような事態に至ったときには輸血するとの方針を採っていることを説明して、医科研への入院を継続した上、Ｙ２医師らの下で本件手術を受けるか否かをＸ自身の意思決定にゆだねるべきであったと解するのが相当である。

④ ところが、Ｙ２医師らは、本件手術にいたるまでの約１か月の間に、手術の際に輸血を必要とする事態が生ずる可能性があることを認識したにもかかわらず、Ｘに対して医科研が採用していた右方針を説明せず、同人及びＸ１らに対して輸血する可能性があることを告げないまま本件手術を施行し、右方針に従って輸血をしたのである。

⑤ そうすると、本件においては、Ｙ２医師らは、右説明を怠ったことにより、Ｘが輸血を伴う可能性のあった本件手術を受けるか否かについて意思決定をする権利を奪ったものといわざるを得ず、この点において同人の人格権を侵害したものとして、同人がこれによって被った精神的苦痛を慰謝すべき責任を負うものというべきである。そして、また、Ｙ１（国）は、Ｙ２医師らの使用者として、Ｘに対し民法715条に基づく不法行為責任を負うものといわなければならない。

【争点】

１．説明義務違反

最高裁判所は、患者が宗教上の理由から輸血を拒否することを「患者の権利」として肯定し、患者がその権利を行使するために医師は患者に対し「説

明義務」を負うとした。医療行為は、「患者の同意」の下で「正当化」され、「十分な説明」が必要であり、少なくとも「いざというときには輸血する」という本件の患者にとって極めて重大な事柄を秘匿してはならない。本件においては、医師らがその説明義務を怠ったことにより、「患者の権利」（人格権）が侵害されたとして、不法行為に基づく慰謝料の支払いを命じた。

２．患者の権利

　本判決は、患者の権利について「自己決定権」という表現を用いていない。ただし、「このような意思決定をする権利は」と述べていることから「患者の自己決定権」を認めたものとも理解できる。もっとも、判決が意図的に「自己決定権」という表現を避けていることから、この権利は「患者の自己決定権」ではなく、例えば医療における「患者の選択権」といったような概念として理解することも可能である。いずれにせよ、わが国の輸血拒否事件に対する初めての最高裁判決が「患者の権利」を肯定したことの意義は大きい。

３．人格権の侵害

　本判決は、「自己決定権」の代わりに、より伝統的な権利である「人格権」に「宗教上の信念に基づき輸血を拒否する意思決定をする権利」が含まれるとして、より限定的な論法を用いて医師らの行為を「不法行為」に基づく「人格権」の侵害と捉えている。しかし、医師と患者の関係について考えるとき、「診療契約」をもとに法律構成することも重要な意味をもつことから、これについては「債務不履行」に基づく「説明義務違反」と構成することも可能であったと考えられる。

● 事例 3-2　父母による輸血拒否と親権の停止

大阪家岸和田支審（平成17年2月15日　家月59巻4号135頁）

【事実の概要】

　平成17（2005）年にX病院で生まれた未成年者C（生後間もない乳児）は、
○○症及び○○（記録上伏せれている）と診断された。○○症に関しては、
一般的に、脳の発達のために、できるだけ速やかに手術を行うことが望まし
いとされている。Cの場合、○○症状や○○症状が発現しつつあり、これ以
上放置すると重篤な後遺障害や生命の危険が発生することも予想されるた
め、できるだけ早期に手術をすることが望ましいと考えられたが、Cの両親
A・Bは、信仰上の理由から手術に同意せず、Cの退院を求めてきた。そこ
で、X病院からの通告を受けた△△子ども家庭センター（児童相談所）の所
長である本件申立人は、Cを一時保護し、X病院にその保護を委託する措置
をとった。さらに、申立人は、A・Bの対応が親権の濫用であるとして、親
権喪失宣告の申立てをした（なお、A・Bは、Cが手術を受けることになった場
合でも、同児を養育していく意思を有していた）。そのうえで、Cが生命の危険
に瀕しており、これを放置すれば生命の危険ないし重篤な障害をもたらすお
それが非常に高いうえ、できるだけ早く手術した方がより高い確率で生命の
危険や重篤な障害を回避できることから、親権喪失宣告の審判が効力を生ず
るまでの間、本件保全処分の必要性及び緊急性があるとして、A・BのCに
対する親権者としての職務執行を停止し、○○症及び○○の専門家である医
師Dを職務代行者に選任することを求めた。

【裁判の結果】

認容

　「前記認定のとおり、未成年者については、現在の医療水準からみて、そ
の○○症及び○○を放置すれば、重篤な精神発達遅滞又は生命の危険をもた
らす可能性が極めて高いこと、これらを回避するためには手術を中心とする
適切な治療行為を加える必要があること、現時点で最も適切と思われる○○
術および□□術の危険性は高くて10数パーセント程度と見られること、ほ
かに適切な治療方法は見当たらないこと、これら適切な治療を行った場合、

生存率は高いこと、さらに正常発達を遂げるか否かは、未成年者の脳の形成いかんにかかっており、必ずしも保証はないものの正常発達の確立が比較的高いこと等の事実が認められ、これらを総合し、未成年者について、手術等の治療を行わない場合の生命又は精神発達に及ぼす危険性が極めて高いことと、手術等の治療を行う場合の危険性は比較的小さいこと、術後の生存率及び正常発達率が相当程度高いことを比較考慮すれば、未成年者の生命の安全及び健全な発達を得るためには、可及的早期に適切な手術を行う必要があるということができる」。

　これに対して、A・Bは、信仰上の理由からCの手術に同意しない。このようなA・Bの同意拒否が、「宗教的信念ないし確信に基づくものであっても、未成年者の健全な発達を妨げ、あるいは生命に危険を生じさせる可能性が極めて高く、未成年者の福祉及び利益の根幹をなす、生命及び健全な発達を害する結果になるものといわざるをえない」。そして、「未成年者の○○症が進行性のものであり、本案審判事件の結果を待っていたのでは、その生命の危険ないし重篤な障害を生じさせる危険があり、これらを回避するためには可及的早期に手術を含む適切な治療行為を行う必要があることから、未成年者の福祉及び利益のため」には、本案審判が効力を生じるまでの間、A・Bの親権者としての職務執行を停止することが必要である。「そして、その職務代行者としては、○○症に精通する医師であるDが、未成年者の病状、手術への対応、手術の危険性等の諸条件を子細かつ慎重に検討した上で、最も適切な医療措置を選択する能力があるものと認められることから、適任であると考えられる」。

【争点】

1．輸血拒否と親権の濫用

　医療の提供は、ほとんどの場合に患者と医療機関との間の「契約」（診療契約）によって行われる。ただし、未成年者の場合は、親権者（法定代理人）が本人に代わって契約するため、医師から治療内容に関する説明を受け、同意するのも親権者ということになる（民法820条）。

　本件のように、同意能力のない子どもの医療について、同意する権利及び義務を有しているのはその親であることから、親権者が「子どもの生存に必

要な治療を拒否」する場合、医療機関は「子どもの治療」を実施できないのかが問題となる。ただし、法的・学説ともに「子どもの生存に不可欠な医療行為」について親権者が同意を拒否（不同意）することは、「親権の濫用」に該当し許されないとする点に争いはない。したがって、医師が親権者の意思に反して治療を実施しても、違法な医療行為には当たらないと考えられる。

２．医療ネグレクト

　児童虐待の防止等に関する法律２条３号の「その他の保護者としての監護を著しく怠ること」に該当する児童虐待の一類型である「ネグレクト」が、治療の場合に表れたものを「医療ネグレクト」という。医療ネグレクトには、「広義」のものと「狭義」のものがある。「広義の医療ネグレクト」は、一般的なネグレクトの延長で、保護者が子どもに必要な医療さえ受けさせることを怠る場合が含まれる。これに対して「狭義のネグレクト」においては、通常は子どもに愛情深く接するため、その点で義務を怠っておらず、ネグレクトではない親が、宗教上・信念上の理由、あるいは医療不信等の理由により子どもに必要とされる医療に限って同意を拒否する点に特徴がある。本件は、まさに「狭義のネグレクト」が問題とされた事案である。

　なお、他の審判例（名古屋家裁平成18年７月25日審判家裁月報59巻４号127頁、津家裁平成20年１月25日審判家裁月報62巻８号83頁）も参照すると、おおむね、①放置しておけば、生命の危険や重篤な精神発達遅滞の危険をもたらすこと、②これを回避するために行われるべき手術などの治療行為の危険性が低いこと、③手術などの治療行為の成功率が高いこと、④適切な治療行為を行った場合に治癒の可能性が極めて高いこと、⑤両親の治療行為への同意拒否により未成年者の福祉が著しく損なわれること（⑤の前提として親の監護教育義務が強調されている）、にあてはまる場合に「医療ネグレクト」が認定されている。

３．輸血拒否と親権の停止

　「児童虐待の防止等に関する法律」（平成12年）は、児童（18歳未満の子）に対する「虐待」を禁じており、「父母が子どもに必要な治療を拒否する場合」、医療機関は、医療ネグレクト（育児放棄）として、児童相談所に通告

し、児童の安全を確保することができる。その上で、児童相談所長が、家庭裁判所に対して「親権喪失の審判」（民法834条）ないし「親権停止の審判」（同法834条の2）を申し立てることができる。これらの「審判」が成立すると「後見人」が選任され、医療機関は「後見人の同意」を得て、適法に「医療行為」を行うことができる。ただし、「親権者による治療拒否」がどのような場合に「児童虐待」に当たるのかの判断は、容易ではない。本件のように、「子どもの生命に危険がある場合」に限られるのか、それとも「子どもの健康を害する場合」も含むのか、これらの点についてはなお検討の余地がある。ただし、実際には、「医学的判断」に基づき、「生命や健康に重大かつ緊急な危険がある場合」に限定される可能性が高い。

第3節　病名告知

1.「病名告知」と法

　患者が不治の病にかかっている場合に、患者の置かれている状況と病名を患者本人に正確に伝えることを「告知」という。欧米では、本人に「真実の病名」を告知することが一般化しているのに対し、わが国では、予後の良くない病気に罹患している場合、患者の健康や合理的判断を損なう可能性が大きいとのことで、本人への告知を避け、家族にのみ病名を告げるのが従来の医療慣行であり、裁判においてもそれを支持する判決が出されていた。しかし、告知問題は、インフォームド・コンセントの概念の普及とともに、「本人がその後の人生を自己決定するために伝えるべきである」という考えへと変化していることも影響し、告知の時期や方法・内容等、他の誰にどのように行うか等に移りつつある。そのため、近年では、告知するかどうかを本人に「書面」（説明同意文書）で確認する医療機関が増えている。

　一方で、告知を誰にどのように行うかは、患者の「知る権利」や「自己決定権」、ならびに医師の「説明義務」との関係で問題となる。特に、①告知により患者に害を与えることが懸念される場合、②患者本人が告知を望まない旨を事前に意思表示していた場合、③認知症や精神疾患など患者の判断能力が疑わしい場合、④家族が強く反対した場合、などは医療従事者に慎重な対応が求められる。

(1) 患者の権利

　患者には、自分の病気について「知る権利」があり、その治療方法などについて「決定」ないし「選択」する権利がある。これらの権利は、「プライバシー権」に基づく権利であり、患者の「人格権」として保護される。本人が告知を希望しない、あるいは告知をあえてしないことに合理的な理由があれば別であるが、患者に判断能力（意思能力・自己決定能力）がある場合は、原則として本人に告知すべきである。

(2) 配慮の必要な患者

　① 癌患者の場合

　癌告知の際に、日本では、家族にのみ病名を告げることが長く続けられてきたが、現在では、患者本人に正しい病名を告知することを原則としている。また、最善の医療を尽くしても予後が悪いと考えられる場合、治療方針は、苦痛を和らげる、あるいは除去するための緩和医療が主体となるが、実際にこれらの情報を伝えることが重要となる。

② 精神病患者の場合

　病名を正確に告知することにより、患者自身がショックを受け、病状が悪化することが予想される場合、状況によっては、「精神保健及び精神障害者福祉に関する法律」（精神保健福祉法）で定めるところの保護者や患者の家族などにのみ病名や治療方法を知らせ、患者本人には知らせない方法をとることもある。

(3) 医師の説明義務

　医師が医療行為を行う場合は、「十分な説明」をしたうえで、「患者の承諾」が必要である。したがって、患者に無断で癌の手術を行ったり、抗癌剤を使用することは、インフォームド・コンセントの法理に反し違法行為となる。また、患者に対する医師の説明義務は、「診療契約」上の義務でもあり、それを怠った場合は、民法上「債務不履行」の責任を問われることになる。

(4) 医師と患者の信頼関係

　医療は、医療の担い手と医療を受ける者との「信頼関係」に基づき行われなければならないことから、特に、伝える側の態度が重要となる。同じ内容を伝える場合でも、伝え方によって患者が希望を抱くこともあれば、反対に絶望的になることもある。また、「真実の病名」を隠したり、「虚偽の病名」を告げることからは、「信頼関係」は生まれない。

　ただし、必ずしも「真実」を告げればそれでよいということではない。「告知の時期」や「告知の方法」などを慎重に検討すべきであり、何よりも「告知後のケア」について、カウンセラーを配置するなど十分な体制を整備する必要がある。

2.「病名告知」と判例

(1)　本人に対する告知（最高裁平成7年4月25日判決）

　本件は、インフォームド・コンセントの必要性が意識されるようになっていた状況下で、「癌告知」と「患者の知る権利」の関係について最高裁判所が初めて判断を示した注目すべき事案である。

　患者は、胆のう癌の疑いがあったにもかかわらず、医師は患者に胆石だと虚偽の病名を告げ、その後患者は胆のう癌で死亡した。患者の家族は、患者が安心して治療を受けることができなかったとして「患者の自己決定権の侵害」ならびに「医師の説明義務違反」を理由に提訴した。

　裁判の結果は、1審・2審・最高裁とも訴えを認めなかった。その理由として、最高裁は、「当時、医師の間では癌については患者に対し真実と異なる病名を告げるのが一般的」であったとする。しかし、そのような医学界の「慣行」こそが問われるべきであり、「当時の慣行」に従ったというだけでは、違法性を阻却する理由にはならない。また、患者に精神的ショックを与えないために、真実の病名を告知しなくてもよいということにはならない。それが、患者に対する思いやりだとするのは、医師中心の「父権主義」（パターナリズム）的な考えである。

　患者のなかには、真実の病名をあえて「告知してほしくない」と望む患者もいることから、このような患者に対して真実の病名を告知すべきか否かが問題となる。患者は、病名を「知る義務」があると考えることも可能であるが、「患者中心の医療」の視点からは、診療契約の中で「告知しない」旨の「特約」を設けることも可能である。特に、癌のような予後の悪い特殊な病気について告知する場合は、患者がショックを受けないよう配慮が必要である。

　他方で、日本では、ケアの体制が十分とはいえず、告知しないことも理解できる。ただし、「患者中心の医療」を実現させるためには、「病名の告知」を原則とし、医師や看護師などによる身体的ケアだけではなく、臨床心理士や医療福祉士などによる精神的・社会的ケア、ならびに薬剤師による鎮痛ケア（緩和ケア）など、告知後も含めたケア体制の整備が今後の課題となる。

(2) 家族に対する告知（最高裁平成14年9月24日判決）

　担当医は、患者の肺に腫瘍があることを発見したが、本人にも家族にも告知しなかった。なお、担当医は、入院して内視鏡検査を受けるように勧めたことがあったが、患者は、夫婦二人暮らしであることを理由にこれを拒んでいた。また、診察に家族を同伴するよう勧めたこともあったが、その家族関係について具体的に尋ねることはなかった。その後、患者は、別の病院で末期癌と診断され、家族にのみ告知されたが、やがて死亡した。患者の家族は、「癌の発見が遅れたこと」、「適切な治療を怠ったこと」、「患者本人あるいは家族に対して病状の説明を怠ったこと」について、前の病院を相手取り損害賠償を請求した。

　医師は、末期癌などの病状を患者本人に告知すべきでないと判断した場合でも、患者の家族等に接触し、告知が適当であると判断できた場合には、家族等に対して告知すべき法的義務を負うのかが争われた。最高裁は、「医師は、診療契約に付随する義務として、少なくとも、患者の家族等のうち連絡が容易な者に対しては接触し、同人又は同人を介してさらに接触できた家族等に対する告知の適否を検討し、告知が適当であると判断できたときには、その診断結果等を説明すべき義務を負うものといわなければならない。なぜならば、このようにして告知を受けた家族等の側では、医師側の治療方針を理解した上で、物心両面において患者の治療を支え、また、患者の余命がより安らかで充実したものとなるように家族等としてのできる限りの手厚い配慮をすることができることになり、適時の告知によって行われるであろうこのような家族等の協力と配慮は、患者本人にとって法的保護に値する利益であるというべきだからである」として、「説明義務違反」による「患者の家族の利益の侵害」を認めた。

　近時は、「患者の自己決定権」が重視され、逆に、末期的疾患に罹患していることを告知しないことが「医師の裁量」の範囲外とされるようになっている。本判決は、「患者の自己決定権」について、「患者自身の今後のライフスタイルを決定する権利」だけではなく、患者の「家族の治療への協力」と「余命を豊かにするような配慮を受ける利益」を含めて検討し、これに伴い「医師の説明義務」の範囲を拡大したことに意義がある。

　もっとも、本件のように、家族への告知を避けようとする患者がいることも事実である。しかし、本判決が述べるように、医師側で家族と接触できるよう調査を進めることができれば理想的であるが、このような調査には限界がある。なお、本件のようなトラブルを回避するために、家族との接触が困難であると判断した場合は、家族への告知をしない旨及びその理由について「診療録」に明確に記録を残しておくなどの対策が求められる。

第4節　終末期医療

1.「終末期医療」（ターミナルケア）

　「終末期医療」は、「ターミナルケア（terminal care）」あるいは「エンドオブライフケア（end of life care）」とも呼ばれ、医学的に死を回避するいかなる方法もなく、死を目前にした末期患者に対して行う医療（Care）のことである。終末期医療は、病気の治療（Cure）や心肺蘇生術・経管栄養などの延命（生命の維持）を目的とするものではなく、むしろ種々の苦痛の緩和と残された日々の充実を目指す緩和中心の視点から捉えられた概念といえる。

　緩和ケアの概念について、WHOは2つの定義をあげる。まず、1990年の定義では、「緩和ケアとは、治癒が有効でなくなった患者に対する積極的な全人的ケアである。痛みやその他の症状のコントロール、精神的、社会的、そして霊的問題の解決が最も重要な課題となる。その目標は、患者とその家族にとってできる限り可能な最高のQOLを実現することである。末期だけではなく、もっと早い病期の患者に対しても治療と同時に適用すべき点がある」とされ、主に癌患者を対象とするものであった。その後、2002年の定義では、「緩和ケアとは、生命を脅かす疾患による問題に直面している患者とその家族に対して、痛みやその他の身体的問題、心理社会的問題、霊的な問題を早期に発見し、的確なアセスメントと対処（治療・処置）を行うことによって、苦しみを予防し、和らげることで、QOLを改善するアプローチである」と「苦しみの予防」が付加されて、すべての疾病に拡大された。

　緩和ケアの倫理的問題としては、苦痛の緩和が困難な場合にどうするのか

という問題と関連して、薬物投与によって患者の意識の低下を図るセデーション（鎮静）の問題がある。

　終末期医療においては、死をどのように受け入れるかが、患者本人や家族だけではなく医療従事者にも問われることになる。「ホスピスケア」は、心静かに死を迎えることができるケアの実現を目指して取り組まれる。

　なお、日本の法律、厚生労働省、医学学会や国際連合で採択された条約、世界保健機関（WHO）などのいずれも「終末期」について公的に明確な定義付けをしていないため、「終末期」の意味は論者によって異なる。また、事故・災害・急性の病気により突然死した場合、あるいは急性期の病気で数時間・数日程度で死に至った場合は、余命を予想することが困難であることから、「終末期」は誰にでも必ず発生するものではなく、進行性の老衰・病気・傷害で死に至る場合にのみ発生する。

　終末期医療において、医療従事者は、「患者の自己決定権」と「QOLの充実」を重視しなければならない。一方で、近年は、QOLの見地から、延命措置を拒否する（DNR：don't resuscitate）患者が増加しているため、「終末期」において、①医師は医療行為を中止することができるのか、②患者が激痛に苦しんでいる場合に苦痛を緩和するために生命を短縮する危険のある薬物を使用してもよいのか、③苦痛が除去できない場合、生命を短縮することは許されるのか、④仮に「治療の中止」や「安楽死」が許されるとすれば、その法的根拠と法的条件はなにか、⑤日本でも安楽死を合法化するためにオランダやベルギー、ルクセンブルクのように「終末期医療に関する法律」（安楽死法）をつくるべきなのか、が法的課題となっている。

2. 安楽死と尊厳死

(1) 安楽死（euthanasia）

　「安楽死」は、死期が切迫している患者の耐え難い激しい肉体的苦痛を緩和・除去して安らかな死を迎えさせる行為をいう。安楽死は、具体的方法により、「純粋安楽死」、「消極的安楽死」、「間接的安楽死」、「積極的安楽死」の4つに分類される。

　「純粋安楽死」は、末期状態の患者に対し、生命の短縮を伴うことなしに

患者の肉体的苦痛の緩和・除去の措置を採ることをいう。患者の生命短縮を伴わないため、殺人罪の成立は問題とならない。しかし、患者の身体に負担となり、あるいは、患者の健康状態に影響を及ぼす場合には、身体的侵襲を伴う点において傷害罪（刑法204条）などの法的問題が生じる場合がある。ただし、適法な治療行為の要件が充足していれば、正当業務行為として許容される。

「消極的安楽死」は、治療措置によって末期状態の患者の若干の延命が可能であるが、それが同時に患者に苦痛をもたらす場合に、苦痛を長引かせないため、治療を実施しないことで患者の生命を引き延ばさないことをいう。「本来は延長できるはずの生命を延長しない」ことが刑法上どう評価されるかが問題となるが、患者の意思に反して、苦痛を長引かせ、健康状態の回復に役立つことがない措置について医師がとるべき義務が否定されるため、刑法上の違法性はないと解される。ただし、それまで装着していた生命維持装置を取り外す場合は、違法性が認められる余地がある。

「間接的安楽死」は、末期状態の患者に対する苦痛緩和・除去の措置が生命短縮の危険といった副作用を伴い、死期を若干早めた場合をいう。治療の二次的使命は、生命維持・延長と並行して患者の苦痛を緩和し、除去することであるが、苦痛除去・緩和措置が結果として生命を短縮することもあるため、苦痛除去・緩和措置と生命維持・延長が調和しない場合もありうる。例えば、モルヒネなどの麻薬系鎮痛薬の継続的投与による苦痛除去・緩和措置が結果的に生命を短縮することがある。大幅な生命短縮は伴わないが、投与しなかった場合と比較して患者が早く死亡した場合は、同意殺人罪の成否が問題となる。ただし、死期は存命中にそれほど明確にわかるわけではないため、治療行為として正当化される場合は適法行為となる。この正当化の要件として、判例（東海大学安楽死事件〔横浜地判1995年3月28日判時1530号28頁〕）（●事例3-3）は、「主目的が苦痛の除去・緩和にある医学的適正性をもった治療行為の範囲内の行為とみなし得ることと、たとえ生命の短縮の危険があったとしても苦痛の除去を選択するという患者の自己決定権を根拠に、許容される」と判示し、①患者に耐え難い肉体的苦痛が存在すること、②死が避けられず、死期が迫っていること、③患者の意思表示が存在すること、を

あげる。なお、③の患者の意思については、明示の意思がない場合は推定的
意思で足り、患者の意思表示及び家族の意思表示がその手掛かりになるとす
る。学説も、適法な治療行為としてこれを許容する見解が一般的である。

　「直接的安楽死」又は「殺害型安楽死」とも呼ばれる「積極的安楽死」
は、生命を絶つことによって患者を苦痛から解放する措置であり、助かる見
込みのない患者の意思などに基づき医師が患者の自殺を助ける「自殺幇助」
と助かる見込みのない患者の苦しみを取り除くために医師が自ら手を下して
患者を死なせる「慈悲殺」がある。従来から、安楽死をめぐる議論は、この
積極的安楽死の許容性が中心であった。

　昭和37年の名古屋高裁判決（名古屋高判昭和37年12月12日高刑集15巻 9 号
674頁）は、①病者が現代医療の知識と技術からみて不治の傷病に冒され、
②病者の苦痛が甚だしく、何人も真にこれを見るに忍びない程度のものであ
ること、③もっぱら病者の死苦の緩和を目的でなされたこと、④病者の意識
がなお明瞭であって意思を表明できる場合には、本人の真摯な嘱託又は承諾
のあること、⑤原則として医師の手によることを本則とし、これにより得な
い場合には医師により得ないと首肯するに足る特別な事情があること、⑥そ
の方法が倫理的に妥当なものと許容し得るものであること、の 6 要件を充
足すれば、安楽死は許容され得るとする。

　一方、医師による安楽死事件として初めての判例となった東海大学安楽死
事件判決（●事例3-3）は、患者の自己決定権を重視し、①患者に耐え難い激
しい肉体的苦痛が存在すること、②患者の死が避けられず、かつ死期が迫っ
ていること、③肉体的苦痛を除去・緩和するために方法を尽くし、他に代替
手段がないこと、④生命の短縮を承諾する患者の明示の意思表示があるこ
と、を要件として指摘する（ただし、現在のところ、 4 要件を満たす形で積極
的安楽死が日本で実施されたことはない）。名古屋高裁判決は、患者の意思に
ついて「患者の意識がなお明瞭であって、意思表明ができる場合」と留保付
きで患者の同意を厳密に要求していないのに対し、東海大学安楽死事件判決
では、常に患者の明示の意思表示を必要とし、患者の承諾を要求する点で要
件が異なる。

　安楽死の許容要件に共通する基準は、①基本となる疾病の治癒不可能性と

死期の切迫、②耐え難い肉体的苦痛、③患者の意思との合致があげられるとともに、この措置を施す主体が医師に限定されるのか、方法が限定されるのかが要件に加わる可能性がある。日本における安楽死に関する裁判例は、各条件を満たせば安楽死を認めるものとする。ただし、これはあくまでこれらの事例に特化したものにすぎず、積極的安楽死全般について合理性をもって法的に容認するものではない。また、安楽死を選択するうえでの条件設定や時間の経過あるいは治療の進歩などにより、本人の意思が変わらないかを判断することは困難であるとの指摘もある。

　刑事法の多数説は、積極的安楽死についても違法性阻却がありうるとする。しかし、①ペインクリニックの発達した現代医療で致死以外に苦痛除去の手段がないとは考えにくいこと、②本人の意思表示があっても、その真意は死ぬほど辛い苦痛から楽にしてほしいとの意味であることが多いこと、③生死を決める自己決定に家族による代諾（推定的承諾）は認め難いこと、④医師が致死量の薬を投与し、人の生命侵害を直接的な目的とする積極的安楽死は、もはや治療行為とはいえず、医師の治療義務にも反し違法性が阻却されないこと、などを根拠に安楽死とその実施を積極的に認めていない。

(2)　尊厳死（death with dignity）

　「尊厳死」は、回復の見込みがない重篤な疾病に罹患した患者の意思に基づき、疼痛緩和などの治療は行うが、生命維持管理装置（人工呼吸器・人工心肺装置・血液浄化装置など）による延命のためだけの治療の停止や不開始により、「人間としての尊厳」（積極的な治療を受けず自然に死にたいという思い）のもと自然に死を迎えさせることをいう。

　尊厳死は、人為的に死をもたらす点で安楽死の問題と共通するが、①安楽死が不治の病の患者の苦痛除去を目的としているのに対し、尊厳死は患者が意識喪失の状態にあり、苦痛を感じない場合が多く、安楽死の必要がないこと、②安楽死が本人の意思に基づく任意的なものであるのに対し、尊厳死は患者が植物状態にあり、全く意思表示が不可能な状態にあること、の２点で大きな相違がある。安楽死が、「患者を意味のない苦しみから解放する」意味をもつのに対して、尊厳死は、「回復の見込みのない患者の姿」からの単なる解放ではなく、「自分の意思で自分の望む生き方と形で最期を迎える」

ことであり、「患者自らの達成した死」といえる。なお、自然な死を迎える
ことができる患者の権利として、「尊厳死の権利」が世界医師会のリスボン
宣言に明記されている。

　イギリス、フランス、ドイツなどは尊厳死を認める法律や規定を持つが、
日本では尊厳死に関する法律は存在しない。ただし、日本における尊厳死
は、憲法13条が個人の尊厳や幸福追求を保障していることから、人格を
失った状態で生存したくないとの「患者の意思」、又は品位ある死を選ぶ
「患者の自己決定権」を根拠として正当化されている。

　尊厳を保つための手段の一つに、苦痛から解放させるためのペインコント
ロールや無意味な延命行為の拒否がある。しかし、実際に死を迎える段階で
は、意識を失っている可能性が高いことから、いわゆる植物状態にある患者
に対する治療装置の停止が尊厳死の問題の中心となる。

　患者の意思表示として、回復の見込みのない状態に陥った場合に、どのよ
うな終末期医療を受けるのか、あるいは誰に決定を委任するのかを前もって
書面で明らかにする「リビング・ウイル（Living Will）」が有効な手段とされ
る。これは、「自分の生き方の権利について意思表示を行い、延命治療等の
打ち切り等の希望」について生前に表明するもので、「生前の遺言書」とも
いえるものである。例えば、民間団体である日本尊厳死協会は、「最期にお
ける治療方針」などについて例示し、「尊厳死の宣言書（リビング・ウイル）」
について、①不治の病気で死期が迫っている時の死期を引き延ばすための延
命措置の拒否、②最大限の苦痛緩和措置の要求、③数か月以上の植物状態に
陥った時の生命維持措置の拒否、と示している。

　日本学術会議は、平成20（2008）年に「終末期医療のあり方について─亜
急性型の終末期について─」を公表し、「終末期医療における医療行為の開
始・不開始、医療内容の変更、医療行為の変更・中止等は、患者本人の意思
表示が明確な場合には、患者の意思に従うべきである。少しでも長く生きた
いと希望する患者には、十分に緩和医療を提供しながら残された生を充実し
て生きられるように的確な援助を行う。緩和医療が十分に提供されていて
も、延命治療を拒否し、その結果、死期が早まることを容認する患者には、
リビング・ウイルも含めその意思に従い、延命医療を中止する」と患者の意

思の尊重について提言している。

　ただし、リビング・ウイルはあくまでも「事前の意思」にすぎず、植物状態に陥った場合は、ほぼ撤回が不可能であることから、本人の意思を正しく反映できるかを疑問視する見解も存在する。そこで、近年、医療現場では、患者本人の意思の変化を確認できるよう、患者自身の価値観、目標、望みに関することや、今後の治療・療養や予後に関することなど最期の迎え方を患者本人と家族、医師らケアチームが継続的に話し合って共有する「アドバンス・ケア・プランニング」（ACP：Advance Care Planning）又は「人生会議」といわれる自発的な取り組みの普及・啓発が図られている。具体的な希望内容が固まってきた場合は、書面（アドバンス・ディレクティブ）の形で残しておくことが重要である。

3. ガイドライン

(1) 厚生労働省「終末期医療の決定プロセスに関するガイドライン」

　厚生労働省は、平成19（2007）年5月に初めて公的な指針を提示した。治療中止の決定にあたっては、透明性の確保が重要であることを示し、医師が単独で決めるのではなく、多職種が参加するチームで議論し、合理的内容を文書で残すことにした。ただし、指針では、終末期の定義や治療中止の具体的基準について触れておらず、医療現場からは「実効性がない」との批判がなされた。

(2) 日本医師会「終末期医療に関するガイドライン」（平成20年2月）

　この指針は、「終末期医療のあり方」について以下のように規定している。

① 患者が終末期の状態であることの決定は、医師を中心とする複数の専門職種の医療従事者から構成される医療・ケアチームによって行う。

② 終末期における治療の開始・差し控え・変更及び中止等は、患者の意思決定を基本とし医学的な妥当性と適切性を基に医療・ケアチームによって慎重に判断する。

③ 可能な限り疼痛やその他の不快な症状を緩和し、患者・家族等の精神的・社会的な援助も含めた総合的な医療及びケアを行う。

④ 積極的安楽死や自殺幇助等の行為は行わない。

　「医療の中止」や「安楽死」が法的に問題となるのは、医師が一人で判断
しているケースが多い。したがって、その判断の「医学的妥当性」について
問題が生じやすい。本人や家族に対する「説明」が十分に行われていないこ
とも紛争が生じる大きな原因である。

　その意味で、「ガイドライン」が「患者の意思決定」を基本とし、「医学的
な妥当性と適切性」に基づいて「医療・ケアチーム」が慎重に判断し、「可
能な限り疼痛やその他の不快な症状を緩和」すると示していることは、「患
者中心の医療」の観点から評価できる。また、「積極的安楽死や自殺幇助等
の行為は行わない」と明示している点も高く評価できよう。

　東海大学安楽死事件判決（●事例3-3）にみられるように、日本の裁判所
は、一定の要件を満たす場合に「積極的安楽死」も許されるとしているが、
日本医師会の「ガイドライン」は「積極的安楽死」を明確に禁止する。これ
は、「終末期医療に関する法律」（安楽死法）について考える際の重要な視点
になろう。

● 事例 3-3　東海大学安楽死事件

横浜地裁平成 7 年 3 月 28 日判決（判例時報 1530 号 28 頁）

【事実の概要】

　東海大学医学部付属病院の医師である被告人は、平成 3（1991）年 4 月 1 日から多発性骨髄腫で同病院に入院していた患者の治療に加わった。なお、被告人は、事件が発生した同月に同病院での勤務を始めたばかりであり、実質的な治療を始めたのは当該患者の病状が急変し末期状態になった後、すなわち、事件が起きる 6 日前のことであった。

　患者は、同月 13 日には疼痛刺激に全く反応しない状態となり、余命数日と思われた。患者が苦しそうな呼吸をしている様子を見かねた長男と妻は、「やるだけのことはやったから早く家に連れて帰りたい。苦しみから解放して楽にしてやってほしい。」と医師等に治療中止を再三にわたって要請した。被告人は、午後 12 時半頃までにフォーリーカテーテルと点滴を取り外し、さらに午後 5 時 45 分頃にエアウェイも外した。

　しかし、苦悶様の鼾が依然として続くことから、長男は早く息を引き取るようにしてもらったほうが良いと考え、午後 6 時過ぎ頃に「鼾を聴いているのが辛い」「楽にしてやってください」「早く家に連れて帰りたい」と被告人に強く要請した。被告人は、鼾をできるだけ小さくして長男の要望を紛わすために、午後 6 時 15 分頃に呼吸抑制の副作用のある鎮静剤ホリゾンを、さらに午後 7 時頃に呼吸抑制の副作用のある抗精神病薬セレネースを、患者の死期を早める可能性があることを認識しながらそれぞれ通常の 2 倍量を通常を超える速度で患者に静脈注射した。

　長男は、約 1 時間経ってもなお患者が苦悶様呼吸を続けているのをみて、強い口調で「まだ息をしているじゃないですか」「どうしても今日中に家に連れて帰りたい。何とかしてください。」と被告人に迫った。被告人は、相当疲れ切って追い詰められたような心境になり、長男の要求通りに患者の息をすぐに引き取らせてやろうと考え、午後 8 時 35 分頃に殺意をもって、除脈・一過性心停止等の副作用のあるワソランを通常の 2 倍量静脈注射した。その際、患者の脈拍などに何の変化も起こらなかったため、心臓伝

導障害の副作用があり、しかも希釈せずに使用すると心停止を引き起こす作用がある塩化カリウム製剤（商品名「KCL」注射液）を希釈しないで患者の左腕に静脈注射した。午後8時46分頃、患者は急性高カリウム血症に基づく心停止により死亡した。

　上記の経緯のうち、午後8時35分頃以降に該当する行為が殺人罪にあたるとして起訴された。

【裁判の結果】

　有罪　「殺人罪」　懲役2年、執行猶予2年（情状酌量による減刑）。

＜判決要旨＞

(1)安楽死の方法

①治療行為の中止

　「従来、安楽死の方法といわれているものとしては、苦しむのを長引かせないため、延命治療を中止して死期を早める不作為型の消極的安楽死といわれるもの、苦痛を除去・緩和するための措置をとるが、それが同時に死を早める可能性がある治療型の間接的安楽死といわれるもの、苦痛から免れさせるため意図的積極的に死を招く措置をとる積極的安楽死といわれるものがある。このうち消極的安楽死といわれる方法は、前記治療行為の中止の範疇に入る行為で、動機、目的が肉体的苦痛から逃れることにある場合であると解されるので、治療行為の中止としてその許容性を考えれば足りる。」

②間接的安楽死

　「間接的安楽死といわれる方法は、死期の迫った患者がなお激しい肉体的苦痛に苦しむとき、その苦痛の除去・緩和を目的とした行為を、副次的効果として生命を短縮する可能性があるにもかかわらず行うという場合であるが、こうした行為は主目的が苦痛の除去・緩和にある医学的適正性をもった治療行為の範囲内の行為とみなし得ることと、たとえ生命の短縮の危険があったとしても苦痛の除去を選択するという患者の自己決定権を根拠に、許容されるものと考えられる。」

　「間接的安楽死の場合、前記要件としての患者の意思表示は、明示のものはもとより、この間接的安楽死が客観的に医学的適正性をもった治療行為の範囲内の行為として行われると考えられることから、治療行為の中止のとこ

ろで述べた患者の推定的意思（家族の意思表示から推定される意思も含む）でも足りると解される。」

③積極的安楽死

「積極的安楽死といわれる方法は、苦痛から解放してやるためとはいえ、直接生命を絶つことを目的とするので、その許容性についてはなお慎重に検討を加える。末期医療の実際において医師が苦痛か死かの積極的安楽死の選択を迫られるような場面に直面することがあるとしても、そうした場面は唐突に訪れるということはまずなく、末期患者に対してはその苦痛の除去・緩和のために種々の医療手段を講じ、時には間接的安楽死に当たる行為さえ試みるなど手段を尽くすであろうし、そうした様々な手段を尽くしながらなお耐えがたい苦痛を除くことができずに、最終的な方法として積極的安楽死の選択を迫られることになるものと考えられる。ところで、積極的安楽死が許容されるための要件を示したと解される名古屋高裁昭和37年12月22日判決・高刑集15巻9号674頁は、その要件の一つとして原則として医師の手によることを要求している。そこで、その趣旨を敷衍して、右のような末期医療の実際に合わせて考えると、一つには、前記の肉体的苦痛の存在や死期の切迫性の認定が医師により確実に行われなければならないということであり、さらにより重要なことは、積極的安楽死が行われるには、医師により苦痛の除去・緩和のため容認される医療上の他の手段が尽くされ、他に代替手段がない事態に至っていることが必要であるということである。そうすると、右の名古屋高裁判決の原則として医師の手によるとの要件は、苦痛の除去・緩和のため他に医療上の代替手段がないときという要件に変えられるべきであり、医師による末期患者に対する積極的な安楽死が許容されるのは、苦痛の除去・緩和のため他の医療上の代替手段がないときであるといえる。そして、それは、苦痛から免れるため他に代替手段がなく生命を犠牲にすることの選択も許されてよいという緊急避難の法理と、その選択を患者の自己決定に委ねるという自己決定権の理論を根拠に、認められるものといえる。」

「この積極的安楽死が許されるための患者の自己決定権の行使としての意思表示は、生命の短縮に直結する選択であるだけに、それを行う時点での明示の意思表示が要求され、間接的安楽死の場合と異なり、前記の推定的意思

では足りないというべきである。」

(2)「積極的安楽死」の要件

　本件で、起訴の対象となっているような、医師による末期患者に対する致死行為が積極的安楽死として許容されるための要件は、「① 患者が耐え難い肉体的苦痛に苦しんでいること、② 患者は死が避けられず、その死期が迫っていること、③ 患者の肉体的苦痛を除去・緩和するために方法を尽くし他に代替手段がないこと、④ 生命の短縮を承諾する患者の明示の意思表示があること」、ということになる。

【争点】

1．「治療行為の中止」（消極的安楽死）について

　患者が、「死が避けられない末期状態にあること」については、医師でなければ判断が難しい。判決も、「こうした死の回避不可能の状態に至ったか否かは、医学的にも判断に困難を伴うと考えられるので、複数の医師による反復した診断によるのが望ましい」としている。

　複数の医師が反復して診断し、「死が避けられない末期状態にある」と判断した場合は、「回復の可能性のない治療を継続しても医学的な効果はない」ことを根拠に「医師の裁量」で治療行為を停止しても、それは「正当な医療行為」（終末期医療）として法的に問題はないと考えられる。したがって、このような場合には、「医師の医学的な判断」と「家族の同意」により、医療行為の中止が許されると考えられる。ところが、本判決は、このような「治療行為の中止」についても「本人の意思」が必要であるとする。判決は、「患者の自己決定権」を法的根拠にしていることから、「本人の意思」を重視せざるを得ない。しかし、「現実の医療の現場においては、死が避けられない末期患者にあっては意識さえも明瞭でなく、あるいは意識があったとしても治療行為の中止の是非について意思表示を行うようなことは少ない」として、そのことが現実的ではないことを判決自身も認めている。そのため、判決は、「本人の意思」の要件を緩和し、患者の明確な意思表示が存在しないときには、「患者の推定的意思」によることを是認してもよいとするが、「患者の推定的意思」は不明確な概念であり、結局は「家族の意思」になってしまう。

　判決は、「家族の意思表示から患者の意思を推定するには、家族の意思表示がそうした推定をさせるに足りるだけのものでなければならないが、そのためには、意思表示をする家族が、患者の性格、価値観、人生観等について十分に知り、その意思を適確に推定し得る立場にあることが必要であり、さらに患者自身が意思表示をする場合と同様、患者の病状、治療内容、予後等について、十分な情報と正確な認識を持っていることが必要である。そして、患者の立場に立った上での真摯な考慮に基づいた意思表示でなければならない。また、家族の意思表示を判断する医師の側においても、患者及び家族との接触や意思疎通に努めることによって、患者自身の病気や治療方針に関する考えや態度、及び患者と家族の関係の程度や密接さなどについて必要な情報を収集し、患者及び家族をよく認識し理解する適確な立場にあることが必要である。このように、家族及び医師側の双方とも適確な立場にあり、かつ双方とも必要な情報を得て十分な理解をして、意思表示をしあるいは判断するときはじめて、家族の意思表示から患者の意思を推定することが許される」としている。

　このような厳しい条件のもとでは、家族の意思表示から「患者の意思を推定する」ことは極めて困難になる。本件のようなケースにおいても「治療の中止」が認められないとすれば、「治療の中止」が認められるケースは極めて稀ということになる。

　「死が避けられない末期状態」にあることが、医学的に適切に判断される場合、過剰な「延命治療」を継続するよりは苦痛の少ない状態で「自然な死」を迎えさせるという行為は、法的に「正当な医療行為」（終末期医療）と考えることができる。にもかかわらず、「患者の自己決定権」という法律構成にこだわるあまり、「自然に死を迎える」という「患者の権利」（人格権）を犠牲にしてしまったことは、本判決の大きな矛盾である。

２．「間接的安楽死」（緩和医療）について

　判決は、「間接的安楽死」について「医学的適正性をもった治療行為の範囲内の行為」とし、「正当な医療行為」とみなし得ることを示した。

　患者や家族が「生命の短縮」を望むのは、「死苦の緩和」が目的である。医師らが患者に対する「ペイン・コントロール」などの「緩和医療」を中心

とした「終末期医療」を実施することにより、「生命の短縮」を望む患者や家族は現われなくなる可能性もあり得る。したがって、「死苦の緩和」は「生命の短縮」によってなされるべきではなく、鎮痛療法や薬物療法などの「緩和医療」によって解決されるべきである。

３．「積極的安楽死」について

　判決は、以下の 4 点を「積極的安楽死」が許容される要件に挙げて詳細に検討している。

　①患者が耐えがたい肉体的苦痛に苦しんでいること

　②患者は死が避けられず、その死期が迫っていること

　③患者の肉体的苦痛を除去・緩和するために方法を尽くし、他に代替
　　手段がないこと

　④生命の短縮を承諾する患者の明示の意思表示があること

　判決は、ここでも「患者の意思表示」及び「患者の自己決定権」を基本にし、「生命の存続」か「苦痛からの解放」かを選択するのは「患者の権利」であるとする。また、判決は、「安楽死」（積極的安楽死）が認められる法的根拠に「緊急避難の法理」と「自己決定権の理論」の二つをあげる。

　刑法37条 1 項（緊急避難）は、「自己又は他人の生命、身体、自由又は財産に対する現在の危難を避けるため、やむを得ずにした行為は、これによって生じた害が避けようとした害の程度を超えなかった場合に限り、罰しない。ただし、その程度を超えた行為は、情状により、その刑を減軽し、又は免除することができる」と定めていることから、苦痛から免れるために「生命を犠牲」にすることも「緊急避難」ないしは「過剰避難」に該当すると考えられないことはない。ただし、同条 2 項が「前項の規定は、業務上特別の義務がある者には、適用しない。」と規定していることから、「生命の救助」や「生命の維持」などの「医療行為」を業務とする医師には適用がないのではないかと解される。そのため、判決は、「緊急避難の法理」に加えて「自己決定権の法理」を持ち出したとも考えられるが、「自己決定権の法理」では、患者の「死ぬ権利」や医師の「自殺を助ける義務」を肯定することになり、法的に問題が大きい。

　たとえ「本人の同意」があっても、医師の殺人行為は違法性を阻却するも

のではなく、刑法202条の「同意殺人」ないし「自殺関与」に該当する。したがって、医師には死期の迫った末期状態の患者を「自然死」に導く権利や義務はありえても、積極的に「生命を短縮する」権利や義務まではない。むしろ、「医師だからこそ、生命の短縮は許されない」と考えるべきである。

●事例3-4　治療の中止と殺人罪の成否（川崎協同病院事件）

最高裁平成21年12月7日判決（刑集63巻11号1899頁）

【事実の概要】

　被告人Xは、平成6（1994）年5月からK病院の呼吸器内科部長に就任し、医師として患者の診療などに従事していた。昭和60（1985）年頃からXが主治医として担当していた本件被害者Aは、平成10（1998）年11月2日から気管支喘息重積発作に伴う低酸素性脳損傷により、心肺停止状態でK病院に運び込まれた。Aは、救命措置により心肺は蘇生したが、意識は戻らず、人工呼吸器を装着されたまま集中治療室（ICU）で治療を受けることになった（結局、重度の低酸素性脳損傷により、脳幹機能にも重い後遺障害が残り、死亡するまで昏睡状態を脱することはなかった）。同月4日、XはAの妻らと会い、意識の回復は難しく植物状態になる可能性が高いことなどを説明した。その後、Aに自発呼吸がみられたため、同月6日に人工呼吸器が取り外されたが、気管内チューブは残された。同月8日、Aの四肢に拘縮傾向がみられるようになったため、Xは、脳の回復は期待できないと判断するとともに、Aの妻や子らに病状を説明し、呼吸状態が悪化した場合にも再び人工呼吸器をつけることはしない旨の了解を得るとともに、気管内チューブは抜管すると窒息の危険性があることからすぐには抜けないことを告げた。

　その後、Xは、AをICUから一般病棟へ移し、妻らに対して一般病棟に移ると急変する危険性が増すことを説明したうえで、急変時に心肺蘇生措置を行わないことなどを確認した。なお、入院後、抜管時までにAの余命等を判断するために必要とされる脳波等の検査は実施されておらず、また、A自身の終末期における治療の受け方についての考えは明らかではなかった。

　同月16日、Xは、Aの妻から「みんなで考えたことなので抜管してほしい」と言われて抜管を決意し、同日午後6時頃、Xは、Aの回復を諦めた家族からの要請に基づき、Aが死亡することを認識しながら気道確保のために鼻から気管内に挿入されていたチューブを抜き取った。しかし、予期に反してAは身体を仰け反らせるなどして苦しそうに見える呼吸を繰り返した。そのため、Xは、鎮静剤を静脈注射するなどしたが、これを鎮めること

ができなかった。そこで、Ｘは、同僚医師に助言を求め、その示唆に基づい
て、午後7時頃に准看護師に指示して筋弛緩剤を静脈注射の方法により投
与した。3分後にＡの呼吸は停止し、11分後に心臓が停止した。

　Ｘは殺人罪で起訴された。

【裁判の結果】

1．第1審（横浜地裁）　有罪

　「殺人罪」　懲役3年（執行猶予5年）

　①本件は「回復不能で死期が切迫している場合」には該当しない。

　②本人に「治療中止の意思」があったかどうかは不明。

　③Ｘ医師は「昏睡等の脱却を目標に最善を尽くして治療を続けるべきで
　　あった。」

2．控訴審（東京高裁）　有罪

　「殺人罪」　懲役1年6月（執行猶予3年）

　①Ｘは「Ａの死が不可避」と判断していたとは認められない。

　②「Ａの意思を推定する」十分な資料はない。

　③「家族から治療の停止に関する明確な意思表示」があったとまでは認め
　　られない。

　④「治療義務が限界」に達していたとは認められない。

3．上告審（最高裁）　有罪

＜判決要旨＞

　①被告人は、「終末期にあった被害者」について、「被害者の意思」を推
　　定するに足りる家族からの強い要請に基づき、気管内チューブを抜管
　　したものであり、本件抜管は、「法律上許容される治療中止」であると
　　主張する。しかしながら、被害者が気管支ぜん息の重積発作を起こし
　　て入院した後、本件抜管時までに、同人の余命等を判断するために必
　　要とされる脳波等の検査は実施されておらず、発症からいまだ2週間
　　の時点でもあり、その回復可能性や余命について的確な判断を下せる
　　状況にはなかったものと認められる。

　②被害者は、本件時、こん睡状態にあったものであるところ、本件気管
　　内チューブの抜管は、被害者の回復をあきらめた家族からの要請に基

づき行われたものであるが、その要請は上記の状況から認められると
おり被害者の病状等について適切な情報が伝えられた上でされたもの
ではなく、上記抜管行為が被害者の推定的意思に基づくということも
できない。

③ 以上によれば、上記抜管行為は、法律上許容される治療中止には当た
らないというべきである。そうすると、本件における気管内チューブ
の抜管行為をミオブロックの投与行為と併せ殺人行為を構成するとし
た原判断は、正当である。

【争点】

本判決は、「治療の中止」に関する初めての最高裁判決で、「治療の中止」
（消極的安楽死）の要件を考えるうえで重要な意義を持つ。

1．「終末期の判断」と「治療中止の要件」

治療行為の中止が認められるためには、患者が「終末期」であったかどう
かが問題となる。「終末期」の判断については、以下のような要件が考えら
れるが、本件はいずれの要件も満たしていない。

①回復不能で死期が切迫している

②医師が可能な限りの適切な治療を尽くしている

③医学的に有効な治療が限界に達している

判決は、「余命等を判断するために必要とされる脳波等の検査は実施され
ておらず、発症からいまだ2週間の時点であり、その回復可能性や余命に
ついて的確な判断を下せる状況にはなかった」と認定し、終末期医療におけ
る治療中止の許容要件として、「患者の自己決定権の尊重」と「医学的判断
に基づく治療義務の限界」を挙げ、本件は、「法律上許される治療の中止」
には当たらないとした。

2．家族の同意

本件の「医療の停止」は、家族からの要請に基づき行われた。しかし、判
決は、「その要請は上記の状況から認められるとおり被害者の病状などにつ
いて適切な情報が伝えられたうえでされたものではなく、上記抜管行為が被
害者の推定的意思に基づくということもできない」とし、「家族の要請」も
「本人の推定的意思」も認められないとした。なお、判決が、「本人の推定的

意思」に言及しているのは、被告側の主張に対して答えたものと解される。また、「治療の停止」を容認する根拠を「自己決定権」に置いているとも理解できる。

　「積極的安楽死」の合法化の法的根拠は、「自己決定権」に基礎を置くことも考えられる。しかし、「治療の停止」や「緩和医療」は、「自己決定権」を根拠にする必要はなく、「医師の適正な判断」と「家族の同意」があれば「正当行為」として合法化されてもよいと考えることができる。

●事例3−5　家人による在宅患者の人工呼吸器の取外し

横浜地裁平成17年2月14日判決（平成16年（わ）第2514号）

【事実の概要】

　Aは、平成12（2000）年9月頃、不治の難病である筋萎縮性側索硬化症（通称「ALS」）に罹患した。ALSは、脳や脊髄の運動神経が障害を受け、身体の感覚や知能、視力や聴力、内臓機能は健全のまま手足の運動障害から始まって喉など全身の筋肉が徐々に萎縮して飲み込みや呼吸が次第にできなくなる。進行すると麻痺が広がり、全身の筋肉が動かなくなって寝たきりになり、2〜3年のうちに呼吸筋麻痺により死に至る。発症率は10万人に3〜4人、原因不明で予防法や根治療法はなく、基本的には対症療法となる。嚥下障害に対しては経管栄養、呼吸筋麻痺に対しては鼻マスクや気管切開をし、人工呼吸器で呼吸を補助する方法がある。

　Aの病状の進行は早く、病院でALSの診断を受けてまもない平成13（2001）年3月末には自発呼吸が難しくなった。Aは、人工呼吸器を装着して自宅で寝たきりの生活となり、Aの母親である被告人が介護をしていた。

　Aは、四肢が麻痺した後も、わずかに動く指や口でパソコンを使って意思を伝え、ホームページも立ち上げた。顔に麻痺が及んだ後は、まぶたの動きを感知するセンサーでメールを打っていたが、平成16（2004）年4月頃にはそれもできなくなるほど病状は悪化した。意思の疎通は、透明な板に五十音を並べた文字盤の文字を一文字一文字眼球で追い、家族や看護師らに読み取ってもらう方法しかなかった。このころから、Aは、「人工呼吸器をつけたのは失敗だった」と後悔を口にし、「死にたい、まだ我慢しなければならないのか」と訴え始めた。

　夏に入ると、眼球の動きも鈍くなり、同年7月2日、被告人は、Aが「死にたい、延命措置はとってもらいたくない」旨を言っていることを担当医師Bに伝えたところ、Bから文字盤で確認を取るよう指示されたため、同月8日、訪問看護師Cと2人で今後の治療に対するAの意思確認を文字盤で一緒に行った。Aは、「死につながる疾患になってもなにもしないでいい。延命の治療は受けない。呼吸器も苦しくてもそのままで良い。設定を変

えなくて良い。」と延命措置を拒否する旨の意思を表明したため、被告人は
その旨を記載した書面を作成した。同年 8 月13日に、Aは、Bに対しても
同様の意思を直接表明し、Bもこれを確認した。以前にも、Aは、Bに人工
呼吸器を取り外してほしい旨を言ったことがあったが、「警察に捕まる覚悟
がなければできない」とBに断られていた。また、事件当日の 2 か月ぐら
い前から、訪問医師Dが週に 1 回診療のため訪問するたびに、Aは誰もが
できないことを承知の上で、Dに対しても「呼吸器を外してくれ」と繰り返
し訴えるようになり、被告人はその都度Aを諭してこれに応じず、生きる
よう励まし懸命にケアを続けていた。

　同月 26 日、Aが嫌がっていた病院でのショートステイが 6 日後に迫り、
被告人はショートステイに行きたくないAの気持ちを思い、また、Aとの意
思疎通が非常に困難になっていたこともあり、「これ以上Aを苦しませたく
ない、楽にしてやりたい」と考え、Aに呼吸器を止める決意を伝えた。Aは
涙を流し、文字盤を通じて、「おふくろごめん、ありがとう」と辛うじて応
じた。被告人は、Aに睡眠薬を飲ませた後、人工呼吸器のスイッチを切り窒
息死させた。被告人も自らの手首を包丁で切って自殺を図ったが、夫に発見
されて一命を取り留め、殺人罪（刑法199条）で訴追された。

【裁判の結果】

　懲役 3 年、執行猶予 5 年の嘱託殺人罪を適用（求刑懲役 5 年）

＜決定要旨＞

① 被告人は、不治の難病に罹患し、四肢が麻痺して自ら死ぬことができな
　くなってしまったAから、その病苦からの解放の為、死に至る人工呼吸
　器の停止を日ごろから懇願されていた。当初は断り続けていたが、病状
　いよいよ悪化の状況下にあった本件当日、自らも自殺することを決意し
　て、Aの日ごろの懇願を受け入れて人工呼吸器を停止させたというべき
　であるから、殺人罪ではなく嘱託殺人罪の成立を認めるのが相当である。

② 本件犯行当日、Aが文字盤で表明した『おふくろごめん』『ありがとう』
　という言葉の解釈については、・・・これまでAの死の願いを拒んでいた
　被告人にそれを実行させることへの感謝の気持ちを表した言葉であると
　解するのが相当である。

③ Aは、意思確認に際し、呼吸器を外してほしいことを言えば誰かが犯罪者にならなければならないことを知悉しており、それが言えない以上、せめて延命措置は必要ないとの意思を表明したものであり、したがって、生きていたくないとの意思を表明したと解するのが相当である。

【争点】

　本件は、介護者がALS患者の呼吸器を止める行為に対して司法判断が示された初めての事案である。意思を伝える力が落ちていた被害者が、「人工呼吸器の停止」を承諾したかという「被害者の意思の真意性」が最大の争点とされ、刑法202条における「嘱託」が認められるか否かが問題となった。

１．嘱託・承諾の同意能力と真意性

　殺害につき積極的に同意が与えられた場合が「嘱託殺人」、消極的に受諾された場合が「承諾殺人」であり、両者を合せて「同意殺人」という。「嘱託」とは、被害者が積極的に殺害を「依頼」することであり、「承諾」とは殺害の申込みに「同意」することである。いずれの場合も他者の手を借りるものであり、同意が認められない場合は殺人罪となる。また、同意殺人罪は、本人が殺されることに同意し、自ら生命を放棄していることから、「6月以上7年以下の懲役又は禁錮に処する」（刑法202条）と規定され、普通の殺人より刑は軽い。

　有効な同意が認められるための要件は、①死の意味を理解でき、自己の生命の価値を正常に評価できるだけの同意能力が存在すること、②同意が真意かつ任意であること、の2点である。なお、同意は、行為時に存在しなければならず、事前・事後の同意は犯罪の成否には影響がなく、量刑の資料となるにとどまる。

　検察側は、犯行当時のAの同意能力について、極度に減退しており、最大の争点となった「呼吸器を止めたのはAの意思だったのか」という意思の真意について、「延命措置はいらないという意味で呼吸器停止を求めたわけではない」と解釈し、「被害者が普段、『（呼吸器を）外して欲しい』と言っても、殺害時にはあいまいなやりとりのみだった」として、Aの真意を確認できる状態になかったと主張した。

　裁判所は、(i)Aは自ら外すことができない人工呼吸器の装着を後悔して

いたこと、(ⅱ)被告人のほか、看護師や医師にも「死にたい」と表明していたことを指摘し、Aによる日頃からの人工呼吸器停止の懇願を「嘱託」と認めた。なお、裁判所は、Aの嘱託・承諾能力の有無については判断を示していない。

2．ALSにおける安楽死・尊厳死の問題

　本件では、医師の手によるものではなかったため争点にはならなかったが、患者からの嘱託により介護を行っている家族が患者を死亡させた場合に、積極的安楽死として違法性の阻却が問題とされた事案も存在することから（名古屋高判昭和37年12月22日〔高刑集15巻9号674頁〕）、ALS患者に対する安楽死・尊厳死の関連性も検討されるべきである。

　ALS患者は、いずれ自発呼吸ができなくなるため、人工呼吸器を装着しなければ死に至る。しかし、いったん装着すれば外すことができず、数年から10年以上にわたって悪化する病状と向き合うことになる。人工呼吸器を選択せず自然経過に任せる場合は、平均的に数年で死が訪れ、呼吸筋麻痺が死因となる。他方で、人工呼吸器を選択した場合は、気管を切開し、人工呼吸器に頼って生活することになる。この場合、長期間経過するとtotal locked-in症候群（TLS）という無言無動状態に陥る問題が生じる。Aが人工呼吸器を装着した際に、十分な説明を受けていたかどうかは不明であるが、ALS患者にとって人工呼吸器装着の選択は、自分で生死を選択するに等しい重大な決断を迫られることを意味し、大きな分かれ道になることから、人工呼吸器装着前と装着後の2つの時点に分けて考える必要がある。

　ALS医療の安楽死については、①人工呼吸器の介在医療を望まない患者が尊厳死を望む場合、②TLSを予測した患者があらかじめ事前指示書の形で安楽死を求め、そのような状況に陥った場合、③人工呼吸器を装着した患者が途中で療養継続の意思がなくなり、死を考えるようになった場合、などの状況が考えられる。①の場合、患者の「尊厳ある生」を保障する医療を実行することが尊厳死と認められることから、日常的に実施されている医療の延長線上の問題として対応できる。問題となるのは、②と③の場合であり、②の場合は、装着前に衰え行く身体機能に見切りをつけて安楽死を選ぶことの是非が問われるが、たとえリビング・ウイル（事前指示書）などで患者の

意思が確認できるとしても、現在の法律では不可能と考えられる。また、③の場合、患者の「治療を断る権利」も含め、装着後の人工呼吸器のスイッチを切ることの是非について考察することが必要であるが、人工呼吸器の取り外しによって死に至らしめる行為が現状では許されないことを今回の判例が示すことになった。

第 5 節　　生殖医療

1.　生殖医療

　「生殖医療」は、①生殖抑制技術（避妊・人工妊娠中絶）、②生殖補助医療（人工授精・配偶子操作）、③生命の質を選別するための技術（着床前診断・出生前診断）の 3 つに分類される。中でも、精子や卵子などの配偶子を体外に取り出して行う「人工授精」や「体外受精」によって、妊娠（懐胎）を助ける不妊治療を目的とした生殖補助医療が中心的な地位を占め、日本では、日本産科婦人科学会が法律上婚姻している夫婦に限って生殖補助医療の実施を認めている。

　「人工授精」とは、夫の生殖機能に障害がある場合に、夫又は第三者の精子を収集して女性の体内に注入する方法である。この方法には、配偶者間人工授精（AIH：Artificial Insemination with Husband's semen）と非配偶者間人工生殖（AID：Artificial Insemination with Donor's semen）がある。前者は夫の精子を注入し、後者は夫以外の第三者の精子を注入する。「体外受精」（IVF：In Vitro Fertilization）は、女性の体内から取り出した卵子と採集した男性の精子をかけ合わせて受精させた後、受精卵（胚）を一定期間培養してそれを女性の子宮に移植する方法である。また、顕微鏡下で精子を卵子細胞質へ直接注入する方法は顕微授精（卵細胞質内精子注入法：ICSI）と呼ばれる。

(1)　人工授精

①配偶者間人工生殖（AIH：Artificial Insemination with Husband's semen）

　一般的に、夫の精子と妻の卵子の結合によって受精卵が形成され、妻が出産する場合は、親子関係について法的に問題が生じる可能性は少ない。しかし、夫婦の肉体的結合によって受精が行われる自然の受精に対して、医師や医療技術者など第三者が介する場合は、倫理的問題が生じることがある。

　例えば、現代の医療技術では、受精卵を凍結保存することが可能になり、夫の死後に、保存していた受精卵を用いて懐胎する事案が生じた結果、いわゆる「死後生殖」に関する新たな問題を提起することになった。この場合には、生まれた子の法律上の「父子関係」が問題になる。もちろん、「死後生

殖」は実施されるべきではなく、夫が死亡した時点で凍結受精卵は廃棄されるべきであるが、当事者の申告がない限り、医療施設が夫の死を確認することは難しい。

② 非配偶者間人工生殖（AID：Artificial Insemination with Donor's semen）

　非配偶者間人工生殖は、第三者の精子や卵子を用いて懐胎する方法で、①夫以外の精子提供者（ドナー）の精子を用いて懐胎する方法と②妻以外の卵子提供者（ドナー）の卵子を用いて懐胎する方法がある。いずれも、生まれる子は、第三者を介した受精卵によって誕生し、血縁的に「夫婦の子」ではないため、将来親子関係をめぐって法的な問題が生じる可能性が高い。

(2) 体外受精（IVF：In Vitro Fertilization）

　体外受精は、女性の体内から卵子を取り出す必要があるため、女性に過重な負担がかかるうえ、受精卵の着床率も低く、多胎妊娠の可能性が高い。経済的負担も大きいうえに、受精卵を体外で培養することから「卵の保護」についての危険性も高い。

　体外受精による親子関係は、夫婦間での人工授精と比較するとかなり複雑になる。体外受精に夫婦の精子と卵子を使用し、かつ妻自身が出産すれば親子関係にそれほど大きな問題は生じないが、第三者の精子や卵子を用いる体外受精の場合は、精子や卵子の提供者である遺伝子上の親と養子縁組による法律上の親、さらに代理出産による母子関係などかなり複雑な法的問題が生じる可能性が高い。また、「子に対する教育・監護権の問題」や「養育権の問題」、さらに、子の立場からは、「子の親を知る権利の問題」や「親に対する扶助・介護義務の問題」など事実上の問題が生じる可能性がある。

(3) 生殖補助医療と親子関係

[1]「配偶者間」の場合

　妻が、夫の精子を用いて出産した場合は、生まれた子は、「夫婦の子」（嫡出子）となるので問題はない。法的に特に問題となるのは、「死後生殖」である。この場合、妻が産んだ子は、「婚姻中」に懐胎したわけではない（夫の死によって婚姻は解消している）ので、「夫婦の子」（嫡出子）とはならない。したがって、「夫婦の子」として「出生届」を提出しても受理されず、戸籍上は、「母の子」（非嫡出子）として扱われる。

　また、父親が死亡した時点で妻が懐胎していれば、「胎児」にも「相続権」が認められるが（民法886条は、「胎児は、相続については、既に生まれたものとみなす。」と定める）、「死後生殖」の場合には、父親が死亡し、相続を開始した時点では、「胎児」ではないので（受精卵）、生まれた子は父親の相続人にはなりえない。このように、「父子関係」をめぐり紛争が生じる。実際に、「死後生殖子の親子関係」をめぐる訴訟も起きている。

　なお、民法には、父親が死亡した後でも「認知」の請求ができる「死後認知」の制度があるため（787条）、「死後生殖」で生まれた子から「認知請求」がなされた事件がある。高裁は、「認知請求」を認めたが、最高裁は、「立法により解決すべき問題」であるとして、「死後生殖子からの認知請求」を認めなかった（最高裁平成18年9月4日判決）。

[2]「非配偶者間」の場合：生殖医療民法特例法（令和2年法律第76号）

　国内では、1948年から、無精子症の不妊に悩む夫婦らの治療で第三者からの精子提供が実施されてきた。卵子提供も、卵巣機能の病気や加齢により自分の卵子で妊娠できない女性の治療として国内の一部の医療機関で行われている。医療技術の進展によって、不妊治療で生まれる子は増えており、生殖補助医療は子どもを望む夫婦の選択肢の一つとして定着している。しかし、これまで生殖補助医療には法律上の位置付けがなかった。また、現行の民法は、第三者が関与する生殖補助医療による出産を想定していないため、精子や卵子の提供を受けた不妊治療で生まれた子の法的身分が確立されていなかった。

　妻が、夫以外の男性の精子を用いて出産した場合、民法に「妻が婚姻中に懐胎した子は夫の子として推定される」（772条）と規定されていることから、誕生した子は「夫婦の子」として「出生届」が提出されれば、戸籍上は「嫡出子」として記載されていた。しかし、生殖補助医療によって生まれた子については、夫から「嫡出否認の訴え」（民法774条）や「親子関係不存在確認の訴え」（同法777条）を提起される可能性があり、実際に、提供精子で生まれた子の親子関係を争う訴訟も起きている。例えば、妻が、「夫の同意書」を偽造して、精子提供（ドナー）の精子を用いて出産し、その後、夫が「嫡出否認の訴え」を提起した事案において、裁判所は、「夫の同意」があっ

たとは認められないとして、「父子関係」を否定した（大阪地裁平成10年12月8日判決）。

　誰に育てる義務があるのかを明らかにしなければ、子に不利益が生じるおそれがあることから、生殖補助医療で生まれた子の法的な立場を安定させることを目的に、令和2（2020）年12月4日、「生殖補助医療の提供等及びこれにより生まれた子の親子関係に関する民法の特例に関する法律」（生殖医療民法特例法）が成立した。

　本法は、生殖補助医療の提供等に関して、その提供を受ける者が適切に行われ、女性の健康を図るとともに、精子や卵子を採取・管理する際の安全性の確保など、生殖補助医療の提供等に関する基本理念を明記し、国及び医療関係者の責務や国が講ずべき措置と、第三者の卵子又は精子を用いた生殖補助医療により出生した子の親子関係に関する民法の特例について規定する。本法における「生殖補助医療」とは、①人工授精、②体外受精、③体外受精胚移植（体外受精により生じた胚を女性の子宮に移植することをいう）、をいう（2条）。また、親子関係に関する第3章では、他人の卵子を用いた生殖補助医療により懐胎・出生した子は、卵子提供者ではなく出産した女性をその母とすること（9条）、妻が夫の同意を得て夫以外の精子を用いた生殖補助医療により懐胎した子について、夫は民法774条にかかわらずその子が嫡出であることを否認することができないこと（10条）を規定する。

　生殖医療民法特例法の成立によって、生殖補助医療で生まれた子の親子関係を明確にした意義は大きい。しかし、多くの課題も残されている。その1つが、夫婦の受精卵を用いて第三者に生んでもらう「代理出産」を認めるかどうかである。また、インターネットを通じた精子の個人間での売買や、提供者の人種や学歴を選べる精子バンクの利用などは、優生思想や商業主義につながりかねないとの懸念も強いことから、精子・卵子・胚の提供や斡旋などの取引に関する規制についても検討が必要となる。さらに、近年では、精子提供で生まれた子によって、提供者の情報を求める動きがでていることもあり、生殖補助医療の当事者や精子・卵子の提供者に関する情報の扱いと生まれた子が遺伝上の親を知る「出自を知る権利」も大きな論点となっている。なお、これらの倫理的に許容される生殖補助医療の範囲や規制の在

り方については、検討事項として 2 年を目途に法的措置を講じるとされた（附則 3 条 1 項）。

2．代理出産（surrogacy）

(1) 代理出産の現状

　子宮に原因があり、子を出産できない女性に代わって、出産後に引き渡してもらう約束で第三者の女性に依頼して出産してもらうのが「代理出産」で、夫婦の受精卵を代理母の子宮に移植する例が一般的である。

　代理出産は、もともとアメリカで医療ビジネスとして発展してきた。すでにアメリカ（一部の州）やロシアなどでは合法化されているが、日本では、代理出産に関する法律はなく、法律上、代理出産は禁止も許可もされていない。なお、日本産科婦人科学会は、代理母が負う心身へのリスクや親子関係の複雑化などを理由に日本国内での代理出産を禁じており、代理出産に関わる医療行為を行った学会員について罰則を設けている。ただし、日本における代理出産の禁止は、産婦人科医師の任意の団体である日本産科婦人科学会の規則に過ぎず、法律で禁止されているわけではない。「本人の意思」又は「夫婦と代理母間の同意」によって実現可能であることから、産婦人科医師の中には例外的な場合に限り、代理出産による出産を補助する医師もいる。日本国内でも、母親が娘に代わって出産したケースが報道されている。

　代理出産は、第三者のお腹を借りての出産（借り腹）であることから、法的親子関係以外にも倫理的あるいは法的観点から様々な問題が指摘されている。代理出産で問題になるのは、「人体を生殖の道具のように扱うことが体の商品化につながる」と批判があるように、第三者が出産に関わることでビジネス化を招くことである。代理出産の場合、代理母契約の締結が前提として存在し、その締結に際しては、金銭の授受が行われる可能性が高いことから、そのような行為は公序良俗に反しないのかという問題や、金銭を得るために代理出産をする者と代理出産を依頼する者との社会的格差を助長することにならないのかということが社会問題化している。特に、経済的に弱い立場の女性を搾取したり、子どもの人身売買につながるおそれが指摘されている。平成26（2014）年には、タイで日本人男性が代理出産を依頼し、十数人

の乳幼児の父親になっていたことが報道され、現地警察が人身売買を疑って捜査に乗り出した。また、他人の子宮を道具として利用することに対する倫理的批判もある。

　他にも様々なリスクやトラブルが考えられる。例えば、代理母を引き受ける女性は、自分のお腹を痛めて出産するため、生まれた子に情が移り、引渡しを拒否するケースがある。実際、アメリカではこの問題が深刻化している。逆に、生まれた子に障害があったり、愛情が持てなかった場合、依頼者が引き取りを拒否するケースもある。2014年8月にタイ人の代理母が産んだダウン症の子の引き取りをオーストラリア人夫婦が拒否したとの報道は、世界的な議論を巻き起こした。さらに、生まれてくる子の立場からすると、複雑な親子関係から、将来起こりうる親の扶養義務や介護義務をどのように考えるのかという問題が生じる。

　その一方で、代理出産を望む多くの夫婦、カップルがいるのも事実である。日本人夫婦がアメリカ人女性に代理出産を依頼した例（●事例3-6）もあり、代理出産が可能な海外で高額な費用を支払って依頼する夫婦は絶えず、代理出産による子どもは着実に増えている。ただし、現状では代理出産を規制する法律がないことから、法の対応が急がれる。

(2) 代理出産と親子関係

[1] 依頼夫婦の受精卵を用いて第三者が代理出産した場合

　わが国の判例によれば、母子関係は「分娩」によって発生するため、いわゆる「代理母」が法律上の母親ということになるが、出生届を提出するのは代理出産の依頼者であるため、そのような出生届の法的効力が問題となる。

[2] 夫の精子と代理母の卵子を用いて出産した場合

【体内受精と親子関係】

精子	卵子	子の生母（子宮提供者）	備考
夫	妻	妻	自然妊娠
男	妻		精子提供・精巣の欠陥
夫	女		卵子提供
夫	女	代理母（ホストマザー）	卵子提供と生みの母は同一 ＊子の戸籍上の母は代理母

　母親は、血縁的・法律的にも出産した者になる。したがって、依頼者が母親になるためには、「特別養子縁組」制度を利用することになろう。

[3] 夫の精子と妻以外の女性の卵子を用いて代理母が出産した場合

　法律上の母親は、分娩を行った「代理母」ということになろう。

【体外受精と親子関係】

	精子	卵子	生母 （子宮提供者）	備考	問題点
配偶者間	夫	妻	妻	夫婦の配偶子で受精させた受精卵を妻の子宮又は卵管内に移植 （精巣・卵巣の欠陥）	夫婦間の合意があり、夫婦健在であれば倫理的問題はない。ただし、精子や卵子を凍結保存した場合、夫の死後や離婚後に解凍して受精を行うと倫理的にも法的にも複雑な問題が発生する。 ＊日本産科婦人科学会は、精子や卵子の凍結保存は婚姻期間中とすることを会告で求めている
			代理母 （ホストマザー） 戸籍上の母は代理母	夫婦の配偶子で受精させた受精卵を妻以外の女性の子宮又は卵管内に移植 （代理懐胎）	家族関係を複雑にする可能性がある。 子の福祉を最優先しなければならない。 ＊日本産科婦人科学会倫理委員会は同学会の会員が代理懐胎を行うことを禁止
非配偶者間	男	妻	妻	妻の卵子と夫以外の男性の精子で受精 （精子提供）	法律上生まれた子は夫婦間の子として認められるが、子が自分の父親が誰であるのかを知りたいと望んだ場合に問題となる。 （出自を知る権利）
	男	妻	代理母 （ホストマザー） 戸籍上の母は代理母		
	男	女	妻	胚養子	
	夫	女	妻	妻以外の女性の卵子と夫の精子で受精 （卵子提供）	卵子の数に限りがある。 精子と異なり、卵子は取り出す時に女性の体を侵襲する。 ＊日本産科婦人科学会はこの方法を禁止
	夫	女A	女B （サロゲートマザー）	卵子提供者（女A）と生みの母（女B）は別人	
配偶者間・非配偶者間	夫 男	妻	妻	若い時に卵子を採取・冷凍保存し、後に解凍、人工授精（配偶者・非配偶者）して自分の子宮で妊娠・出産 （卵活）	出産の確率は10％前後と低く、母体のリスクが大きくなる。高齢出産を助長するおそれがある。 ＊日本生殖医学会は、健康な独身女性が将来不妊になる可能性を懸念する場合に卵子を冷凍保存できるとしているが、40歳以上の卵子の採取及び保存卵子を使った45歳以上の不妊治療は推奨できないとする

＊夫の精子と妻の卵子を体外受精させ、その初期胚を他の女性の子宮に移植・出産させる方法
　→受精型代理母（ホストマザー：host mother）
＊不妊の妻とその夫が他の女性と契約を結び、その女性が人工授精により夫の精子を使って妊娠し、出産後にその子を譲り渡す方法→人工授精型代理母（サロゲートマザー：surrogate mother）

●事例3-6　代理出産と出生届不受理事件

最高裁決定平成19年3月23日（民集61巻2号619頁）

【事実の概要】

　X1・X2夫妻は、平成15（2003）年5月に、代理母出産契約が法律上認められていた米国ネバダ州で米国人女性A及びその夫Bとの間で有償の「代理出産契約」を締結した。なお、契約は、①AはX夫妻の受精卵により子を妊娠すること、②生まれた子は、X夫妻が法律上の実親であり、A・Bは子に対する権利を有しないこと、を旨とするものであった。

　X1の精子とX2の卵子（X2は、癌治療のため子宮摘出手術を受けた際に、自己の卵巣を温存していた）を受精させて得られた2個の受精卵をAの子宮に移植し、同年11月にAは双子C・Dを出産した。ネバダ州では、代理出産で生まれた子は、出産を依頼した夫婦の実の子として法律上認められていたため、X夫妻は、州の裁判所に親子関係確定の申立てをし、同月31日付で「X1を父・X2を母」と記載したネバダ州の「出生証明書」が発行された。

　平成16（2004）年1月に、X夫妻は、C・Dを連れて日本に帰国し、Y（東京都品川区長）に対してX夫妻を父母とするC・Dの「出生届」を提出した。ところが、Yは、X2による「分娩」の事実が認められないことを理由にこれを受理しなかった。そのため、X夫妻は、「戸籍法118条」（現121条）に基づき、家庭裁判所に不服申立を行った。

【裁判の結果】

(1)第1審（東京家裁）　申立て却下

　①出生届の不受理は適法

　②X2による「分娩」の事実が認められない

(2)抗告審（東京高裁）　審判取消し

　①本件ネバダ州裁判は民訴法118条の適用ないし類推適用によって日本において承認される

　②その結果、C・DはX夫妻の子であると確認される

(3)上告審（最高裁）　破棄自判

＜判決要旨＞

　①外国判決の承認と公序良俗

　　民法が実親子関係を認めていない者の間にその成立を認める内容の外国裁判所の裁判は、我が国の法秩序の基本原則ないし基本理念と相いれないものであり、民訴法118条3号にいう「公の秩序」に反する。

　②母子関係

　　現行民法の解釈としては、出生した子を懐胎し出産した女性をその子の母と解さざるを得ず、その子を懐胎、出産していない女性との間には、その女性が卵子を提供した場合であっても、母子関係の成立を認めることはできない。

　③立法による対応

　　代理出産という民法の想定していない事態が生じており、立法による速やかな対応が強く望まれる。日本でも、夫婦が受精卵を提供し、妻の妹や母が出産している。

【争点】

1．代理出産と親子関係

　子を懐胎して出産した女性とその子に係る卵子を提供した女性とが異なる場合、現行民法の解釈において、出生した子とその子を懐胎した女性との間に出産によって当然に母子関係が成立するかが問題となる。この点について、民法には、出生した子を懐胎・出産していない女性をもってその子の母とすべき趣旨をうかがわせる規定は存在しない。このような場合における法的関係を定める規定がない要因は、同法制定当時（明治29年）にそのような事態が想定されていなかったことによる。しかし、実親子関係が、「公益」及び「子の福祉」に深く関わるものであることから、一義的に明確な基準が必要となる。

　判例（最判昭和37年4月27日民集16巻7号1247頁）が、「懐胎・出産した女性が母」と示したことから、現行民法の解釈は、出生した子を懐胎し、出産（分娩）した女性をその子の母とせざるを得ず、その子を懐胎・出産していない女性との間には、たとえその女性が卵子を提供した場合であっても母子関係を認めることはできない。本判決も、分娩者が母であるとの基準をと

ることを明らかにした結果、卵子提供を受けて子を懐胎・出産した女性は、血縁上の母ではないが、法律上の実母とされた。

2．外国裁判所の判決の効力

本件に関して、アメリカの裁判所は、代理出産を依頼した「血縁上の夫婦と子との間の親子関係」を認めた。このような「渉外事件」では、外国法を尊重するのが原則である（民事訴訟法118条3号）。ただし、いずれの国も自国の「公の秩序」に反するような場合は、外国の裁判所の判決を承認しない姿勢をとっている。最高裁判所も民事訴訟法118条3号が「公序良俗」に違反する場合は、効力は及ばないとした。

なお、ネバダ州は、婚姻関係にある夫婦が代理出産契約を結ぶことを法律によって認めており、契約において親とされた者は、法的にあらゆる点で実親と扱われる。ただし、契約書に明記された子の出産に関わる医療費及び生活費以外の金員等を代理出産する女性に支払うことは違法とされる。

3．養子縁組

本判決によって、C・Dの母は、アメリカではX2、日本ではAとなり、C・Dは親のいない状態におかれることになった。このような「子の福祉」に反する状態を解消する方法として、依頼夫婦と子との間で「養子縁組」が成立すれば法律上の親子関係が発生する。

本件のような場合は、家庭裁判所の審判で「特別養子縁組」（民法817条の2）を成立させることも可能である。普通の養子の場合は、戸籍にも「養子」と記載されるため、子が様々な不利益を受ける可能性がある一方、「特別養子縁組」は、子を実子として育てることを可能にする制度で、実の親との親子関係も切断される。この制度を利用することで、X夫妻が法律上も両親となり、子と代理母との親子関係は切断される。ただし、家庭裁判所による判断は、「父母による養子となる者の監護が著しく困難又は不適当であることがその他特別の事情がある場合において、子の利益のため特に必要があると認めるとき」に認められるものであるとする（民法817条の7）。また、戸籍上は「養子」と記載されないが、民法817条の2によることは記載されるため、出生の時点から実の子と認めてほしいと望む母親に対し、これを強いることが正当化されるかどうかの課題は残る。

第6節　出生前診断・人工妊娠中絶

1.　出生前診断

「出生前診断」は、遺伝子診断技術の発展とともに1960年代後半頃より実用化され、出生以前から、胎児さらには受精卵、精子や卵子による検査を行い、病気の有無、可能性や程度、性別の診断を可能にした方法である。なお、出生前診断は、「着床前診断（卵子診断と受精卵診断）」と「胎児診断」に分けられる。

(1) 着床前診断（preimplantation genetic diagnosis：PGD）

染色体異常のある卵の多くが流産してしまうため、これを避けることを目的に平成16（2004）年に臨床研究として始まった受精卵の検査は、「着床前診断」と呼ばれ、体外受精で作られた受精卵に特定の病気に関する遺伝子や染色体異常がないかを検査し、異常がないものを選んで子宮に戻す「胚生検」と呼ばれる方法が普及している。

着床前診断は、妊娠前に実施され、人工妊娠中絶を避けられることから多くの国で行われ、欧州諸国では、着床前診断の是非や運用が法律で定められている。例えば、イギリスは、法に基づいて許可された医療機関が実施できる病気を決める。フランスも法整備がなされ、政府が認めた診断施設において治らない遺伝性の重い病気に限り認めている。日本では、当初、倫理的な配慮から重い遺伝病がある夫婦に限って実施を認めていたが、平成18（2006）年には、特定の染色体異常が原因で流産を繰り返す夫婦にも対象を拡大した。児に「重篤な遺伝性疾患」が生じる場合と染色体転座に起因する「習慣流産」の場合に、申請された症例ごとに実施施設の倫理委員会と日本産科婦人科学会の審査小委員会において個別審査のうえ実施の可否が決定される。ただし、「良い」受精卵を選別しようと考えることが正しいことなのかは、個人によって判断が分かれる。また、染色体異常がある受精卵を排除することは、受精卵も生命と考える人にとっては「命の選別」になるとして許容できるものではなく、病気や障害を持つ人の排除につながりかねないとの批判もある。そのため、学会は、不妊や流産に悩む一般の患者に行うこと

を禁じてきた。

　他方で、近年は、妊娠年齢の高齢化によって染色体異常による不妊や流産に悩む女性が増えている事情から、一般の不妊患者に対象を拡大した「着床前スクリーニング」（preimplantation genetic testing for aneuploidy：PGT-A）が検討されている。従来の検査方法では、一部の染色体しか調べられず、正

【検査の例】

検査時期	検査名	目的	方法
妊娠前	着床前診断	子どもへの病気の遺伝や流産を防ぐ	受精卵を調べ、特定の病気にかかわる遺伝子や染色体の異常がないものを子宮に戻す
	着床前スクリーニング（PGT-A）	流産を減らし、出産率を向上させる	受精卵を調べ、全染色体を見て正常と判定したものを子宮に戻す

（2016年 3 月16日付　朝日新聞より抜粋）

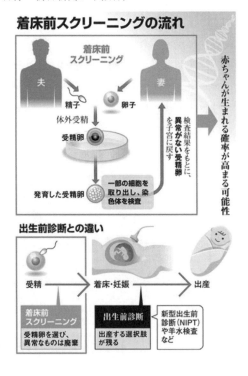

常とみなされた受精卵を子宮に戻しても妊娠や出産に至らないケースも少なくなかったが、「アレイCGH法」という新しい検査技術の登場によって、より多くの染色体を調べられるようになり、国内の一部のクリニックがすでにこの技術を導入している（なお、受精卵から細胞を採取する時期に変更が加えられ、アレイCGH法は次世代シークエンサー（遺伝子の塩基配列を従来の方法よりも桁違いのスピードで読み取る装置）に取って代わられようとしている）。

　学会としても医学的な有効性を検証するため、平成26（2014）年12月に「着床前スクリーニング」を臨床研究として行うこと（計画案によると、期間は3年間で、体外受精を3回以上失敗したり、流産を2回以上経験した35〜42歳の患者を対象とする）を決定し、平成29（2017）年11月から実施した。2019年1月に4つの医療機関と3つの解析施設で実施してきた予備研究が終わったことから、対象の規模を大幅に拡大し、全染色体を見て異常のないものを選んで流産の減少などの効果を検証する新たな臨床研究を2020年1月から開始している。

(2) 胎児診断（fetal diagnosis）

　「胎児診断」とは、母体内に懐胎している胎児の状況を知ることを可能にする技術である。胎児診断には、「超音波画像診断」（妊娠5〜6週）、胎児心拍モニター（妊娠34週以降）、母体血診断である「母体血血清トリプルマーカースクリーニング検査（母体血清マーカー）」（妊娠15〜18週）と「新型出生前診断（Non-Invasive Prenatal genetic Testing：NIPT）」（妊娠10週未満）、「絨毛検査」（妊娠9〜12週）、「羊水検査」（妊娠15〜18週）、などがある。通常、定期的な妊婦健診では、超音波検査で胎児の状態を調べる。

　胎児の先天性異常を調べる「超音波画像診断」は、胎児診断で侵襲を伴わない唯一の方法で、「胎児超音波スクリーニング」や「超音波外来」などの名称で通常の検診とは別に希望者に対して行われる。この検査でよく見つかるのは、胎児の首の後ろにある「NT」と呼ばれる浮腫（むくみ）で、この部分の厚みが増すほど病気の疑いが高まる。ただし、産科医が超音波で異常を調べる技術には個人差があり、間違った時期や方法での計測が問題になっている。

　「母体血血清トリプルマーカースクリーニング検査（母体血清マーカー）」

は、妊婦の血液中の特定物質（胎児性蛋白［アルファー・フェトプロテイン値］
やホルモンなどの量）を測ることで、胎児が21トリソミー、神経管欠損等で
ある可能性を示すものである。すなわち、母体血血清トリプルマーカースク
リーニング検査でわかるのは、異常のある確率のみである。なお、トリソ
ミーとは、通常2本1対で計23対46本ある染色体のうち、いずれかが1
本多い3本ある状態である。21番染色体が1本多い21トリソミーがダウン
症と呼ばれ、18番染色体が1本多い18トリソミーと13番染色体が1本多
い13トリソミーは命にかかわる重い障害（呼吸障害・摂食障害など）を引き
起こす。

　「新型出生前診断（NIPT）」は、2003年に人間の全遺伝子情報（ヒトゲノ
ム）が解読され、医療への応用が始まって可能になった診断である。妊婦の
血液にわずかに含まれる胎児のDNAを調べる。ダウン症が99％以上の精度
でわかるほか、重い障害を伴う18番トリソミーと13番トリソミーの異常も
同様にわかる。簡便で非常に精度も高い（陰性なら99％の確率で病気はない）
が、陽性の場合、確定させるには羊水検査などが必要である。妊娠初期（10
週前後）に検査を行うことができ、陰性の場合はほぼ確実で、羊水検査を避
けられる利点があるが、誰でも受けられる検査ではない。検査対象の条件に
関して、日本産科婦人科学会の指針は、超音波検査などで胎児の病気の疑い
が強いケースを第一の条件にあげるとともに、「高齢（35歳以上）」、「既往歴
（過去に染色体の病気がある胎児を妊娠）」などをあげる。

　これらの検査は、妊婦に大きな負担をかけないため、受けやすい反面、結
果は病気の可能性を示すに過ぎない。確実に診断するには、別の方法が必要
である。代表的な確定検査には、「羊水検査」と「絨毛検査」がある。

　「羊水検査」は、妊婦の腹部に針を刺して羊水を採取し、羊水に含まれる
胎児の細胞を使って染色体の異常を調べる検査である。「絨毛検査」は、専
用の注射器で胎盤をつくる絨毛細胞を取り出す。胎盤と胎児は、元は同じ細
胞から分かれているため、絨毛細胞を調べることで胎児の染色体異常がわか
る。ただし、これらの検査は、胎児異常を100％確実に判断できる「確定検
査」であるが、妊婦の腹部に直接針を刺すため、約300回に1回（0.3％）の
割合で流産の危険を伴う。

2. 選別出産と人工妊娠中絶（abortion）

　採血だけで安全に診断でき、結果もほぼ確実である「新型出生前診断（NIPT）」の検査法の登場によって、胎児に異常があるかどうかの判定が、妊婦の健康管理のレベルにまで簡単になり、出生前診断は新たな時代に突入した。出生前診断は、必ずしも先天性異常を診断し、障害を避けるために行われるわけではないが、異常が見つかった場合には「人工妊娠中絶（abortion）」が選択される場合が少なくない。

　そもそも、日本では、刑法で「堕胎罪」が規定され（212-216条）、胎児は法的に保護されているため、たとえ医師であったとしても胎児を殺すことは、「業務上堕胎罪」（214条）に該当し、犯罪行為とされる。「堕胎」とは、母体内で胎児を殺すこと、及び自然の分娩期に先立って人為的に胎児を母体から分離・排出させることである。刑法では、胎児の生命及び身体の安全、母体の身体の安全等が想定されているため、人工妊娠中絶を合法化する規定はない。ただし、刑法には、「自己又は他人の生命、身体、自由又は財産に対する現在の危難を避けるため、やむを得ずにした行為は、これによって生じた害が避けようとした害の程度を超えなかった場合に限り、罰しない。」（37条）とする「緊急避難」の規定が存在するため、妊婦が妊娠を継続することにより、自己の身体及び生命を危険にさらすことになる場合には、人工妊娠中絶をしても処罰を免れる可能性がある。しかし、この規定以外に人工妊娠中絶を合法化できる可能性のある条文は存在せず、そのため、刑法以外の特別法により人工妊娠中絶を合法化する方法がとられている。その特別法が「母体保護法」である。

　母体保護法は、「胎児が、母体外において、生命を保続することのできない時期」（厚生事務次官通知では、妊娠満22週未満）に、「妊娠の継続又は分娩が身体的又は経済的理由により母体の健康を著しく害するおそれのあるもの」（14条1項）、「暴行若しくは脅迫によつて又は抵抗若しくは拒絶することができない間に姦淫されて妊娠したもの」（同2項）と規定し、母体保護の観点から、堕胎行為の許容要件について、「医学的適応事由（身体的理由又は経済的理由による）」及び「倫理的適応事由」に限定する。なお、「不良な子孫の出生を防止する」との条項があった優生保護法を1996年に母体保護

法に改正した経緯から、胎児の障害を理由とする中絶は、母体保護法でも認めていないが、実際は、「母体の健康を著しく害するおそれがある」との条件を拡大解釈することによって、胎児の異常を理由とした人工妊娠中絶（選択的中絶）が実施されており、刑法の堕胎罪は形骸化しているのが実状である。

　一方で、出生前診断の技術の進歩は、異常が見つかった場合に胎児を選んで減胎するという新たな問題も生み出した。そもそも減胎手術は、多胎妊娠となった場合に、母子の安全性を高めるための処置として始まったもので、通常は、胎児の異常がほとんどわからない妊娠初期（12週未満）に行われ、超音波で確認しながら子宮内で一部の胎児を心停止させる。2000年に厚生労働省の審議会は、「減胎手術は原則行うべきではない」とする報告書をまとめ、例外的に、母子の健康を守る観点から三つ子以上の場合に減らすことを認めているが、その場合でも胎児の異常の有無や性別で選ぶことは認めていない。多胎で一人に異常が見つかった場合は、通常はすべて産むか、すべて中絶するか、どちらかの選択しか示されていない。そのため、「一人だけでも産みたい」という夫婦の希望にどう対応するかについての課題は放置されたままである。

3.　女性の自己決定権と胎児の生きる権利

　生殖医療と遺伝子診断技術の発展は、妊娠・出産に関わる診断技術の進歩をもたらすとともに、女性の選択肢を多様化した。医療従事者側は、出産に関わる医療上の問題を克服するために出生前診断の実施を望むこともある。世界保健機関（WHO）は、「当事者の幸福のために行われるのであって、国家や次世代のために行われるのではない」とする。他方で、妊婦・家族側は、親・子どもの幸福権、優生学的問題（子孫への影響）から知ることを望む一方、知ることの苦痛・子どもの選別につながるとして診断しない立場の人もいる。さらに、出生前診断は、結果によって、妊婦とその配偶者に「産む」「産まない」の重い選択を迫ることになる。ただし、先天異常は、生まれてくる子どもの約4％に見つかり、その原因は、染色体異常（25%）、単一の遺伝子異常（20%）、母子感染や放射線被曝などの環境（5％）で、残る

半数は原因が特定できない多因子遺伝であるが、出生前診断で判断できるのはその一部にすぎない。また、検査の種類によって対象となる病気が異なり、異常の有無を確定する検査なのか、疑いが強いケースを見つける検査（非確定検査）なのかという点も異なる。

　「健康な赤ちゃんを産みたい」というのは当然の願いであり、そのための情報を得るために検査を受けることは、個人の権利であって、「妊婦の知る権利」として尊重されるべきである。また、近年は、子どもを産むか否かなどの生殖に関わることを自らの責任のもとで自由に決定する「生殖における自己決定権」（リプロダクティブ・ライツ：reproductive rights）を妊娠の直接の当事者である「女性の権利」として尊重すべきであるとの指摘もある。しかし、他方で、出生前診断の結果によって「生命の選別」が行われ、人工妊娠中絶による胎児の生命に対する侵害や優生思想（eugenics）に基づく障害者排除につながることも否定できない。

　出生前診断とその後の対応については、新たな検査が登場するたびに、精

【新型出生前診断を受ける場合の検査の流れ】

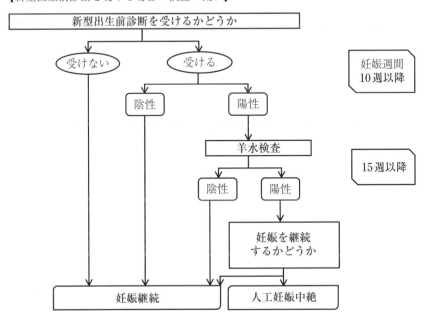

【主な出生前診断の特徴】
（NIPTコンソーシウムホームページhttp://www.nipt.jpより加筆修正）

〔新型出生前診断に対する妊婦の主な条件〕

①　超音波で、胎児に染色体の本数の異常の疑いがあるとわかったこと

②　過去に染色体の本数の異常がある子どもを妊娠したことがある

③　高齢妊娠（35歳以上を目安とする医療機関が多い）

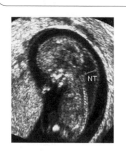 

	超音波検査（NT）	新型出生前診断（NIPT）	母体血清マーカー（クアトロ検査）	羊水検査
時期（妊娠週数）	11~13週	10~22週	15~18週	15週以降
方法	膣の中か、腹部の上からプローブと呼ばれる機器をあてる	妊婦の血液採取		妊婦の腹部に針を刺して羊水を採取
対象となる病気	3つの染色体の数の病気（ダウン症、18トリソミー、13トリソミー）		2つの染色体の数の病気（ダウン症、18トリソミー）開放性二分脊椎	染色体の病気全般（微小な異常は除く）
確定・非確定	非確定			確定
流産の危険	なし			あり（0.3%）
費用（施設で異なる）	妊婦健診は公費助成。その他は自費	20万円前後	2万~3万円	10万~20万円

度や安全性、倫理をめぐる議論が繰り返されてきた。正確な知識に基づいた
選択を支える遺伝カウンセリングが検査の前後に義務付けられているが、有
効性を絶えず検証する必要がある。また、同時に、安易に人工妊娠中絶を選
択することがないようサポートの徹底が求められる。法・倫理的に明確な規
制がないことから、今後、生まれてくる命を左右する技術革新とどのように
向き合うべきなのか、残された課題は大きい。

第 7 節　　移植医療

1.　移植医療

　「移植医療」とは、病気や事故によって失った組織や臓器（移植片）を
「提供者（ドナー）」から「受給者（レシピエント）」に移し植える医療行為の
ことである。日本では、現在までにも死の三徴候による死で亡くなった人か
らの角膜や腎臓移植が行われてきたが、医療技術の向上や免疫機構の解明、
免疫抑制剤（シクロスポリン、タクロリムス）の発達により、脳死状態から心
臓や肝臓などの臓器を摘出し、「臓器移植（organ transplantation）」を行うこ
とが治療法の選択肢として選ばれるようになった。移植に用いる臓器や組織
は、「死体（脳死体を含む）」から提供されることもあるため、たとえ「死体」
からであっても、適法に臓器を摘出するためには、「本人の承諾」や「遺族
の承諾」が必要となる。

(1)　角膜移植・腎臓移植

　日本では、昭和33（1958）年に「角膜移植に関する法律」が制定され、視
覚障害者の視力回復を目的とする「角膜移植」が合法化された。同法は、
「腎臓移植」と合わせて「角膜及び腎臓の移植に関する法律」に改められ、
昭和55（1980）年に施行された（1997年 7 月16日の「臓器の移植に関する法
律」の成立をもって廃止）。同法は、「摘出の要件」について以下のように規
定していた。

　　① 医師は、「角膜移植術」に使用されるための「眼球」を、「死体」から
　　　摘出することができる。

　　② 医師は、「腎臓移植術」に使用されるための「腎臓」を、「死体」から

摘出することができる。

③ 医師は、「遺族の書面による承諾」を受けなければならない。ただし、「死亡した者」が「生存中に書面による承諾」をしており、遺族が摘出を拒まないとき、又は遺族がいないときは、この限りでない。

④ 医師は、変死体又は変死の疑いのある死体から、眼球又は腎臓を摘出してはならない。

すなわち、「死体」から角膜や腎臓を摘出する場合は、「遺族の承諾」があればよいということである。なお、同法における「死体」は、「心臓の停止」が前提となっている。

(2) 心臓移植

1967年に、クリスチャン・バーナード（Christiaan Neethling Barnard）医師による世界初の心臓移植が南アフリカで成功した。しかし、人間の身体には、他人の臓器を受け付けない免疫作用があり、拒絶反応が起きたことでわずか18日間しか生存しなかった。その後、免疫抑制剤が開発されたこと、さらに、脳死判定基準が設けられたことにより、欧米を中心に脳死体からの移植が広く行われるようになった。

日本では、昭和43（1968）年に札幌医科大学で国内初の心臓移植が行われたが、移植を受けた患者（レシピエント）は、移植後83日後に死亡した。その際に、患者の死を判定したチームと移植チームが同一であるという手続き上の問題があったことに加え、臓器提供者（ドナー）が本当に脳死状態であったかどうか、レシピエントとなった患者が心臓移植を必要とする状態にあったかが問われ、ドナーに対する不透明な「脳死判定」や「移植手術の適応性」などの疑惑が「密室の医療」との社会的非難を招いた。さらに、執刀医であった和田寿郎教授が殺人罪で刑事告発を受ける事態にまで発展し、結果的には嫌疑不十分で不起訴処分となったが、この点も臓器移植に対する不信感を残した。

当事件の批判は、「死の定義」を巡る大論争を巻き起こし、日本では長きにわたり心臓移植は事実上のタブーとなった。結果、30年以上、脳死移植が行われない空白期間が続いた。一方で、移植医たちの間には、心臓以外の臓器に関して、脳死立法を待たずに脳死臓器移植を実行する動きがみられ

た。例えば、昭和59（1984）年に、筑波大学附属病院において脳死患者から摘出した腎臓の移植が試みられたが、この時に臓器移植を行った医師団は、殺人罪の告発を受け、嫌疑不十分で不起訴になっている。以後も、日本国内では、脳死臓器移植を実施することにより殺人行為を行ったとして告発される例が相次ぎ、これらの事例は、脳死臓器移植を実施するためには「死の定義」に関する立法が必要であることを認識させる結果となった。

(3) 旧「臓器移植法」（1997年）

1990年代に入り、「脳死」を「人の死」と認めるかどうかの論争に出口が見え、脳死臓器移植に抵抗感が根強かった日本で、「臓器の移植に関する法律」（臓器移植法）が平成9（1997）年に制定された。なお、この法律は、平成22（2010）年に大幅に改正されたため、以下では旧「臓器移植法」と呼ぶ。

[1] 臓器の定義

臓器移植法における臓器の定義は、人の心臓・肺・肝臓・腎臓その他厚生労働省令で定める内蔵（膵臓・小腸）及び眼球とされた。

[2] 死の定義

旧「臓器移植法」の制定にあたっては、「脳死は人の死か」という「死の定義」をめぐる論争があった。従来、死の判定は、三徴候説をもとに誰にも明白な形で社会に受容されてきた。しかし、救命・延命措置により三徴候に先行する脳死状態が作り出され、移植医療との関係で「死の定義」が法に課されるようになった。仮に、「脳死」が「人の死」となれば、「脳死体からの臓器の摘出」は「死体からの臓器の摘出」とみなされ、合法化される。脳死状態は、生死の境界線でもあり、臓器移植法との関係では死のプロセスとも言い得るため、国会では、「脳死」を「人の死」と認めるかをめぐり激しい議論が交わされた。

その結果、「死体（脳死した者の身体を含む）」と規定された。脳死した者の身体とは、「その身体から移植術に使用されるための臓器が摘出されることとなる者であって脳幹を含む全脳の機能が不可逆的に停止するに至ったと判定されたものの身体」をいう。脳死移植の際の脳死判定は、本人が生前に書面で脳死を容認しており、かつ、家族がこれを拒まない場合に限られた。また、臓器の摘出は、死者が生前に書面によって意思表示しており、かつ、

遺族がこれを拒まない場合に限られた。旧臓器移植法では、「本人の意思」と「家族の同意」を要件として、「脳死体からの臓器の摘出」が法的に認められることになった。なお、この法律は、臓器の摘出に関して「脳死」を「人の死」と扱うとしているだけで、刑法や民法における「死の定義」とは別問題とされた。

［3］本人の意思

　脳死体から臓器の摘出が認められるのは、死亡した者が、移植術に使用するために「臓器を提供する意思」を生存中に「書面」で表示している場合に限られる。すなわち、「本人の生前の意思表示」が絶対条件となる。

　「脳死」が「人の死」であれば、遺族の承諾を得るだけで移植を行うことができるはずであり、旧「角膜及び腎臓の移植に関する法律」は、そのような構成になっていた。しかし、旧「臓器移植法」は、本人の「自己決定」を基礎として、「脳死体からの臓器の摘出」を合法化したといえる。なお、このような「生前の意思表示」は、「書面」で行われる必要があるとされたことから、「日本臓器移植ネットワーク（JOT：Japan Organ Transplant Network）」（1997年に設立された唯一の臓器斡旋団体）が厚生省（当時）とともに「臓器提供意思表示カード」（ドナーカード）を発行した。また、民法961条の「15歳に達した者は、遺言をすることができる。」との規定に基づき、「臓器提供の意思表示」も「遺言」と同様の扱いが必要とされたことから、「15歳以上の者」に限り有効とされた。その結果、意思表示能力を欠く者（意識不明者や幼児・小児）からの臓器摘出はできないことになった。

［4］遺族の承諾

　旧「臓器移植法」では、「本人の意思」があっても「遺族の承諾」がなければ、臓器を摘出することはできないとされた。「本人の意思」だけでなく、「遺族の承諾」も要件とされたのは、事後の紛争を避けるためであるが、本人の「自己決定」を基礎としながら「遺族の意思」が優先されるという点で矛盾もみられた。

［5］脳死判定

　「脳死」については、「全脳の機能が不可逆的に停止」した状態とされ、その判定には、杏林大学の竹内一夫教授を班長とする厚生省（当時）の「脳死

に関する研究班」の判定基準（竹内基準）が適用された。なお、基準では、「幼児」（6歳以下）は除外された。

2.　臓器移植法の改正

　旧「臓器移植法」では、「脳死」を「人の死」と容認したが、1例目の実現は、平成11（1999）年2月であり、その後も提供数は伸び悩むなど国内事情は依然として死体臓器不足が深刻化した状況にあった。これは、臓器提供に、①臓器提供に関する書面による本人の意思表示かつ家族の承諾（又は家族の不存在）、②脳死判定に関する書面による本人の承諾かつ家族の承諾（又は家族の不存在）を必要条件とした世界的にも極めて厳格な要件に起因する。

　他方で、肝臓の一部や片方の腎臓を健康な親族が提供する「生体移植」が1990年代以降全国的に普及し、大きく進展した。ただし、そうした選択肢もない患者のなかには、移植のために海外渡航する人が続々と現れた。外国人が海外で臓器移植を受ければ、その国の患者の機会が減ることにもつながるため、日本人の海外渡航移植への依存は、WHO臓器移植に関する委員会で「日本は金にあかせて世界の臓器を買い漁っている」と非難されるなど国際的な批判の対象となった。

　先進国の国民が、途上国などでお金を払って臓器提供を受ける移植ツーリズムへの批判が高まり、海外渡航移植の自粛を求める国際移植学会の「イスタンブール宣言」（2008年）の採択によって、「臓器は国内で公平に分配されるべきで移植が必要な患者の命は自国で救うこと」と自国外で臓器移植を受けることへの自粛が求められた。さらに、2010年に、WHOが臓器移植の自国内完結を求める新指針を出したことにより、渡航移植に厳しい目が向けられることになった。その結果、中国は臓器売買及び外国人への移植を禁止し、日本はフィリピンへの渡航移植を阻止する必要性が生じた。また、旧「臓器移植法」では、15歳未満の提供禁止規定が小児心臓移植の障壁となっていたが、日本人の小児心臓移植は、受入可能国がアメリカ・ドイツ・カナダの3国に限定され、外国人の受入れについても5％に制限された。

　このような国際情勢、法化の要請、ならびにドナー不足への打開策とし

て、「脳死」が「人の死」であることを基礎とし、「遺族の承諾」で「小児」を含めた臓器の提供が行えるよう「臓器移植法」改正へと向かわせることになった。

国会には、A案～D案の4案が提出され、採決の結果、A案が国会を通過し、平成22（2010）年に「臓器移植法」が改正された。

(1) 死の定義（6条）

旧「臓器移植法」は、脳幹を含む全脳の機能が不可逆的に停止するに至ったと判定された者のうち、「身体から移植術に使用されるための臓器が摘出されることとなる者」に限って、その身体を「脳死した者の身体」とする旨を定めていた（旧「臓器移植法」6条2項）。改正臓器移植法は、その点を変更し、「『脳死した者の身体』とは、脳幹を含む全脳の機能が不可逆的に停止するに至ったと判定された者の身体をいう。」（改正臓器移植法6条2項）と規定して、臓器摘出を予定するか否かにかかわらず、「脳死判定」をされた者の身体はすべて「脳死した者の身体」とした。

(2) 臓器摘出の要件（6条）

「医師は、次の各号のいずれかに該当する場合には、移植術に使用されるための臓器を、死体（脳死した者の身体を含む。）から摘出することができる。」

　①本人の意思による臓器の提供

　　死亡した者が生存中に当該臓器を移植術に使用されるために提供する意思を書面により表示している場合であって、その旨の告知を受けた遺族が当該臓器の摘出を拒まないとき又は遺族がないとき。

　②本人の意思が不明な場合

　　死亡した者が生存中に当該臓器を移植術に使用されるために提供する意思を書面により表示している場合及び当該意思がないことを表示している場合以外の場合であって、遺族が当該臓器の摘出について書面により承諾しているとき。

本人が臓器提供意思を書面によって示している場合、遺族が臓器の摘出を拒まなければ臓器提供が可能となる。また、旧「臓器移植法」では、「本人の意思が不明な場合」は臓器を摘出することができなかったが、今回の改正で、本人の拒否の意思表示がない場合は、ドナーカード（意思表示カード）

【旧法と改正 4 案の特徴】（読売新聞2009年 5 月30日一部加筆）

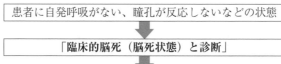

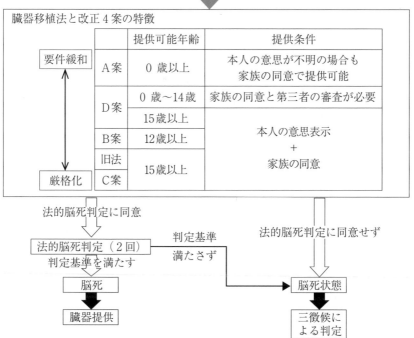

などの書面で本人の意思が確認できない場合でも、「遺族の承諾」、すなわち「遺族の意思」により臓器の摘出が可能になった。結果、改正臓器移植法は、日本における「脳死判定」ならびに「臓器移植のあり方」を大きく変えることになった。

　今回の改正において、「要件」と「手続き」によって臓器移植法との関係で「脳死」を「人の死」としたことは、法により人為的な死の線引きを可能にするとともに、「脳死」を「死」と考えるか否かを「個人の選択」に委ねたといえる。臓器提供者の意思表示がない場合に、家族・遺族に判断してもらう点に加え、旧法の認めるシステムでは、臓器提供者候補から除外されていた「15歳未満の小児」についても「遺族の意思」で臓器提供が可能に

なったことで、「小児に対する臓器移植」の道が開かれたことは、最も重要な改正点である。旧法が、「本人の意思」（自己決定）を基礎としていたのに対し、改正法は、「遺族の意思」を基礎とした新しい法律に転換したともいえる。なお、ここにいう「遺族」の範囲は、従前と同様、ガイドラインで「原則として、配偶者、子、父母、孫、祖父母及び同居の親族」とされた。

　ただし、このような改正によっても移植医療への不信は根強く、日本の現状に法は追いついていない。なぜなら、遺族は、以前にも増して重要な判断を迫られることになるからである。脳機能が完全に失われても、生命維持装置を装着すれば、脳の不可逆的停止が三徴候による死に先行する状態となり、これが脳死とされる。しかし、脳死状態は、体温があり、汗もかき、髪や爪も伸びる。この状態の人間を「もう死んでいる」とみなすのか、あるいは「まだ生きている」とみなすのか。また、たとえドナーカード（意思表示カード）を所持していなくても、本人の意思がはっきりと示されていれば、遺族はそれが臓器提供の承諾であろうと拒絶であろうと、それに従った決断を下すことが可能である。しかし、本人の意思が明白でない場合、遺族は独自の判断で、主治医や臓器移植コーディネーターから臓器提供を行うかどうかの決断を迫られることになる。この場合、遺族の判断が患者本人の意思を代替することになり、問題が大きくなる。特に、脳死者が小児や知的障害者の場合に、恒常的にこの問題が生じると考えられる。

　他方で、臓器提供に関わる医師、看護師などの負担も問題になっている。嘆き悲しむ親に臓器提供を切り出しにくいという医療関係者が多く、また、子どもの場合は、虐待がなかった確認を必要とすることがハードルになっている。さらに、臓器提供が進まないのは、脳死判定と臓器摘出ができる体制の整った「提供病院」が限られていることも要因と考えられている。提供病院になるためには、移植に関わらない医師2人以上で脳死判定をし、子どもなら虐待の可能性を検討する委員会を開く必要がある、などの条件がある。大学病院や救命救急センターなど全国約900施設が提供病院になり得るが、必要な体制が整っているのは約3割と、病院側にも事情がある。

(3) 親族への優先提供の意思表示（6条の2）

　「移植術に使用されるための臓器を死亡した後に提供する意思を書面によ

り表示している者又は表示しようとする者は、その意思の表示に併せて、親族に対し当該臓器を優先的に提供する意思を書面により表示することができる。」

旧「臓器移植法」では、臓器提供の促進を促すために、このような「優先提供の意思表示」はなく、移植の「最適性」が優先されていた。この点も、法の理念に係わる重要な変更である。なお、優先提供できる「親族の範囲」は、ガイドラインで「配偶者、子及び父母」と限定されている。

(4) 虐待を受けた児童への対応（附則）

「政府は、虐待を受けた児童が死亡した場合に当該児童から臓器が提供されることのないよう、移植医療に係る業務に従事する者がその業務に係る児童について虐待が行われた疑いがあるかどうかを確認し、及びその疑いがある場合に適切に対応するための方策に関し検討を加え、その結果に基づいて必要な措置を講ずるものとする。」

(5) ガイドラインの改正

法律の改正を受けて、「法の運用に関する指針」（ガイドライン）が一部改正され、新たに①親族の範囲（親子と配偶者に限定、特別養子縁組を除く養子や事実婚は認めない）、②有効意思表示（15歳以上、書面による）、③親族関係の確認（公的証明書による）、④臓器提供のための自殺の防止等が追加された。

[1] 臓器提供の意思表示

①本人の書面による意思表示

ドナーカードによる本人の意思表示ができるのは、従来通り「15歳以上」とされた。

②臓器提供を拒否する意思表示

臓器提供を拒否する意思表示は、法の解釈上、書面によらないものでも有効とされ、「脳死判定」は行わないとされた。

③知的障害者等からの意思表示

知的障害者等からの意思表示の取り扱いについては、今後さらに検討すべきものとされ、主治医等が家族等に対して病状や治療方針の説明を行う過程で、患者が知的障害者等の臓器提供に関する有効な意思表示が困難となる障害を有する者であることが判明した場合においては、年齢にかかわ

らず、当面、その者からの臓器摘出は見合わせることとされた。この点につき、知的障害者の「意思決定の権利」と「保護」をどう考えるかという課題が残る。

【日本の臓器移植を巡る課題】

> **移植を待つ患者がいる病院**

　・国内でのドナー不足
　・海外渡航は負担大
　・待機中に死亡する可能性

 移植を受ける患者の選定

> **日本臓器移植ネットワーク（JOT）**
>
> 　（ドナーから移植希望者へ臓器を斡旋する国内唯一の組織。専任のコーディネーターが手続きや移植病院への連絡、臓器搬送の調整などを行う。）
> 　・患者の選択ミス
> 　　　　　→ コンピューターシステムの不具合
> 　　　　　　ドナーと患者をつなぐ移植コーディネーターの人材不足

 コーディネーターの派遣

> **臓器を提供する病院**

　・体制が整っていない
　・脳死患者の家族に臓器提供を言い出しにくい

【臓器移植法と改正臓器移植法の違い】

（日本臓器移植ネットワーク NEWSLETTER 2010 より）

	改正前	改正後
法的脳死判定と臓器提供の条件	本人の書面による意思表示と家族の承諾	①法改正前と同じ ②本人の意思不明の場合（拒否意思表示がない）は家族の承諾で可
臓器提供できる年齢	15歳以上	制限なし （生後12週未満は除く）
親族への優先順位	当面見合わせる （運用方針で決定）	親子と配偶者に限り認める（本人の書面による意思表示が必要）
被虐待児への対応	―	虐待で死亡した児童からの提供を防ぐ
普及啓発活動	―	運転免許証等への意思表示の記載を可能にする等の施策

【改正臓器移植法の臓器提供までの流れ】

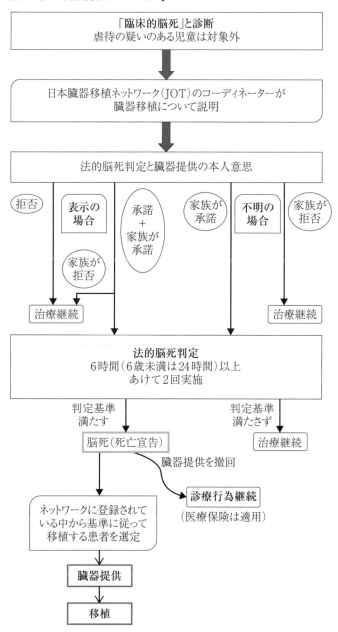

[2]　親族への優先提供の意思表示

　優先提供できる「親族の範囲」は、「配偶者、子及び父母」に限定された。なお、「事実上の配偶者」は除外され、「養子及び養父母」については、「特別養子縁組」に限定した。

[3]　脳死判定

　「脳死判定」は、「法的脳死判定マニュアル」（平成11年）に準拠して行うとされる。従来の「脳死判定基準」は、6歳未満の「幼児」を脳死判定の対象から除外していたが、新しいガイドラインは、「幼児の脳死判定及び臓器提供等に関する調査研究」に準拠して行うとする。「判定」（検査）は、2回行われ、2回目は、「6歳未満の者にあっては、24時間以上」を経過した時点で行うこととされた。なお、これは、幼児の脳が大人の脳より可塑的であり、蘇生力が強いことを考慮したものである。

[4]　虐待を受けた児童への対応

　虐待が行われた疑いがある児童（18歳未満）が死亡した場合には、臓器の摘出は行わないとされた。そのため、児童からの臓器提供を行う際には、「虐待」が行われた疑いがあるかどうかについて確認し、虐待を受けて死亡した児童からの臓器提供がないよう防護措置をとることが義務付けられた（施行規則改正附則5条）。

3.　生体移植

(1)　「生体移植」とは

　「生体移植」とは、「親族間移植」、配偶者や配偶者の家族などをレシピエントとする「非血縁親近者間移植」、「非指定（匿名）移植」、「二組間移植（ペア移植）」、待機リストに従ってレシピエントが選択される代わりに、ドナーの希望するレシピエントが待機リストにおいて優遇される「リスト提供」の五種類があげられる。

　わが国では、脳死ドナー不足という深刻な現実を背景に、親子間などで生体移植が行われている。しかし、生体からの移植は、生きている人を傷つける行為であり、刑法上、「傷害罪」（204条）に該当する。それが正当化されるのは、以下の法的理由からである。

①医療行為としての正当性と相対的利益性

　臓器提供者（ドナー）からの臓器摘出が、臓器受容者（レシピエント）の救命・健康の回復を目的として行われ、その価値・利益が、ドナーの被る負担やリスクに優遇する。

②方法・手続きの適正性

　摘出が、医学的に承認された方法に従い、ドナーを過度の危険にさらすことなく行われることを内容とする。なお、その実施前に、必要に応じて倫理委員会などで検討がなされることもこれに含まれる。

③自己決定

　患者（レシピエント）と臓器提供者（ドナー）双方が摘出行為の内容・性質、危険等のマイナス面も含めた情報について十分に提供されたうえで理解し、双方の「自発的な同意」（自己決定）に基づいて行われることで、初めて正当化される。したがって、生体臓器提供に際しては、臓器提供と臓器移植についての十分なインフォームド・コンセントが行われる必要がある。自発性の確認だけではなく、関係する家族の同意、臓器提供手術の実際、予想される手術後の合併症などについて、移植医・クリニカルコーディネーター・看護師などが余裕をもって十分に説明を行い、可能な限り疑問点を解消する必要がある。

　ただし、健康な家族が臓器提供者（ドナー）になる生体移植には、法規制がなく、学会による病院の認定制度などもない。そのため、家族内の問題になってしまう傾向があり、脳死移植に比べると医学的・倫理的な歯止めが緩くなる危険性がある。

(2)「生体からの臓器移植の取扱いに関する事項」（ガイドライン）

　改正臓器移植法のガイドラインは、「生体からの臓器移植の取扱いに関する事項」についても定めている。

　　①「生体からの臓器移植は、健常な提供者に侵襲を及ぼすことから、やむを得ない場合に例外として実施されるものであること。」

　　「生体から臓器移植を行う場合においては、法第 2 条第 2 項及び第 3 項・第 4 条、第11条等の規定を遵守するため、以下のとおり取り扱うこと。」

②「臓器の提供の申し出については、任意になされ他からの強制でないことを、家族及び移植医療に関与する者以外の者であって、提供者の自由意思を適切に確認できる者により確認しなければならないこと。」

③「提供者に対しては、摘出術の内容について文書により説明するほか、臓器の提供に伴う危険性及び移植術を受ける者の手術において推定される成功の可能性について説明を行い、書面で提供の同意を得なければならないこと。」

④「移植術を受けて摘出された肝臓が他の患者の移植術に用いられるいわゆるドミノ移植において、最初の移植術を受ける患者については、移植術を受ける者としてのほか、提供者としての説明及び同意の取得を行わなければならないこと。」

⑤「移植術を受ける者に対して移植術の内容、効果及び危険性について説明し書面で同意を得る際には、併せて提供者における臓器の提供に伴う危険性についても、説明しなければならないこと。」

⑥「臓器の提供者が移植術を受ける者の親族である場合は、親族関係及び当該親族本人であることを、公的証明書により確認することを原則とし、親類であることを公的証明書により確認することができないときは、当該施設内の倫理委員会等の委員会で関係資料に基づき確認を実施すること。」

⑦「親族以外の第三者から臓器が提供される場合は、当該施設内の倫理委員会等の委員会において、有償性の回避及び任意性の確保に配慮し、症例ごとに個別に承諾を受けるものとすること。」

(3) 臓器売買を巡る事件

　臓器の摘出については、移植を行う医療機関の「倫理委員会」において、調査や審査を厳格に行うことが必要であるが、それでも不正防止は困難である。実際に、平成18（2006）年9月に宇和島徳洲会病院（愛媛県）で行われた生体腎移植で、臓器移植法11条（臓器売買の禁止）に抵触するとして、1997年の同法施行後、初の逮捕者がでた。この「宇和島徳洲会病院事件」の概要は以下の通りである。

　腎移植を受けた男性には、内妻がおり、レシピエント側がドナーを内妻の

妹であると偽った。一方、説明を受けた病院側は、戸籍等を書面で確認せず
に移植を実施した。なお、ドナーには、臓器売買禁止についての認識はな
く、30万円の謝礼金と150万円相当の乗用車を受領した。同年12月26日、
松山地裁宇和島支部は、レシピエントに懲役 1 年、執行猶予 3 年の有罪判
決を下し（確定）、ドナーを略式起訴、罰金100万円、乗用車没収の略式命令
を下した。

　なお、執刀医は立件されなかったが、同医師を中心に癌などにかかった腎
臓を移植する「病腎移植」が長年行われていたことが発覚し、レシピエント
に対する病腎移植が治療行為として正当化される要件である、①医学的適応
性、②医術的正当性、③患者の同意、のうち②と③の要件を具備していたの
かが問題視された。また、この事件では、親族確認が不十分だった病院の管
理体制も問題とされた。

　この事件を受けて、平成18（2006）年11月に日本移植学会の理事会で、
「倫理指針（生体腎移植の提供に関する補遺）」が示され、提供者の本人確認に
関して、レシピエントと同一世帯の場合には、顔写真付きの公的証明書で確
認する（顔写真付きの公的証明書がない場合は、倫理委員会に本人確認のための
資料を提出し、倫理委員会が判断する）こと、提供者と移植希望者との間に金
銭授受などの利益供与が疑われる場合には、即座に提供に至るプロセスを中
止すること、などを定めた。

　さらに、平成19（2007）年 7 月12日に「『臓器の移植に関する法律』の運
用に関する指針（ガイドライン）」（厚生省保健医療局長通知）が一部改正さ
れ、「生体からの臓器移植の取扱いに関する事項」が新たに設けられた。そ
の後、平成29（2017）年10月 8 日の改正で、病腎移植への対応について、
「疾患の治療上の必要から腎臓が摘出された場合において、摘出された腎臓
を移植に用いるいわゆる病腎移植については、医学・医療の専門家において
一般的に受入れられた科学的原則に従い、有効性及び安全性が予測されると
きの臨床研究として行う以外は、これを行ってはならない。」と定められ
た。ただし、本指針は、生体臓器移植に関して「親族同士を原則とする」と
規定しているものの、親等制限については規定がない。親族以外の第三者が
ドナーとなる場合は、移植学会倫理指針と同様に、「当該施設内の倫理委員

会等の委員会において、有償性の回避及び任意性の確保に配慮し、症例ごとに個別に承認を受けるものとすること」と要求するにとどまる。さらに、養子縁組についても規定がなく、移植の可否の判断は現場任せになっているのが実状である。

　また、平成27（2015）年7月にもホームレスの男に臓器移植のための腎臓を提供させようとしたとして、暴力団幹部とホームレスの男2人が臓器移植法違反の容疑で逮捕されている。この事件は、平成25（2013）年12月から平成26（2014）年4月にかけて、暴力団幹部の知人で人工透析治療中の元組員に生体腎移植手術を受けさせるため、ホームレスの男に報酬200万円で腎臓の提供を約束したとするものである。平成26（2014）年4月に、生体移植が認められる親族を装うため、元組員がホームレスの男を養子にしたとする虚偽の養子縁組届を区役所に提出し、受理させた。しかし、ホームレスの男が警視庁に計画を打ち明け、移植手術は行われなかった。なお、3人は、ホームレスの男が転居したとする虚偽の転入届を平成25（2013）年に市役所に提出して受理させたとして、平成27（2015）年6月に警視庁に電磁的公正証書原本不実記載・同供用容疑で逮捕されていた。臓器移植法では、臓器提供やあっせんの対価として金銭などの授受を禁じ、約束しただけでも5年以下の懲役又は500万円以下の罰金が科せられることから、警視庁は、臓器提供を受けるために住民登録をするなどした行為が臓器売買の約束にあたると判断した。

第8節　薬害訴訟

1.　薬害と訴訟

　通常、「医薬品」は、病気の予防・診断・治療に用いられるが、「医薬品」は化学物質であるため、有害な作用が存在する。その有害な作用のうち、医薬品等との因果関係が否定できないものが「副作用」である。有害な作用が存在するにもかかわらず、医薬品の使用が是認されているのは、治療上の効能・効果と副作用の両者を考慮したうえで、有害な作用（危険性）を上回る効果・効能（有効性）が認められるからである。現行の薬機法は、医薬品の

承認制度において、医薬品等を製造販売するにあたり「その効能、効果に比べて著しく有害な作用があり、医薬品又は医薬部外品として使用価値がないと認められるとき」は承認を与えないと規定し（14条）、医薬品等には「有害な作用」が存在することを前提に承認している。ただし、この有害な作用である「副作用」がすべて「薬害」とされるわけではない。副作用による健康被害のうち、社会的に是認された有害作用ではなく、「医薬品を適正に使用」又は「適正として指示されて使用」したにもかかわらず、多数の人々に医学的に有害で受忍できない健康被害が生じ、その被害を食い止めるための対策が十分に実施されなかったり、又は遅延したことにより被害が拡大し、社会的な重大問題に発展したものが「薬害」である。

　薬害の本質は、医薬品の有害性に関する情報が軽視・無視されて使用された結果、社会的に引き起こされた健康被害であり、本来避けることができた人災であった点にある。製薬企業が安全性を無視して利潤を追求し、情報の隠蔽や歪曲を行ったことで被害が拡大した。また、製薬企業と行政の癒着による産官学医の協力体制も薬害の大きな要因である。当時の薬事法の医薬品の有効性・安全性の評価に関する規定が不十分であったことに加え、安全性軽視の医療や行政が行われ、国による統制が機能しなかったことなどがあげられる。他にも、マスコミによる過熱報道によって社会的差別や偏見が助長される結果となった。

　被害者は、①過失（注意義務違反・違法性）、②因果関係（法的因果関係・蓋然性）、③損害（生命・健康被害）を立証し、企業のみならず、行政の法的責任（権限の不行使）を明確にするために、訴訟（民事、刑事、又はその両方）を提起し、これらの訴訟が「薬害訴訟」と呼ばれるようになった。薬害防止には、①薬害監視・調査機構の確立、②患者・被害者の権利を保護する法律の制定など、社会的対策の徹底が求められる。薬害訴訟では、金銭的賠償以外に、生存被害者の健康回復や健康管理支援・遺族相談事業・社会的差別の解消などの「被害者救済制度」の法制化と真相究明に基づく「薬害発生の未然防止」も含めた「恒久対策」が求められた。

2. 代表的な薬害訴訟

(1) ペニシリンショック死事件

　日本において、医薬品の副作用が初めて問題になり、戦後の薬害の先駆的な例として薬害防止における行政の迅速な対応の重要性を示すことになったのが、「ペニシリン」（1928年に発見された抗生物質）による「アナフィラキシーショック」である。

　昭和31（1956）年 5 月 15 日、東京大学法学部教授の尾高朝雄氏（当時57歳）が、歯科治療中に抜歯後の化膿止め用としてペニシリン注射を受けた直後に胸の苦しさを訴え、そのまま意識不明となり、救急手当を受けたが死亡した。この症状は、「アナフィラキシーショック」とも呼ばれる急性アレルギー反応によるものであり、血圧低下・呼吸困難・全身虚脱などのショック症状を引き起こし、死に至ることもある。

　尾高氏は、日本学術会議の副会長も務める高名な学者であったため、社会的反響も大きく、事件は新聞で報道され、医療現場ではペニシリンの慎重投与が求められるようになった。なお、事件当時、アナフィラキシーショックを起こす体質についてはすでに認識されており、同様の死亡例が1953年から1956年の間に108例報告されていたにもかかわらず、厚生省（当時）はペニシリンに関する対策を何らとっていなかった。この事件を契機に、行政は初めて対策に乗り出し、厚生省は、医務・事務局長名でペニシリンの副作用に注意を払うよう通達（①ペニシリンを使用しようとする患者のペニシリン副作用、又はアレルギー性疾患の既往歴の有無について問診を行うこと、②その問診の結果、ペニシリン副作用を起すおそれがあり、他の治療法を用いることが適当と思われる場合は、それによること）を出した。医療関係者にペニシリンの慎重な投与を求め、アレルギーテストを実施するようになった結果、ペニシリンショックによる死亡者数は激減した。

(2) サリドマイド訴訟

　「サリドマイド」は、グルタミン酸誘導体として1953年にスイスで開発されたが、著名な薬理作用がなく開発が中止された。その後、旧西ドイツのグリュネンタール社によって、サリドマイドに睡眠・鎮静作用があることが見出され、副作用の少ない睡眠鎮静薬として1957年10月から「コンテルガン」

の名称で欧州で市販された。もともと著名な薬理効果が見出されなかったこともあり、安全性が高いとの認識がなされ、主に大衆薬として販売された。同時に、「悪阻（つわり）」にもよく効くと評判がたち、妊婦にも使用された。日本では、独自の製造方法でサリドマイド剤が作られ、昭和33（1958）年1月20日から「イソミン」の名称で最初は睡眠薬として市販され、翌年8月22日には、胃腸薬「プロパンM」に配合して販売された。発売当時は、副作用も少なく「妊婦にも安全」と宣伝していたために、妊婦の不眠症や悪阻の苦痛の改善に用いられた。

　ところで、昭和34（1959）年頃から、欧州や日本でサリドマイドを服用した人の直接作用として、多発性神経炎・中枢神経刺激症状などの神経系の障害や、特に妊娠初期の妊婦がこの薬を服用した場合に四肢の先天異常を主徴とするサリドマイド胎芽病と呼ばれる障害（最も代表的なものは、上肢や大腿がなく、肩から直接前腕や下腿が出ているアザラシ肢症（フォコメリア）に代表される体肢部分欠損）のある胎児を出産することが報告されるようになった。

　昭和36（1961）年11月、ハンブルグ大学のレンツ博士が旧西ドイツのライン・ウェストファーレン小児科医師会会議で「サリドマイドの副作用と四肢奇形の関係性」について報告し、サリドマイドを含む医薬品コンテルガンを妊娠初期に服用した母親から生まれた子どもに四肢の発育不全による手足の奇形であるアザラシ肢症がみられるとする、いわゆる「レンツ警告」を発してサリドマイド含有の医薬品の回収を求めた。旧西ドイツでは、レンツ警告に従って販売中止と回収を行った。なお、アメリカでは、FDA（食品医薬品局）のケルシー審査官が、催奇形性の文献調査からサリドマイドの毒性・副作用に疑念を抱き、新薬承認を認めなかったことから、治験段階に発生した数名の犠牲者だけに止まっている。

　日本には、昭和36（1961）年12月5日にグリュネンタール社の勧告が製薬企業に届き、翌日、厚生省（当時）と製薬企業がレンツ警告について協議した。しかし、レンツ警告は科学的根拠のないものであり、有用な薬品を回収すれば社会不安を起こすとして販売続行が決定した。昭和37（1962）年2月22日に、『タイム』誌が、サリドマイド被害の記事を掲載したにもかかわらず、厚生省は、前日の2月21日にサリドマイド剤「パングル」に製造許

可を与え、グリュネンタール社の勧告を無視し続けた。グリュネンタール社は、3月と4月に、製造販売をやめない製薬企業に対して警告を発し、さらに、朝日新聞が、5月18日に旧西ドイツのサリドマイド被害についてのボン支局の報告を報道した。これを受け、製薬企業は報道による混乱を防ぐため、厚生省に出荷停止を申し入れた。サリドマイド剤は出荷停止になったが、すでに出荷された在庫品は回収されることなく売られ続けた。ようやく昭和37（1962）年9月13日に厚生省は回収命令を出したが、この回収措置は不完全なもので、地方の薬局では在庫が販売され続け、1963年後半頃まで回収作業は完了しなかった。

　昭和36（1961）年、被害者は、サリドマイドを製造・販売した製薬企業と、レンツ警告後もサリドマイドの製造を承認し、しかも速やかな回収命令を怠った国（厚生省）を相手に損害賠償請求訴訟を提起した。訴訟は、因果関係や過失をめぐり10年にわたって長期化したが、昭和46（1971）年10月13日、当時の厚生大臣が「安全性の確認とレンツ警告の対応に落ち度があった」として、国と製薬企業の責任を公式に認め、和解が成立した。賠償内容は、①被害児・親への損害賠償（2800万円～4000万円）、②製薬企業が福祉センター（サリドマイド被害者の各種救済と福祉事業を行う「財団法人いしずえ」）の基金として5億円を拠出し、訴訟遂行の諸費用の補償として2億4000万円を支払う、などである。

　サリドマイドは、医薬品が胎児に影響を及ぼすことを示した最初の事例であり、戦後の薬害の原点として位置付けられている。この事件を契機に、世界各国で医薬品の安全性確保に関する認識が高まり、各国の薬事法が相次いで改正された。日本でも、薬事制度の根幹を揺るがした大きな薬害事件として、現在の薬事制度導入のきっかけとなった。非臨床試験の段階から、立体異性体に対する安全性を研究・調査するなど、医薬品の安全性の研究が重要視されるようになり、昭和38（1963）年から新薬申請時の動物による催奇形性試験（現：生殖発生毒性試験）の実施が義務付けられた。また、薬務行政において医薬品の安全確保のための体系的な施策として、昭和42（1967）年に行政指導による企業から厚生省への医薬品副作用モニター制度（現：「医薬品副作用報告制度」）が開始された。さらに、承認制度が見直され、昭和43

（1968）年に「医薬品の製造（輸入）承認（現在の「製造販売承認」）に関する
基本方針」が定められた。

（3）アンプル入り風邪薬事件

　「アンプル入り風邪薬」とは、ピリン系の解熱鎮痛剤（アミノピリン、スル
ピリン等）を主成分とし、ビタミン剤などを加えて水溶液にしたものであ
る。飲用することで即効性があるとして、1950年代当時は、錠剤や粉末状
とは別に薬局などで普通に購入できる市販薬として各社から販売されてい
た。

　昭和40（1965）年の2月から3月にかけて、千葉・静岡・大阪などでア
ンプル入り風邪薬を服用した者がショックなどのアレルギーで急死する事故
が続出した。昭和34（1959）年から昭和40（1965）年にかけて死者数が38人
に達し、マスコミが連日大々的に取り上げたこともあって、厚生省（当時）
は、1965年に、製薬企業に対して販売停止と回収を指示した。しかし、そ
の後もアンプル入り風邪薬は販売され、同年に国会の社会労働委員会で問題
になるなど、全面販売禁止命令が出されるまで販売は継続された。

　当時の中央薬事審議会は、アンプル入り風邪薬事件が起こった理由を「使
用者にある種の体質異常がある場合は風邪薬の成分、服用量が極量以下でも
中毒を起こす。アンプル剤は錠剤、粉末に比べて吸収速度が極めて早いため
血中濃度が急速に高値に達しその毒性の発現が著しく強い」と説明してい
る。この事件は、薬の錠型が成分の体内吸収・排泄等に影響を与え、副作用
が現れる原因となりうることを示すことになった。

　この事件と同時期に社会問題化していた「サリドマイド薬害」も踏まえ、
医療用医薬品の一般消費者向けの宣伝広告が制限・禁止されるようになっ
た。さらに、副作用の情報を集める手段として、昭和42（1967）年に副作用
モニター制度が発足し、この制度は、平成9（1997）年に医療用具モニター
制度・薬局モニター制度と統合、拡大されて「医薬品等安全性情報報告制
度」へと発展した。これにより、一般薬を含む医薬品、医療用具の使用の結
果認められた副作用、感染症、不具合に関する情報を医薬品等との因果関係
が明確でない場合も含めて収集する制度が確立された。また、薬効問題懇談
会において、医薬品の安全性や有効性の見直しが検討され、昭和46（1971）

年の同懇談会の答中に基づき、行政指導による再評価が実施された。

(4) スモン訴訟

　「スモン（SMON）」とは、整腸剤「キノホルム」を原因とした副作用の諸症状（亜急性−脊髄−視神経−抹消神経障害）の英名の頭文字（Subacute Myelo-Optico Neuropathy）をとって命名された薬害である。スモンの副作用被害は、まず、腹部膨満の後激しい腹痛を伴う下痢が起こる。続いて、足裏から次第に上に向かって痺れ・痛み・麻痺が広がり、ときに視力障害を起こして失明に至る。さらに、膀胱・発汗障害などの自律障害症状・性機能障害など全身に影響が及ぶ。また、中枢神経麻痺・末梢神経麻痺・感覚麻痺の3つが加わったスモンによる運動機能障害は、機能回復が極めて困難であるとされる。

　もともとキノホルムは、1899年にスイスで外用殺菌剤として開発され、次いでアメーバ赤痢用内服薬として慎重に使用されていた。日本では、昭和4（1929）年に急性大腸カタル、疫痢などの患者に効果があることが報告され、昭和14（1939）年の第五改正日本薬局方の一部改正で初めて局方品と認められた。戦後は、副作用のない薬として数多くの医薬品に配合、幅広く大量に使用されるようになり、「整腸剤」として通常の下痢などの消化器症状まで適応が拡大され、1日投与量あるいは投与期間についても制限が緩められていった。

　昭和30（1955）年頃から和歌山と三重、その後、昭和40（1965）年頃までに東京・岡山・福岡・鹿児島の限定された地域で集団発生したことから、当初はキノホルムが原因であるとの認識はなく、風土病や感染症が疑われた。しかし、昭和42（1967）年から昭和43（1968）年にかけて大量発生（10,000人超）したことで社会的注目を集め、原因不明の奇病と恐れられた。厚生省（当時）は、昭和44（1969）年に「スモン調査研究協議会」を設置し、国として原因究明に乗り出した。

　昭和45（1970）年、東京大学薬学部の田村善蔵教授がスモン患者に特有の緑色の尿や便、舌に現れる苔状のものを分析し、緑色の結晶がキノホルムと鉄のキレート物質であることを突き止めた。その後、ただちに新潟大学医学部の椿忠雄教授がスモン患者171名の疫学調査を行い、患者の97%がキノホ

ルムを服用していたことから、キノホルムがスモンの原因であると発表した。スモンは、キノホルムを安易に大量かつ連続投与されたことによる副作用発現が原因であることが明らかとなったことをうけ、厚生省は、同年9月にキノホルムの販売中止措置を取り、その結果、スモン新規発症患者数は激減した。昭和47（1972）年、スモン調査研究協議会は、疫学的事実や動物実験結果を根拠に「スモンと診断された患者の大多数がキノホルム剤の服用によって神経障害を起こしたものと判断される」と総括した。

　スモンの原因が「キノホルム」薬害であることが確定すると、被害者団体が結成され、①スモンとキノホルムの因果関係、②製薬企業ならびに国の責任の明確化、③原告個別のスモン罹患の因果関係、を主たる争点として被害者救済を求める集団訴訟が各地裁で提起された。訴訟は、全国33地裁、8高裁にまたがり、原告数は合計7561名に達する大訴訟となった。その後、患者団体は全国組織を結成し、「救済」のみならず「薬害の根絶」を求める裁判闘争を展開した。昭和54（1979）年9月15日には、東京地裁の斡旋によって国及び製薬企業がその責任を認め、被害者救済の道筋を定めた確認書に調印し、当時の厚生大臣が謝罪するとともに、薬害根絶の努力を約束した。昭和54（1979）年から昭和56（1981）年に出された10地裁における患者1人あたりの平均認容額は1651〜2996万円、最高額は6300万円であった。昭和54（1979）年の「確認書和解」では、①1000〜2500万円の基準金額に年齢・超重症等の修正要素を加算した一時金、②毎年3万円の健康管理手当、③毎月超重症者に6万円、超々重症者に10万円の介護費用などを被告側が支払うことが確認された。最終的に大多数がこの確認書に基づく訴訟上の和解での解決となって、平成8（1996）年に裁判は終結した。スモン被害で補償を受けた被害者は6470人、和解総額は約1430億円にのぼり、世界最大の「薬害事件」へと発展するとともに、「薬害根絶」を掲げたこの裁判闘争は、その後の薬害裁判に強い影響を与えた。

　スモン患者の運動を契機に、厚生大臣の権限が強化され、昭和54（1979）年の「医薬品等の品質、有効性及び安全性を確保すること」を明示した薬事法（現：医薬品医療機器等法）改正の原動力となるとともに、「再審査制度」が導入された。また、スモン患者の救済を契機に、同年、「医薬品副作用被

害救済基金法」が成立し、翌年には医薬品の製造販売業者等の社会的責任に基づく共同事業として、副作用による健康被害の迅速な救済を目的とする「医薬品副作用被害救済制度」が創設された。

(5) クロロキン事件

「クロロキン」は、1934年にドイツで抗マラリア薬として開発され、その後、慢性腎炎・妊娠腎・慢性関節リウマチ・全身性エリテマトーデス・てんかん等の治療に用いられるようになった。

日本では、昭和30（1955）年に旧薬事法のもとでリン酸クロロキンが国民医薬品集に収載され、販売が開始された。昭和35（1960）年には、慢性腎炎の治療薬としてクロロキン製剤のキドラ（オチロン酸クロロキン錠）に製造許可がなされ、翌年にリン酸クロロキンが日本薬局方に収載された。その後、キドラは、昭和39（1964）年までの間に、妊娠腎・エリテマトーデス・リウマチ関節炎・てんかん等の効能追加が承認されたが、この根拠に乏しい適応拡大によって被害が拡大した。

昭和34（1959）年に、海外でクロロキン製剤の長期投与による副作用として、眼底黄斑が障害され、網膜血管の狭細化による視野欠損などを主症状とする「クロロキン網膜症」の発症が報告された。クロロキン網膜症には治療法がなく、薬の服用を中止しても視覚障害が進行するため、アメリカでは警告が発せられていた。日本でも、昭和37（1962）年にクロロキン網膜症の症例が報告されたが、厚生省（当時）は、情報公開や製薬企業に対する指導など適切な対応をとらなかった。

クロロキン製剤は、昭和42（1967）年に劇薬、要指示薬に指定され、当時の副作用モニター制度により調査が行われた。昭和47（1972）年にクロロキン製剤の再評価が行われ、昭和51（1976）年に公表された。その結果、マラリア・関節リウマチ・エリテマトーデスについては有効性・有用性が認められたものの、腎疾患については有効性を副作用が上回る場合があるとして有用性を認めず、てんかんについては有効と判断する根拠がないとされたため、製造中止措置がとられたものの、回収措置までには至らなかった。なお、昭和34（1959）年から昭和50（1975）年の日本での被害者数は1000人以上と推定されている。この事件は、医薬品の適応拡大が引き起こしたわが国

特有の薬害である。

(6) 薬害エイズ訴訟

「エイズ（後天的免疫不全症候群 Aquired Immuno-Deficiency Syndrom：AIDS）」は、身体の免疫機能が損なわれ、通常は身体に害を及ぼさないウイルスや細菌、真菌などに感染することで身体機能が低下し、死に至る疾病である。主な感染経路は性的接触であるが、HIV感染者の出産時に母乳を介しての感染や注射針を経由した感染もある。なお、日本では、性交渉や注射による感染はほとんどなく、大多数が血液製剤を介しての感染である点に特徴がある。

1970年代末に、1人あるいは2人分の国内産血液からつくるクリオ製剤よりも簡便な濃縮凝固因子製剤が登場し、治療に使用されるようになったが、これらの製剤には、ウイルスを不活化するための加熱処理がなされていなかった。1980年代に、主に血友病患者に対して出血を止める、あるいは出血を予防するための薬としてアメリカから輸入された「血液凝固因子製剤」（非加熱製剤）が、「ヒト免疫不全ウイルス（Human Immuno-Deficiency Virus：HIV）」に汚染されていたことで、多数のHIV感染者及びエイズ患者を出したのが「薬害エイズ」である。

アメリカでは、数千人の血液を混ぜてつくる非加熱製剤の危険性が明らかとなり、1982年に加熱処理によってウイルスを不活化した安全性の高い加熱製剤を承認・販売したが、日本での承認は1985年で、アメリカよりも大幅に遅れていた。また、日本では、加熱処理製剤の承認後も製薬企業が輸入・販売を続け、厚生省（当時）も非加熱製剤の回収指示などの対策をとらなかったことで被害が拡大した。日本の血友病患者の半数余り（厚生労働省推定1600〜2000人）がHIVに感染し、うち約600人以上が死亡した。さらに、当時は、血友病以外の疾病や手術後の出血予防のために投与されるなど、血液製剤を安易に消費する傾向にあったことや、医師による感染告知が遅れ、患者の配偶者などに感染が広がるなど、二次・三次感染が生じた。

被害者は、1989年に国（厚生省）と製薬企業5社を相手取り、大阪と東京の両地裁に損害賠償請求訴訟を提起した。裁判では、非加熱血液製剤投与の使用を継続した責任に加え、販売中止・回収及び加熱製剤への切り替え等の

対応時期に関する責任について、血友病の専門医・厚生省の責任者・製薬企業の三者の刑事責任が問われた。また、裁判において、厚生省や製薬企業が隠してきた事実（厚生省・製薬企業・医師による「官業医の癒着」の存在など）が次々と明らかになったことで一大社会問題に発展した。

　平成 8 （1996）年 3 月、被告が全面的に責任を認め、一時金の支払いと、被害者救済を図るため、国は原告らと協議をしながら各種の恒久対策を実現させることを内容とする和解が成立した。具体的内容は、①一時金として 1 人4500万円（負担割合：国 4 割、製薬企業 6 割）の支払い、②エイズ発症者に対して発症者健康管理手当（月額15万円）の支払い、③未発症者に対する国の健康管理費用（この時点で約 3 万5000円〜 5 万1000円）の支払いの継続、などである。また、薬害エイズ被害者の救済事業と薬害再発防止を目的に、福祉センター「はばたき福祉事業団」が設立され、東京に本部、札幌・仙台・名古屋・福岡に支部を配置して、全国に散在する被害者の救済と恒久対策の実現に向けて活動を続けている。

　平成 9 （1997）年には、和解条項に基づき、薬務局組織改革と市販後調査の拡充、承認体制の変更が行われ、安全部門と産業振興部門が分離されるとともに、「医薬品等健康危機管理実施要領」が制定された。

(7) ソリブジン事件

　帯状疱疹治療薬として平成 5 （1993）年に発売された「ソリブジン」は、市販後わずか40日間で14人の死者を、 1 年間で23人（死者16人）の被害者を出した。ただし、その発生機序は、ソリブジン自体によるものではなく、ソリブジンを多剤と併用することによって起こる薬物相互作用によるもの（患者が服用しているフルオロウラシル（ 5 -FU）系抗癌剤との併用により 5 -FU の代謝酵素をソリブジンの代謝物が阻害し、無顆粒球症などの重篤な血液障害が生じた）であった。この問題は、開発時の動物実験による併用毒性試験の段階から報告され、治験段階でも薬剤との因果関係は認められなかったものの、これと疑われる死亡事故があり、承認時の添付文書にもこの問題が指摘され、 5 -FU 系薬と併用禁忌であることが記載されていた。しかし、帯状疱疹では皮膚科の受診が多くなり、他科診療患者の処方薬歴の把握ができなかったことや、当時はまだ患者に対するインフォームド・コンセントの概念

が普及していなかったこともあって「癌告知」がなされず、抗癌剤投与を知らずにソリブジン投与を避けられなかったことも被害の発生要因となった。また、事件発生後も医薬品の回収が徹底されず、通知後にも被害が発生した。

　他の薬害と異なり、ソリブジン事件は、特定の他剤（5-FU系薬）との併用により被害が発生しやすくなる新たなタイプの薬害事件であり、「多剤併用禍」といわれた。また、薬害の原因と危険性に関する情報が提供されていたにもかかわらず、防止ができなかった背景には、製薬企業の医薬品情報担当者が副作用情報を十分に伝達していなかったこと、医師・薬剤師などの医療関係者が添付文書の内容について十分に認識していなかったこと、薬剤を使用した患者が薬剤の情報に注意を払わなかったことなど、複数の問題点が重なったことが考えられる。

　この事件は、薬歴の共有など医薬品の適正使用のあり方を考えさせる契機となった。他科受診時の医薬品の同時併用の危険性が示唆され、医薬品の代謝も含めた情報、複数科受診による情報の共有化のために、添付文書の記載要領が見直され、「警告」「禁忌」等の特に注意が必要なものを本文冒頭に記載するよう改善がなされるとともに、薬剤師による薬歴管理やお薬手帳の活用が注目された。また、治験のあり方の見直し、市販後調査の精密化、さらには医薬品審査・承認の機構上の改革が積極的に行われた。

(8)　薬害肝炎（C型肝炎ウイルス汚染：HCV）

　「薬害肝炎」とは、昭和39（1964）年から昭和62（1987）年に、DIC（播種性血管内凝固症候群）や産後の大出血、重傷外傷の治療を受けた患者に対して投与されたフィブリノゲン（血液凝固因子）製剤が、C型肝炎ウイルス（HCV）に汚染されていたことにより発症したC型肝炎の感染被害のことである。C型肝炎の症状は、全身倦怠感、食欲不振、悪心・嘔吐などの症状に続いて、黄疸が出現する場合もあり、慢性化することが多く、肝硬変・肝臓癌などの主な原因になる。

　薬害肝炎訴訟で問題となった血液凝固因子製剤の「フィブリノゲン製剤」や「血液凝固第IX因子製剤」は、数千人から2万人以上の供血者による血漿をプールしたもの（プール血漿）から作られていたため、供血者の中に1

人でも肝炎ウイルス感染者がいた場合、プール血漿全体が汚染されてしまう危険性があった。そのため、1人ないし2人の供血者の血液から作られる血液製剤や輸血に比べて、肝炎ウイルスに汚染される危険性が高いことが1960年代から指摘され、アメリカのFDA（食品医薬品局）は、1977年にフィブリノゲン製剤の製造承認を取り消していた。しかし、日本では、被害の原因となったフィブリノゲン製剤は、昭和39（1964）年に承認されてから1990年頃まで、血液凝固第Ⅳ因子製剤は、昭和47（1972）年から昭和61（1986）年まで販売され、推定投与数は約29万人、推定肝炎感染数は1万人以上と試算されている。

　このような危険な血液製剤を製造・販売した製薬企業の責任と、血液製剤の製造を承認するなどした国の責任を追及するために、東京13名、大阪3名の被害者が平成14（2002）年10月21日に東京地方裁判所及び大阪地方裁判所に提訴し、その後、福岡地方裁判所、名古屋地方裁判所、仙台地方裁判所でも提訴がなされた。しかし、4つの地方裁判所（大阪・福岡・東京・名古屋）では国と製薬企業の賠償責任が認められたが、原告の一部は投与した時期の違いから被害の救済から除外された。

　平成19（2007）年11月に大阪高裁で和解勧告が出され、国・企業・患者団体の間で和解の方向に進んだ。また、平成20（2008）年1月11日には、被害者全員の一律救済を目指す「C型肝炎患者被害を救済するための給付金の支給に関する特別措置法（薬害肝炎被害者救済特別措置法）」が議員立法により成立した（同年1月15日「基本合意書」の調印）。この法律において、国は、被害を防止できなかったことに関する責任を認めるとともに、国と製薬企業が拠出する基金により、肝硬変や肝臓癌（死亡を含む）の場合は4000万円、慢性C型肝炎患者は2000万円等の救済を実施することになったが、救済対象はカルテ等により感染を証明できる被害者に限られた。その後、本法律と和解基本合意書により各地方裁判所や高等裁判所において原告と国の和解が成立した。

　薬害C型肝炎発生の背景には、薬害エイズ事件と同様に官業医の癒着構造があったことから、この薬害の検証及び再発防止についての報告書には、行政・企業・医療関係者の対応として、情報公開・伝達システムの構築に主体

的に取り組むことの重要性が指摘されている。また、B、C型肝炎の医療体制を整備する国の責務を前文に明記し、予防・早期発見・治療といった必要な施策を講じることを国及び地方自治体に義務付けた「肝炎対策基本法」が平成21（2009）年11月に成立した。

(9) 医原性クロイツフェルト・ヤコブ病（CJD：Creutzfeldt-Jakob Disease）

　「クロイツフェルト・ヤコブ病（CJD：Creutzfeldt-Jakob Disease）」は、3〜13年の潜伏期間を経て発症し、脳の中にスポンジ状の空洞ができ、中枢神経が侵されることによる視覚異常、記憶力低下、歩行障害の初期症状から進行し、短期間のうちに体を動かすことも話すこともできない「無動性無言」と呼ばれる植物状態になる。身体の麻痺、付随意運動障害、骨格筋の収縮、不定の異常行動、意識障害が発現し、発病後平均1〜2年以内に全身衰弱、呼吸筋麻痺、肺炎などで死に至る。被害は、脳外科手術の硬膜縫合時に移植を受けた患者に多く確認された。その原因は、ヒト乾燥硬膜移植によって異常なプリオンタンパク質が蓄積し、脳の一部が海綿状に変化することで脳神経細胞の機能が障害される医原性の発症である。発症率は100万人に1人前後と極めて稀な難病で、現在のところ根治療法は見つかっていない。

　「ヒト乾燥硬膜」は、死体から採取した脳の硬膜を原材料とし、脳外科手術の際に切除した硬膜を補充するために使用される。1969年から臨床応用が開始され、1991年までに世界で約50万件以上使用された。日本では、昭和48（1973）年から旧薬事法による輸入承認を得た医療用具（現：医療機器）としてドイツから輸入した「ライオデュラ（Lyodura）」をヒト乾燥硬膜として使用していた。ヒト乾燥硬膜は、平成9（1997）年のWHO勧告に基づき、使用中止と回収措置がとられたが、①メーカーと輸入代理店との意思疎通が不十分であったこと、②代理店に情報収集能力がなかったこと、③当時の厚生省は医療機器に対する危険性の認識が薄かったこと、などが影響し被害が拡大した。

　この事件は、ヒト由来を含め生物製剤を医薬品あるいは医療材料として使用する場合に、極めて厳格な検査が必要であることを示しており、さらにその基礎的な研究の重要性も示唆している。薬害エイズとこの事件の解決を契

機に、わが国では、2002年7月の薬事法改正で、生物由来製品に関する規制や独立行政法人医薬品医療機器総合機構による生物由来製品感染等被害救済制度が創設された。また、医療機器（医療用具）のうち、生物由来製品については、ドナー・セレクションとルック・バック体制（ドナー記録の保存）が盛り込まれた。

(10) 新三種混合ワクチン（MMR）禍

　MMRワクチンとは、従来単独で用いられていた麻疹（Measles）、おたふくかぜ（Mumps）、風疹（Rubella）の予防生ワクチンを一度に接種ができるよう、利便性を向上させるため混合したものである。

　新三種混合ワクチン禍は、半田市保健センターでMMRワクチンの接種を受けた子ども744人のうち7人が発熱・嘔吐・痙攣等を伴う無菌性髄膜炎に罹患したと報告されたことから始まった。平成5（1993）年4月に接種を中止するまでの間に180万人の子どもに接種され、約2000人に死亡や重篤な後遺症を生じさせるなどの被害を及ぼし、大きな社会問題となった。被害者は、全国予防接種被害者の会を結成して活動し、平成18（2006）年4月の大阪高裁判決で国と関連企業の責任が確定した。

　MMRワクチンによる無菌性髄膜炎事件、それに続くMMRワクチンの接種中止により、国民の予防接種に対する信頼性が大きく失墜し、その影響のためか麻疹ワクチンの予防接種率が大幅に低下した。

3. 健康被害救済制度

　医薬品は、人の生命・健康の維持に直接関与し、疾病の治療には必要不可欠なものである。しかし、有効性がある一方、一定の確率で副作用も起こりうるため、万全な予防策をとっていても副作用の発生を予見し、その発生を完全に防止することは、現在の科学水準をもってしても困難である。医薬品の特性ゆえに、民法では賠償責任を追及することが難しく、たとえ追及することができても、訴訟では多大な労力と時間を要することになる。患者や家族に民事責任（損害賠償責任）とは無関係に健康被害や生活に対する迅速な資金的サポートを提供し、現実的救済を図るために、「独立行政法人医薬品医療機器総合機構（PMDA：Pharmaceuticals and Medical Devices Agency）」

において救済措置が実施されるようになった。

　医薬品医療機器総合機構は、健康被害救済業務として、①医薬品副作用被害救済制度の運用、②生物由来製品感染等被害救済業務、③スモン患者に対する健康管理手当等の受託・貸付業務、④HIV感染者、エイズ発症者に対する健康管理費用等の受託業務、⑤「特定フィブリノゲン製剤及び特定血液凝固第Ⅸ因子製剤によるＣ型肝炎感染被害者を救済するための給付金の支給に関する特別措置法」に基づく給付金の支給事業、を行っている。

(1) 医薬品副作用被害救済制度

　キノホルムによるスモン事件を契機に創設された「医薬品副作用被害救済制度」は、許可医薬品又は許可再生医薬品を適正な使用目的に従い適正に使用したにもかかわらず、副作用によって一定以上の健康被害が生じた場合に医療費等の諸給付を行うものである。「独立行政法人医薬品医療機器総合機構（PMDA）」が運営し、病院又は診療所への入院が必要な程度の疾病、障害などの健康被害に対して救済給付が行われる。「適正な使用」とは、医薬品の容器あるいは添付文書に記載されている効能・効果、用法・用量、使用上の注意に従って使用されることが基本となる。「適正な使用目的」かつ「適正に使用する」ことが必要となるため、すべての副作用について救済がなされるわけではない。また、入院が必要と認められる場合であって、諸事情からやむを得ず自宅療養を行っている場合でも救済の対象となる。

　救済の対象は、「許可医薬品」又は「許可再生医療等製品」である。「許可医薬品」は、薬機法に基づく製造販売業の許可を受けて製造販売されたもの、及び製造販売の承認が必要な医薬品はその承認を受けて販売されたものであり、病院・診療所で処方された医療用医薬品、薬局・ドラッグストアで購入した要指導医薬品、一般用医薬品のいずれも含まれる。平成26（2014）年から新たな対象に加わった「許可再生医療等製品」は、①人又は動物の細胞に培養等の加工を施したもので、(i)身体の構造・機能の再建・修復・形成するもの、(ii)疾病の治療・予防を目的として使用するもの、②遺伝子治療を目的として、人の細胞に導入して使用するもの、である。

　副作用の発生が避けられない抗癌剤や免疫抑制剤などの一部の指定された医薬品、治験薬などの無許可・未承認のものによる被害、副作用があるとは

想定されていない体外診断用医薬品、動物用医薬品、法定予防接種を受けたことによるもの、医薬品の製造販売業者などに明らかに損害賠償責任がある場合、などは救済の対象にならない。医薬部外品、化粧品、医療機器も医薬品でないことから対象から外される。

　被害が発生した場合、①救済給付を受けようとする本人が、直接、医薬品医療機器総合機構に対して副作用救済給付を請求する。救済給付を請求する場合は、副作用の発症や症状、経過、それが医薬品等を使用したことによるものであるという証明が必要である。そのため、医師の診断書や投薬を行った医師の証明書、あるいは薬局等で購入した一般用医薬品によるものの場合は、販売証明書などが必要である。②医薬品医療機器総合機構は、被害者に係る疾病、障害又は死亡が許可医薬品等の副作用によるものであるかどうかその他医学的薬学的判定を要する事項に関し、厚生労働大臣に判定を申し出る。③厚生労働大臣は、判定の申出があったときは、薬事・食品衛生審議会の意見を聴いて判定を行い、医薬品医療機器総合機構に対し、医学的薬学的判定の結果を通知したうえで、請求のあった者に対して給付を行うことになる。

　医薬品医療機器総合機構が救済を開始した後に、副作用救済給付を受けている者に係る疾病、障害又は死亡の原因となった許可医薬品等について賠償責任者が明らかになった場合には、救済はその責任者に引き継がれ、以降の副作用救済給付は行われない。また、副作用救済給付に係る疾病、障害又は死亡の原因となった許可医薬品等について賠償の責任を有する者がある場合には、その行った副作用救済給付の価額の限度において、副作用救済給付を受けた者がその者に対して有する損害賠償の請求権を医薬品医療機器総合機構が取得する。

　救済給付は、健康被害を受けた者の状況により内容は異なるが、大別して、「疾病」、「障害」、「死亡」の3種類がある。医薬品の副作用により、①入院治療を必要とする程度の医療を受けた場合には、「医療費」（医療機関等の窓口での自己負担金全額を給付）と「医療手当」、②日常生活が著しく制限される程度の障害がある場合には、「障害年金」と「障害児養育年金」、③死亡した場合には、「遺族年金」、「遺族一時金」、「葬祭料」が給付される。な

お、救済給付には請求期限があり、医療費・医療手当は医療開始から5年、遺族年金・遺族一時金・葬祭料は死亡の時から5年である。障害年金と障害児養育年金の請求には期限はない。

　医薬品医療機器総合機構の救済給付金には、許可医薬品等の製造業者が納付する拠出金（副作用一般拠出金）が充てられている。その額は、製造販売をした許可医薬品等の前年度の総出荷数量を厚生労働省令で定める拠出金率を乗じて得た額としている。許可医薬品等の製造販売業の許可を受けた者は、出荷実績がなくても、すべて、副作用一般拠出金として毎年定められた額（1000円）を納付する義務がある。なお、薬局製造販売医薬品製造販売業も薬機法により許可を受けた製造販売業者であり、当然副作用拠出金を納付する。さらに、健康被害の原因となった許可医薬品等の製造販売業者は、医薬品医療機器総合機構が前年度に支給を決定した副作用救済給付のうち厚生労働省令で定める算定方法により算定した額（副作用付加拠出金）を納付し

【健康被害救済制度】

＊副作用が発生した場合、番号順に手続きが進められる

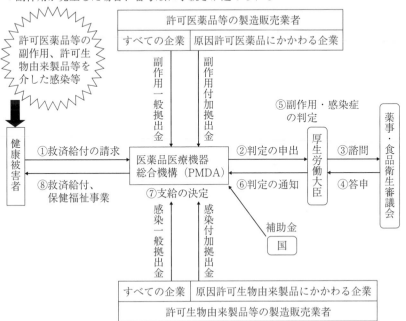

なければならない。

　医薬品医療機器総合機構の救済給付業務に必要な事務費の 2 分の 1 は国からの補助金（被害者へ支払う救済給付金には充てられていない）により、残りは医薬品製造業者等からの拠出金により賄われている。

(2) 生物由来製品感染等被害救済制度

　非加熱血液製剤による HIV 感染被害、ヒト乾燥硬膜による医原性クロイツフェルト・ヤコブ病感染被害を受けて、平成 16（2004）年 4 月 1 日から医薬品医療機器総合機構（PMDA）の業務に追加されたのが、「生物由来製品感染等被害救済制度」である。救済の対象は、「許可生物由来製品等を介した感染等」であり、救済までの条件や流れは医薬品副作用被害救済制度と

【救済の内容】（2021 年 4 月 1 日現在）

救済内容	受給者	概要	請求の期限
医療費	副作用又は感染による疾病について、病院又は診療所への入院を要する程度の医療を受ける者	以下に掲げる医療に要した費用の額（医療保険等が適用される場合には、その自己負担分） ① 診察 ② 薬剤又は治療材料の支給 ③ 医学的処置、手術及びその他の治療並びに施術 ④ 居宅における療養上の管理及びその他の療養に伴う世話その他の看護 ⑤ 病院又は診療所への入院及びその療養に伴う世話その他の看護 ⑥ 移送	5 年
医療手当		医療に要した費用に基づき、月を単位として支給	
障害年金	副作用又は感染により日常生活が著しく制限される程度の医療を受ける者	障害の等級（1 級、2 級）ごとに一定額を支給 1 級の場合：年額2,809,200円（月額234,100円） 2 級の場合：年額2,247,600円（月額187,300円）	――
障害児養育年金	副作用又は感染により日常生活が著しく制限される程度の障害の状態にある 18歳未満の者を養育する者	障害の等級（1 級、2 級）ごとに一定額を支給 1 級の場合：年額878,400円（月額73,200円） 2 級の場合：年額703,200円（月額58,600円）	――
遺族年金	副作用又は感染により死亡した者の遺族	許可医薬品等の副作用により死亡した場合 死亡した者により生計を維持していた家族に対して、原則10年を限度として一定額を支給	医療費等の支給を受けていた者：2 年 その他：5 年
遺族一時金		許可医薬品等の副作用により死亡した場合 死亡した者と生計を同じくしていた者に一定額を支給	
葬祭料	副作用又は感染により死亡した者の葬祭を行う者	許可医薬品等の副作用により死亡した場合：212,000円	

同様である。

第 9 節　臨床試験・臨床研究

1. 臨床試験

(1) 臨床試験・治験とは

　診断・検査・予防・治療などの新しい医療技術や新薬などは、動物実験などでその有効性について試験されるのが一般的である。しかし、実験動物でいかに優れた成果が認められても、人に対して有効とは限らない。また、医薬品などは、疾病に有効であると同時に副作用を伴うものであり、時にその有効性を上回る重大な人体への障害性を有することもある。そのため、新しい医療技術や医薬品・医療機器等の候補に対しては、その有効性と安全性について評価するための研究が行われる。これが「臨床試験」である。医薬品を製造・販売するためには、「厚生労働大臣の承認」が必要であり、承認の申請には、「臨床試験」の試験成績に関する資料を添付することが義務付けられている（薬機法14条 3 項）。

　また、そのうち、薬機法に基づき、医薬品などの臨床試験の成績に関する資料を収集し、医薬品の承認申請資料として用いることを目的とする試験を「治験」という。治験は、「第 1 相試験」、「第 2 相試験」、「第 3 相試験」の 3 段階に分けて行われる。なお、被験者が患者であることから、治療的実験ないし厳密な意味での臨床試験と考えられる。また、最近では、臨床試験を第 1 相～第 4 相ではなく、「臨床薬理試験」、「探索的試験」、「検証的試験」、「治療的使用」と分類することもある。

　本来、治験は、医薬品の製造販売の承認に必要な試験であるため、製造企業が新薬開発のための主導権をもち、治験依頼者となって実施する。これが「企業主導治験」である。一方、平成14（2002）年の薬事法改正、平成15（2003）年の医薬品の臨床試験の実施の基準（GCP）改正によって、欧米では標準薬でありながら、日本国内では導入されていない医薬品あるいはその適応などを承認申請するために、医師自らが治験を実施する「医師主導治験」が認められた。いずれにおいても、その開発の困難さから、治験の早期段階

において副作用や有効性を確認しながら開発の方向性を決めていく「POC（Proof of Concept）試験」（研究段階である新薬の有効性や安全性を人で探索して研究仮説（概念）を立証する試験）が医薬品創製の治験において重要な意味をもつようになった。

　また、わが国では、現在、国内での新薬承認時期が海外よりも遅いという「ドラッグラグ」の問題が深刻化しており、この問題を本質的に解消するためには、わが国における医薬品の開発時期を海外と同調させる必要がある。このための有効な手段の一つとして、近年では、開発初期の段階から国内での治験のみならず他国と共同で実施する、いわゆる「国際共同治験（グローバルスタディ）」（日米欧又はアジアなどにおいて同一の評価項目、適応性、プロトコールで実施される治験）が推進され、開発戦略の多様化が図られている。国際共同治験によって、新薬の世界同時開発・承認申請が可能になり、開発期間を短縮させることができるため、日本の患者が有効で安全な医薬品を世界に遅れることなく使用できるようになると考えられ、日本における薬剤治療レベルの向上及び公衆衛生の向上が期待できる。しかし、民族間における種差の問題もあり、副作用や投与量については国際共同治験から得られたデータを同列に考えるのは難しく、国際共同治験の実施中あるいは実施後に各国ごとで別途臨床試験を実施する場合もある。

【臨床研究・臨床試験・治験とは】

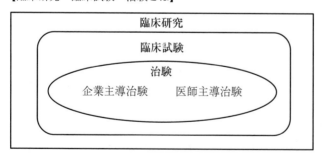

① 第 1 相試験（臨床薬理試験）
　第 1 相試験は、新薬を初めて人体に投与する試験段階である。この段

階は、薬物の効果を見るのではなく、治験薬の安全性及び薬物の体内動態を確認することが主目的である。動物実験の結果から推測される用量（最も効果的な投与量）について、薬剤の投与量を徐々に増やし、臨床で使われると予想される用量を上回るまで投与して忍容性（副作用が発見されても被験者が十分に耐えられること）、最大安全量及び薬物動態などを中心に検討する「漸増法」による試験、用量を固定して毎日定期的に投与し、毒性変化の現れる量とその変化の内容、変化の見られない量を調べる「反復投与試験」などがある。

　原則として、「健康な成人の志願者」（ボランティア）が参加する（抗癌剤の場合は患者）。健康な成人の場合、疾患患者に比べ、比較的短期間に治験参加者を集めやすいこと、また、他の薬剤を服用している可能性が低く、治験薬の安全性・薬物動態を確認しやすいこと、採血やその他の頻繁な検査に耐えることができるという有利な点がある。ただし、抗癌剤の場合は、毒性が強い薬であることが多く、健常者の健康を害してしまう可能性があるため、第1相試験から癌患者を対象に行われる。まだ人体による安全性が未確認の段階であるので、通常は妊娠の可能性のある女性を避け、男性で行われる。しかしながら、女性向けの薬などの場合は、閉経後の女性を対象とした第1相試験が行われることがある。また、薬物動態に男女差がある場合もあり、最近は女性を含めた第1相試験も行われてきている。

②第2相試験（探索的試験）

　第1相試験の結果をもとに、安全性が確かめられた用量の範囲内で、同意を得た「少数の患者」（200人以内）に対して治験薬を利用して、安全性、有効性及び薬物動態等を試験する。

　前期には、少数の患者での試験により有効性、安全性及び薬物動態の検討が行われ、後期では、より広い層の患者で有効性、安全性を明らかにし、治療効果上の特徴を調べるとともに、第3相試験での用法・用量及び至適量幅の設定（用量設定試験）が行われる。「二重盲検法（ダブルブラインドテスト）」（薬物を投与する医師と患者のいずれもが、被験薬か標準薬又はプラセボ（本物の薬と同様の外見、味、重さをしているが、有効成分は入っ

ていない偽物の薬。成分としては、少量では人に対してはとんど薬理的影響の
ないブドウ糖や乳糖が使われることが多い。）を用いた対照薬かを知らない状態
で投与される比較試験で、医師及び患者のお互いの心理的影響を排除すること
ができる方法）を採用した試験は、この試験段階で多く見られる。

③ 第 3 相試験（検証的試験）

　第 2 相試験で推定された用法・用量をもとに、第 2 相試験より年齢、
病態、重症度などにおいて幅のある「多数の特定適応疾患患者」を対象に
大規模な臨床試験を行う段階が第 3 相試験である。治験薬が市販された
場合に使用される状況に近い条件下で、意図した適応及び対象患者群にお
いて、第 2 相試験で得られた結果に基づく用法・用量に従い薬物を投与
し、その有効性と安全性、適応疾患における用法・用量、副作用、他剤と
の相互作用などを最終確認する。この試験において、承認のための適切な
根拠となるデータが得られる。

　通常、第 3 相試験では、有効性、安全性の比較のために「無作為化二
重盲検比較試験」などが行われる。「無作為化」とは、いくつかのある治
療群のいずれかに、治験に参加する患者をランダムに割り当てることに
よって、意識的な特定の治療群への偏り（バイアス）を減らし、真の薬効
差を推定する。対象患者数が数百人から数千人規模となることから、単一
施設ではなく多施設共同で実施される場合が多い。

④ 第 4 相試験（治療的使用）

　医薬品は、一般に、新薬（新有効成分含有医薬品）として承認された場
合、原則として 8 年後に使用成績調査、特定使用成績調査や製造販売後
臨床試験の結果をまとめて申請する「再審査」の義務がある。承認後に行
う製造販売後臨床試験を「第 4 相試験」と呼ぶことがあるが、これは治
験には該当しない。治験では、対象者を限定しているため、その多くで高
齢者や小児などは対象から除外されている。また、医薬品の使用量・使用
法も細かく定められたなかでの結果しか見ることができない。そのため、
製造販売後に幅広く使用された際に、これら患者群で治験では把握できな
かった予期せぬ副作用が発現する場合もあるため、第 4 相試験で製造販
売後調査（PMS：Post Marketing Surveillance）として市販後調査する必要

がある。

(2) 臨床試験の実施基準

医薬品の臨床試験に関しては、「医薬品の臨床試験の実施の基準に関する省令（GCP）」がある。この省令は、主に、新薬の臨床開発段階に適用され、医薬品の承認申請及び再審査申請等の目的で実施される臨床試験について、以下の2点を目的とする（1条）。

① 被験者の人権の保護、安全の保持及び福祉の向上

　人間を対象とする試験だけに、被験者の人権の保護に最大の配慮を必要とする。そのためには、まず、「被験者の同意」が基本となる。また、被験者に健康被害が発生した場合の「補償」も必要である。

② 治験の科学的な質及び成績の信頼性の確保

　治験は、「治験業務手順書」や「治験実施計画書」に従って、科学的に実施され、かつデータの信頼性が確保されなければならない。これらの目的を達成するため、「治験依頼者（製造業者）の責務」、「治験実施医療機関（病院）の責務」、「治験責任医師の責務」について定め、責任・役割分担を明確にしている。

【治験におけるインフォームド・コンセント】

　治験責任（分担）医師は、あらかじめ治験の内容等について被験者の理解を得るよう、文書により適切な説明を行い、文書により同意を得なければならない。

［同意文書に記載されている被験者に説明すべき事項］

　① 当該治験が試験を目的とするものである旨

　② 治験の目的

　③ 治験責任医師の氏名、職名及び連絡先

　④ 治験の方法

　⑤ 予測される治験薬による被験者の心身の健康に対する利益（当該利益が見込まれない場合はその旨）及び予測される被験者に対する不利益

　⑥ 他の治療方法に関する事項

⑦ 治験に参加する期間

⑧ 治験の参加を何時でも取りやめることができる旨

⑨ 治験に参加しないこと、又は参加を取りやめることにより被験者が不利益な取扱いを受けない旨

⑩ 被験者の秘密が保全されることを条件に、モニター、監査担当者及び治験審査委員会等が原資料を閲覧できる旨

⑪ 被験者に係る秘密が保全される旨

⑫ 健康被害が発生した場合における実施医療機関の連絡先

⑬ 健康被害が発生した場合に必要な治療が行われる旨

⑭ 健康被害の補償に関する事項

⑮ 当該治験の適否等について調査審議を行う治験審査委員会の種類、各治験審査委員会において調査審議を行う事項その他当該治験に係る治験審査委員会に関する事項

⑯ 当該治験に係る必要な事項

(3) 治験審査委員会（IRB：Institional Review Board）

治験審査委員会（IRB）は、すべての被験者の人権の保護、安全の保持及び福祉の向上を図るために、中立的立場から実施計画書や同意説明書を確認し、審査の対象となる治験が倫理的及び科学的に妥当かどうか、治験責任医師や治験実施医療機関等の的確性、有害事象等を審議して、当該実施医療機関における治験実施の適否を決定する。治験審査委員会が、治験を行うことが適当でない旨の意見を述べたときは、実施医療機関の長は、治験の依頼を受け、又は治験の実施を承認してはならない。

また、治験による有害事象の発生を防止するため、治験開始前にこの治験の内容を審査した治験審査委員会も1年に1回以上治験が適切に行われているかどうかを審査する。

なお、治験審査委員会は、治験実施医療機関の長が設置することが多いが、治験実施医療機関内の設置は義務ではなく、他にも学校法人や独立行政法人、特定非営利法人又は医療関係者により構成された学術団体などが設置することもできる。

【構成要員】

治験審査委員会は、以下に掲げる要件を満たしていなければならない

① 5 名以上の委員からなること

② 治験について倫理的及び科学的観点から十分に審議を行うことができること

③ 委員のうち、医学、歯学、薬学その他の医療又は臨床試験に関する専門的知識を有する者以外の者が加えられていること

④ 委員のうち、実施医療機関と利害関係を有しない者が加えられていること（③の委員を除く）

⑤ 委員のうち、治験審査委員会の設置者と利害関係を有しない者が加えられていること

【審議・採決】

以下に掲げる委員は、審査の対象となる治験に係る審議及び採決に参加することができない

① 治験依頼者の役員又は職員その他の治験依頼者と密接な関係を有する者

② 自ら治験を実施する者又は自ら治験を実施する者と密接な関係を有する者

③ 実施医療機関の長、治験責任医師等又は治験協力者

＊事務局担当の者は、治験協力者、治験責任医師等を兼務できる

2. 臨床研究

　「臨床研究」は、「人」を対象に実施される医学系研究で、①医療における疾病の予防方法、②診断方法及び治療方法の改善、③疾病原因及び病態の理解ならびに患者の生活の質の向上、を目的とする。また、臨床研究は、被験者である当該患者の治療を目的とするか否かで、「治療的臨床研究」と「非治療的臨床研究」に区別される。

(1) 倫理指針

[1] 人を対象とする生命科学・医学系研究に関する倫理指針（令和 3 年）

　人を対象とする生命科学・医学系研究は、医学及び医療技術の進展を通じて国民の健康の保持増進ならびに患者の傷病の回復及び生活の質の向上に大

きく貢献し、人類の健康及び福祉の発展に資する重要な基盤である。

　しかし、研究対象者の心身及び精神又は社会に対して大きな影響を与える場合もあり、倫理的・社会的・法的問題を招く可能性がある。研究対象者の福利は、科学的及び社会的成果よりも優先されなければならず、人間の尊厳及び人権が守られなければならない。

　そのため、文部科学省及び厚生労働省において、研究者が人間の尊厳及び人権を守るとともに、適正かつ円滑に研究を行うことができるよう、憲法・個人情報保護法・ヘルシンキ宣言等に示された倫理規範を踏まえ、従来の「疫学研究に関する倫理指針」及び「臨床研究に関する倫理指針」を統合し、平成26（2014）年12月に「人を対象とする医学系研究に関する倫理指針」（文部科学省・厚生労働省）が策定された。さらに、同指針は、令和3（2021）年3月に「ヒトゲノム・遺伝子解析と研究に関する倫理指針」と統合され、「人を対象とする生命科学・医学系研究に関する倫理指針」（文部科学省・厚生労働省・経済産業省）が新たに策定された。

[2] 目的及び基本指針

　本指針の対象となる研究は、人のみならず、人から得られる試料・情報も対象とし、傷病の成因、病態の理解、疾病の予防法、医療における診断方法、治療方法の改善又は有効性の検証を通じて、国民の健康保持増進又は患者の疾病からの回復若しくは生活の質の向上に資する知識を得ることを目的として実施される活動をいう。ただし、他の指針に該当する、若しくは法律に規定される調査研究及び治験などについては本指針の対象とはならない。

　本指針では、研究が研究対象者に課す侵襲の強さ、及び介入の有無に基づき、インフォームド・コンセントを受ける方法や健康被害への補償の必要性を判断するとされている。なお、「侵襲」とは、手術に伴う切開や医薬品の投与などの医療行為、心理的に強い影響を与える質問など、研究目的で研究対象者の身体又は精神に障害又は負担が生じることをいう。そのうち、健康診断と同程度の採血行為による負担などは、「軽微な侵襲」とされる。

　また、すべての関係者は、次に掲げる事項を基本方針として、この指針を遵守し、研究を進めなければならない。

①社会的及び学術的な意義を有する研究の実施

②研究分野の特性に応じた科学的合理性の確保

③研究により得られる利益及び研究対象者への負担その他の不利益を比較考量

④独立かつ公正な立場に立った倫理審査委員会による審査

⑤事前の十分な説明及び研究対象者の自由意思による同意

⑥社会的に弱い立場にある者への特別な配慮

⑦個人情報等の保護

⑧研究の質及び透明性の確保

(2)　倫理審査委員会

　医学研究や人体実験に参加する人（被験者）の人権保護を目的に、法律や行政規則（ガイドライン）などに基づき、大学等の研究機関に設置され、研究審査を行う委員会が「倫理審査委員会」（施設内審査委員会）である。

[1]　倫理審査委員会は、研究機関の長から研究の実施の適否等について意見を求められたときは、この指針に基づき、倫理的観点及び科学的観点から、研究機関及び研究者等の利益相反に関する情報も含めて中立的かつ公正に審査を行い、文書により意見を述べなければならない。

[2]　倫理審査委員会の構成は、研究計画書の審査等の業務を適切に実施できるよう、次に掲げる要件の全てを満たさなければならず、①から③までに掲げる者については、それぞれ他を同時に兼ねることはできない。会議の成立についても同様の要件とする。

①医学・医療の専門家等、自然科学の有識者が含まれていること

②倫理学・法律学の専門家等、人文・社会科学の有識者が含まれていること

③研究対象者の観点も含めて一般の立場から意見を述べることのできる者が含まれていること

④倫理審査委員会の設置者の所属機関に所属しない者が複数含まれていること

⑤男女両性で構成されていること

⑥5名以上であること

3. 臨床研究法

(1) 目的

　臨床研究法は、高血圧治療薬「ディオバン」（バルサルタン）の臨床研究データ改ざん事件（脳卒中などに対するディオバンの予防効果の検証を目的に5大学で行われた臨床研究の一部で、有利な結果になるようなデータの改ざんが確認された。5大学には販売元のノバルティスファーマ社から寄付金が支払われ、データの解析などに同社社員が携わっていた。）をはじめ、平成25（2013）年から平成26（2014）年に相次いで発覚した臨床研究に対する製薬企業等の不適切な関与やデータ操作等の研究不正を機に制定された。

　従来、日本では、新薬の承認申請のために行われる臨床研究である「治験」のみが薬機法に基づく法規制を受け、それ以外の臨床研究は、厚生労働省が定めた倫理指針に沿って行われてきた。しかし、指針通りに行われているかどうかのチェックが不十分なうえ、たとえ指針に違反しても罰則がなく、実効性に欠けるなどの反省から、今回、臨床研究法が制定されたことにより、治験以外の臨床研究に対して初めて法的規制が設けられることになった。

　臨床研究法は、「臨床研究の実施の手続、認定臨床研究審査委員会による審査意見業務の適切な実施のための措置」による手続的規制や臨床研究の質の確保、さらには「臨床研究に関する資金等の提供に関する情報の公表の制度」を設けることにより、①臨床研究の対象者、国民の臨床研究に対する信頼性の確保及び実施の推進、②保健衛生の向上に寄与、することを目的とする（1条）。このように、手続的規制を課すだけではなく、臨床研究の萎縮防止に配慮したうえで、手続自体の透明性を図ることによって研究不正を防止し、臨床研究の推進と国民の信頼の確保を指向している点に特徴がある。

(2)「臨床研究」の定義

　臨床研究法は、規制対象とする「臨床研究」について、薬機法の「治験」は含まない（これまでと同様に「医薬品の臨床試験の実施の基準に関する省令（GCP省令）」（平成9年厚生省令第28号）の適用を受ける）と整理したうえで、「医薬品等を人に対して用いることにより、当該医薬品等の有効性又は安全性を明らかにする研究」と定義する（2条1項）。さらに、医薬品の臨

床研究のうち、①医薬品等製造販売業者又はその特殊関係者（医薬品等製造販売業者と厚生労働省令で定める特殊の関係のある者をいう）から研究資金等（臨床研究の実施のための資金（厚生労働省令で定める利益を含む。）をいう）の提供を受けて実施する当該販売業者等の医薬品等の臨床研究、②医薬品医療機器等法における未承認の医薬品等又は適応外の医薬品等の臨床研究、のいずれかに該当するものを「特定臨床研究」と位置付け、実施基準の遵守等を義務付けるとともに、その他の臨床研究については実施基準遵守の努力義務を課す（同2項）。

　なお、臨床研究法は、医行為に該当するものにより行う研究で、割付等の介入行為を行うものを規制対象とするため、個々の患者に対する最適治療を目的に、通常の診療行為を行い、その経過や結果等について評価を行う「観察研究」は、同法における「臨床研究」に該当しない。また、いわゆる「手術・手技の臨床研究」については、個別性が高いこと、さらには、EUやアメリカでも原則として規制対象とはされていないことなどを考慮し、今回の立法化に際しては「臨床研究」に含まないとされた。ただし、手術・手技の臨床研究についても、研究対象者へのリスクが高いものがあることなどを踏まえ、「施行後2年以内に、先端的な科学技術を用いる医療行為その他の必ずしも十分な科学的知見が得られていない医療行為についてその有効性及び安全性を検証するための措置について検討を加え、その結果に基づき、法制上の措置その他の必要な措置を講ずるものとする。」とされ（附則2条1項）、今後の動向が注目される。

(3) 実施に関する手続き

　臨床研究法では、厚生労働省が「臨床研究実施基準」を定め（3条1項）、特定臨床研究を行う研究者らにその遵守を義務付けている。実施基準は、大きく分けて、「臨床研究の実施に関する手続き」と「製薬企業等の講ずべき措置」で構成され、①臨床研究の実施体制に関する事項、②臨床研究を行う施設の構造設備に関する事項、③臨床研究の実施状況の確認に関する事項、④対象者に健康被害が生じた場合の補償及び医療の提供に関する事項、⑤特定臨床研究に用いる医薬品等の製造販売をし、又はしようとする医薬品等製造販売業者及びその特殊関係者の当該特定臨床研究に対する関与に

関する事項、⑥その他臨床研究の実施に関し必要な事項、について定めることとされる（同2項）。

　臨床研究（特定臨床研究を除く）を実施する者は、臨床研究実施基準に従って実施するよう努め、特定臨床研究を実施する者は、同基準に従って実施しなければならない（4条）。

[1]　特定臨床研究の実施プロセス

　特定臨床研究を実施する者は、特定臨床研究ごとに「実施計画」を作成したうえで、厚生労働省に提出し（5条）、実施計画に従って実施しなければならず（7条）、実施計画には、モニタリングや製薬企業の関与など、実施基準に対応した内容を記載しなければならない。

　実施者が作成した実施計画は、臨床研究に関する専門的な知識経験を有するもので構成され、厚生労働省が認定する「認定臨床研究審査委員会」が審査し、実施の適否及び留意事項について意見を述べたうえで、実施者が、当該意見書を添付した実施計画を厚生労働大臣に提出する。認定臨床研究審査委員会の認定要件は、臨床試験に関する専門的な知識をもつ委員で構成され、公正な審査ができる体制を整えていることなどである【表】。特定臨床研究の実施計画を審査するとともに、研究者に義務付けられている副作用報告を受け、必要に応じて原因究明や再発防止のための意見を述べる。

[2]　特定臨床研究実施者に対する遵守事項

　特定臨床研究を実施する者には、①臨床研究実施基準の遵守（4条2項）、②実施計画の遵守（7条）、③適切なインフォームド・コンセントの取得（9条）、④特定臨床研究に関する個人情報の保護（10条）、⑤特定臨床研究の対象者の秘密の保護（11条）、⑥特定臨床研究に関する記録の作成・保存（12条）、の遵守が義務付けられている。

　臨床研究法は、上記規制の実効性を確保する観点から、監督にあたる厚生労働省の権限を強化した。これらの手続きや遵守事項について違反が疑われる場合、厚生労働大臣は、特定臨床研究を実施する者に対して報告徴収・立入検査を行い（35条1項）、違反の事実が判明した場合は改善命令により是正を求め（20条1項）、この命令に従わない場合には研究の一部又は全部の停止命令をかけることができ（同2項）、さらに、これに従わない場合に

は、懲役や罰金などの罰則の適用を規定している（41条）。なお、厚生労働大臣は、保健衛生上の危害の発生・拡大防止のために必要な場合には、改善命令を経ることなく特定臨床研究の停止等を命じることができる（19条）。

　また、特定臨床研究実施者に対して、特定臨床研究に起因すると疑われる疾病・死亡・障害・感染症が発生した場合には、認定臨床研究審査委員会への報告を義務付けるとともに、予期しない重篤なものについては、厚生労働大臣（PMDA）にも報告することを義務付けている（13条、14条）。厚生労働大臣は、毎年度、報告を受けた疾病等の発生状況について厚生科学審議会に報告し、その意見を聴いて、保健衛生上の危害の発生・拡大を防止するための必要な措置をとる。特定臨床研究実施者は、認定臨床研究審査委員会や厚生労働大臣へ定期的に研究の実施状況を報告しなければならない。また、厚生労働大臣は、特定臨床研究実施者や認定臨床研究審査委員会に対して、必要な報告の提出を求めたり、立入検査をすることができ、法律に基づく調査権限や改善命令等、指導・監督を行う。

[3]　製薬企業等の講ずべき措置

　臨床研究法では、特定臨床研究に対する製薬企業等の関与の透明性を確保し、国民の信頼確保を図るために、臨床研究に関する資金等の提供について、「契約の締結」と「研究資金等の提供に関する情報等の公表」が規定された。

　製薬企業などが、特定臨床研究を実施する者に対し、自社製品の医薬品等を用いる特定臨床研究についての研究資金等の提供を行う場合には、特定臨床研究を実施する者との間で、契約資金の額及び内容、当該特定臨床研究の内容その他厚生労働省令で定める事項を定める契約の締結を義務付け（32条）、また、研究資金等の提供に関する情報等の公表についても規定し（33条）、特定臨床研究を行う者とその所属機関への資金提供をインターネットの利用等の方法により毎年公表することを義務化している。なお、公表の範囲は、「研究費（臨床）」、「寄附金」、「原稿執筆料・講師謝金等」に限られ、接遇費は公表対象とはならない。「寄附金」と「原稿執筆料・講師謝金等」は、自社製品を使用した臨床研究の終了後2年以内のものも含まれる。違反した場合は、厚生労働大臣が勧告を行い、勧告に従わない場合は企業名が公表される（34条）。

【臨床研究法の内容】

臨床研究法	
臨床研究の実施に関する手続き	**製薬企業等の講ずべき措置**
・特定臨床研究の実施に関する措置 ・重篤な疾病等が発生した場合の報告義務 ・実施基準違反に対する指導・監督	・企業等の医薬品等の臨床研究に資金を提供する場合は、契約の締結を義務付け ・臨床研究に関する資金提供の情報公開の義務付け

【「臨床研究法」と「人を対象とする生命科学・医学系研究に関する倫理指針」】

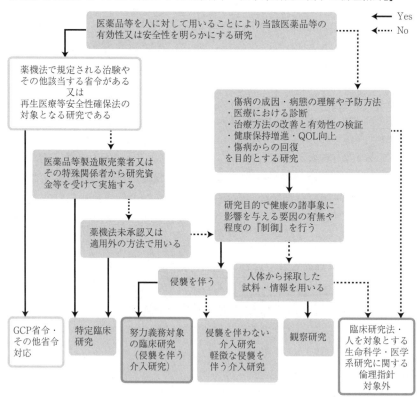

臨床研究法に従う　人を対象とする生命科学・医学系研究に関する倫理指針に従う

【臨床研究法の規制区分】（厚生労働省資料を一部改編）

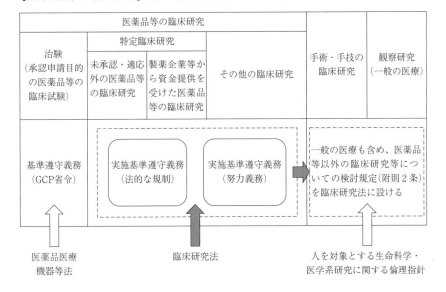

【特定臨床研究の実施手続】

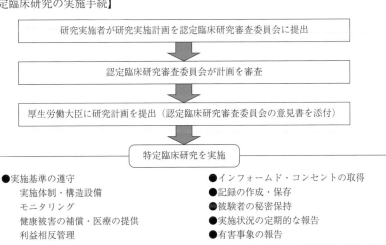

【 認定臨床研究審査委員会の構成要件 】

(1)　医学・医療の専門家
(2)　臨床研究の対象者の保護及び医学又は医療分野における人権の尊重に関して理解のある法律に関する専門家又は生命倫理に関する識見を有する者
(3)　上記以外の一般の立場の人
(4)　委員が 5 名以上であること
(5)　男性及び女性がそれぞれ 1 名以上含まれていること
(6)　同一の医療機関（当該医療機関と密接な関係を有するものを含む。）に所属している者が半数未満であること
(7)　臨床研究審査委員会を設置する者の所属機関に属しない者が 2 名以上含まれていること
(8)　苦情及び問い合わせを受け付けるための窓口を設置
(9)　運営に関する事務を行う者が 4 名以上（うち 2 名は、研究審査委員会等の事務局業務の経験が 1 年以上の専従者）

【臨床研究法における指導体制】

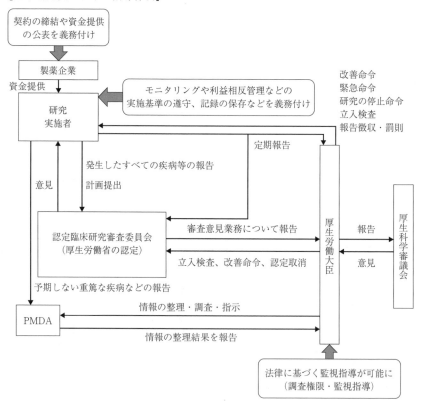

第10節　先進医療

1. ヒトゲノム解析と医療への応用

　人間は、1つの細胞内に、22種類の「常染色体」（長いものから順に番号がつけられている）と、X及びYと呼ばれる「性染色体」で構成される。両親からこの23本の染色体に書き込まれた一組30億個の文字列情報を受け継ぎ、人間の体を作っている個々の細胞は、すべて二組の「ゲノム」（60億個の文字列情報）をもつ。「ゲノム」は、生物がそれぞれ個体として生存するために必要十分な遺伝情報のセットを意味する。4種類の塩基（アデニン［A］、チミン［T］、グアニン［G］、シトシン［C］）が、糖・リン酸などと結合し、二重らせん状に連なるDNA（デオキシリボ核酸）でできている。1人の人間をつくり、生命活動を維持させていくために必要な22種類の常染色体と1種類の性染色体に含まれる全遺伝情報のことを「ヒトゲノム」という。3つの塩基の組合せが1つの遺伝暗号を形成し、それぞれの暗号がアミノ酸を指定してヒト1人につき30億の暗号が並んでいる。「遺伝子」は、ゲノムの一部で、酵素など生命活動に必要なタンパク質の設計図となる。塩基の配列によって合成されるタンパク質が異なる。

　平成2（1990）年から、ヒトゲノム約30億対のDNA塩基配列や全遺伝子の配列を解読し、その役割を明らかにすることを狙いとした「国際ヒトゲノム計画（Human Genome Project）」が開始され、アメリカを中心に日本・イギリス・ドイツ・フランス・中国などの国際共同研究として進められた結果、平成15（2003）年4月に完全解読を完了した。

　ヒトのDNA全塩基配列の解読が終了したことで、人間の生命体に関する解明や疾病などの治療研究に対して、遺伝研究が大きな役割を担うようになった。遺伝子は、生涯変わることのないデータであるため、多くの疾患がDNAレベルで特定可能になったことで、人間がどのような疾患にかかりやすいのかがわかるようになり、症状に合わせた予防的遺伝子治療や患者一人ひとりに合わせたオーダーメイド医療を行うことが可能になった。すでに、医療現場では、遺伝子検査をはじめ、予防医学分野では、高血圧・糖尿病・

心筋梗塞などの生活習慣病やアレルギー疾患、悪性腫瘍、感染症など遺伝子が関係するとされる健康問題への応用がなされている。一方で、そもそも遺伝情報は、本人にとって一生変わらないデータであるのみならず、血縁者や子孫にも共有されるものである。そのため、近年の研究の進歩に伴い、プライバシーに関する問題が一層複雑化することになった。

2.　遺伝子医療

(1)　遺伝子診断 (genetic diagnosis)

　ヒトゲノム解読の成果は、診断にも変革をもたらした。その1つに、遺伝子検査の結果に基づいて遺伝子を調べ、病気特有の塩基配列の有無を確認する「遺伝子診断」があげられる。この「遺伝子診断」は、一般に、疾患や機能異常を引き起こす遺伝子変異の有無を検出するために、血液などから採取したDNAを調べる手法である。遺伝医学関連学会「遺伝学的検査に関するガイドライン」（平成15年8月）の分類によると、遺伝子診断には、すでに発症した患者に対して病気の原因を確定するために実施する「確定診断」、将来の発症の可能性を検査する「発症前診断」「易罹患性検査」「家族性腫瘍に関する検査」、遺伝病の保因者（キャリア）であるかを調べる「保因者診断（キャリア診断）」、胎児の遺伝病を調べる「出生前診断」、着床前の受精卵の遺伝子を検査する「着床前診断」などがある。

　遺伝子診断は、疾病の予防や治療に画期的な技術として医療への貢献が期待され、癌や難病の分野ではすでに実用化が始まっている。一方で、社会生活にもたらす影響も大きい。遺伝子診断の希望の有無は、患者の権利（「知る権利」と「知らされない（知りたくない）権利」）として本人のプライバシーの問題に深刻な影響を与える。遺伝性疾患の多くが、医療では治療・治癒が不可能であることから、遺伝子診断は、普通の医療とは異なり、診断を下すだけで医療が終了するわけではなく、診断後のカウンセリングなど医療・医学的支援体制が必要となる。また、多くの人が遺伝子診断を受けるようになると、どのような疾病にかかりやすい体質かがわかり、遺伝子診断による体質の判明によって新たな遺伝的差別意識（就職・結婚・保険加入などの社会的差別）の芽生えになることが考えられる。特に、「出生前診断」では、胚・

胎児への「生命の選別」の問題が優生思想と結びついて問われ、「女性の生殖に関する権利（リプロダクティブ・ライツ）」との間でどのように調整するかが難しい倫理問題として提起される。さらに、遺伝子は、血縁者や子孫等この情報を共有する利害関係者すべての生命を規定し、これらの者のプライバシーにも多大な影響を及ぼすものとなる。遺伝関連医療は、従来の医療とは大きく異なる側面をもつことから、既存の法的アプローチでは不十分であり、生命倫理の新たな人権問題として多様な視点から保護や保障についての議論が必要となる。

(2) 遺伝子治療（gene therapy）

　遺伝子工学の目覚ましい発展によって、多くの疾病が、遺伝子レベルの異常によって引き起こされることが明らかになってきた。「遺伝子治療」は、異常な遺伝子を持ち、機能不全に陥っている細胞の欠陥を修復・修繕することで、疾患を治療する手法である。「遺伝子治療臨床研究に関する指針」（平成14年3月27日付 文部科学省・厚生労働省告示第1号）によると、遺伝子治

【遺伝子診断】

種　類	内　容	問　題
確定診断	既に発症した患者の病因を確定	陽性時の対応、血縁者への影響
発症前診断 易罹患性検査 家族性腫瘍に関する検査	将来の発症の可能性を確定	遺伝子差別
保因者診断	遺伝病の保因者（キャリア）か否かを確定	遺伝子差別
新生児マススクリーニング	早期新生児で治療可能な先天性異常があるか否かを検査	遺伝情報の保護
出生前診断	胎児の遺伝病を検査	生命の選別、障害者排除
着床前診断	着床前の受精卵の遺伝子を検査	生命の選別、障害者排除
先進医療で使用される遺伝子診断	先天性血液凝固異常症、ミトコンドリア病、家族性アルツハイマー病、筋強直性ジストロフィー、神経変性疾患などの遺伝子診断	遺伝情報の保護、障害者排除

療は、「疾病の治療を目的として遺伝子又は遺伝子を導入した細胞を人の体内に投与すること」及び「遺伝子標識」の２つをいう（第１章総則第２定義１及び２）。「遺伝子標識」は、疾病の治療法の開発を目的として、標識となる遺伝子又は標識となる遺伝子を導入した細胞を人の体内に投与することとされる。この指針は、治療に当たっては、インフォームド・コンセントが確実に確保され、被験者の同意を得なければ実施してはならないと規定する。

　遺伝子治療は、平成２（1990）年に、アメリカでアデノシンデアミナーゼ（ADA）欠損症（リンパ球が減少することにより重篤な免疫不全を起こし、乳幼児期にほとんどが死亡する疾患）患者に対して行われたものが世界で初めての治療である。わが国初の遺伝子治療は、平成７（1995）年に、北海道大学附属病院でアデノシンデアミナーゼ（ADA）欠損症の５歳の男児に対して実施された。遺伝子治療を受けた小児は、ADA酵素療法を低用量で続け、２年後には今後の実質的な完治の可能性が示唆される研究結果が示されている。現在、病原性をなくしたレトロウイルスなどに治療に用いる遺伝子を組み込んだものをベクター（運び屋）として体内に入れる方法（注射・吸入・塗布などで患部組織に注入する方法、又は患者自身の血球などを一度取り出し体外でベクターを作用させてから患者に戻す方法など）が行われている。また、癌治療では、遺伝子治療に代わるものとして、腫瘍溶解性ウイルスを用いたウイルス療法が高まり、国内での腫瘍溶解性ウイルス開発も始まっている。他にも白血病・エイズ・パーキンソン病などが疾患対象としてあげられる。

　遺伝子治療臨床研究の実施については、有効かつ安全なものであること、公衆衛生上の安全が十分に確保されるものに限られ、生殖細胞等の遺伝的改変は禁止されている。実施施設での事前審査及び国による審査の二重審査体制をとり、新たに遺伝子治療臨床研究を行う場合は、総括責任者が施設内審査委員会の承認審査を経た計画書を厚生労働大臣に提出し、国の承認を得なければならない。

　遺伝子治療の現実的問題としては、①遺伝子治療はまだ試験段階であり、その効果が確実に保証されていないこと、②対象患者が限定されていること、③副作用はわずかであるとされているが、治療実績が少ないため、未知

【遺伝子医療における問題】

個人の遺伝情報の性質に由来する問題：患者のプライバシー権と医師の告知義務 　　　　　　　　　　　　　　　　　　　個人の遺伝情報は血縁者との共通情報 　　　　　　　　　　　　　　　　　　　になる 　　　　　　　　　　　　　　　　　　　インフォームド・コンセント原則と同 　　　　　　　　　　　　　　　　　　　意主体 疾病概念及び治療概念の変容 未成年者に対する発症前診断・易罹患性診断：誰が決定するのか 　　　　　　　　　　　　　　　　　　　　　　　いつ検査を行うのか 遺伝学的知識：ゲノム多様性や他因子病に関する誤った理解 　　　　　　　　社会生活上の偏見・差別・不利益 個人の遺伝情報に対する第三者のアクセス

【遺伝子治療臨床研究（遺伝子標識研究を除く）の対象】

①　重篤な遺伝性疾患、癌、後天性免疫不全症候群（エイズ、HIV）その他の生命を脅かす疾患又は身体の機能を著しく損なう疾患であること ②　遺伝子治療臨床研究による治療効果が、現在可能な他の方法と比較して優れていることが十分に予測されるものであること ③　被験者にとって遺伝子治療臨床研究により得られた利益が、不利益を上回ることが十分予測されるものであること

【遺伝子治療における倫理基準】

倫理基準	目　的
①患者の自己決定権の尊重とインフォームド・コンセントの徹底	患者の意思に基づく
②効果が期待できる治療であること	根拠に基づく医療（EBM）
③生殖細胞には行わないこと	作用は本人のみで子孫まで遺伝しない
④体質の強化や改良を目的にしないこと	疾病の治療にのみ用いる

の副作用が予測できないこと、④遺伝子治療がすべての疾患に効果があると
は限らないこと、⑤生命倫理的問題があること、などがあげられる。特に、
遺伝子治療は、生命の根幹である遺伝子を操作するため、従来の治療法より
さらに複雑な倫理的問題が生じることが予想される。遺伝子を操作すること
は、生命現象や進化を人間によって変えることにつながり、このような操作
をすることが許されるのかどうかが今後の大きな課題となる。

(3)　ゲノム編集（genetic enhancement）

「ゲノム編集」は、まるで文章を編集するように生物が持つ遺伝情報を自
由自在に書き換える技術で、DNAを切断する「はさみ役」の酵素と、酵素
を切断したい位置に案内する分子を組み合わせ、狙った遺伝子を壊したり加
えたりできる。別の遺伝子を入れる「遺伝子組み換え技術」に比べて確実に
効率や精度が高いとされ、医療分野では難病の治療法開発が期待されてい
る。

平成28（2016）年2月1日には、英規制当局が、国家レベルの規制機関
として世界で初めて英フランシス・クリック研究所の「人間の受精卵のゲノ
ム編集に関する研究計画」（受精7日後までの成長過程を詳しく調べ、その後廃
棄する）を承認した。受精卵の成長に必要な遺伝子を調べることが研究の狙
いで、これによって将来不妊治療の改良につながる可能性もある。ただし、
英当局は、この受精卵を女性の子宮に移植し、子どもをつくることは禁じて
いる。もし子どもが生まれると、全身の遺伝子が改変遺伝子になるうえ、こ
の子が将来子どもをつくったときに、実施された遺伝的改変が子孫に受け継
がれることや、人間性・人間の尊厳を侵害する可能性もある。また、人の諸
特性や能力の改良・増強を目的に遺伝技術が使用され、親が望む特定の外見
や能力を持つよう遺伝子を設計した理想的な赤ちゃんである「デザイナーベ
ビー」の誕生につながるとの懸念もあり、安全性や倫理面について検討が必
要となる。

日本は、遺伝子を改変した受精卵から子どもをつくることは、国の指針で
禁止しているが、強制力はなく、基礎研究には規定すらない。ヒトゲノム研
究の進展に伴う疾病概念の変貌とともに、医療の本来的な守備的範囲を超え
て遺伝子改変の概念は次第に曖昧になりつつある。幅広い分野の専門家や一

般の国民を交え、支援と規制のあり方に関する総合的な議論が求められる。

【ゲノム編集】（2015年12月 5 日付　朝日新聞より抜粋）

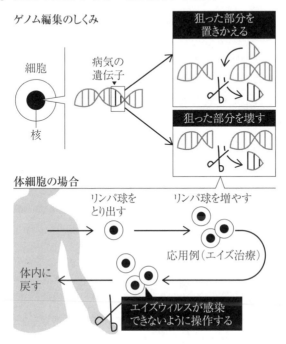

ゲノム編集のしくみ

3．クローン技術（cloning）

　「クローン」とは、同一の遺伝情報を有する個体（人間）や細胞（の集合）を意味する。クローンを作る技術を「クローニング」というが、この技術には、「受精卵クローン技術」と「体細胞クローン技術」の 2 つがある。

　「受精卵クローン技術」は、受精卵を人為的に 2 つに分割することによって遺伝的に同一の生物個体（一卵性双生児）を作る技術である。一方、「体細胞クローン技術」は、個体の皮膚や毛など体細胞から核を取り出し、卵子から核を抜き、体細胞の核を入れ替えて作るため、その体細胞を採取した生物個体と遺伝的にまったく同じ個体を作る。体細胞クローンは、無性生殖によって発生し、同じ遺伝子が受け継がれるため、有性生殖のように偶然の組

合せによる多様性はなく、同じ親から産生された個体同士はすべて同じ遺伝子を持つクローンになる。

　平成 9（1997）年 2 月 22 日に、イギリスのロスリン研究所のイアン・ウィルムット博士らが、雌羊の生体の体細胞を使ったクローン羊「ドリー」を誕生させたことが報道された。6 歳の雌羊の乳腺細胞から核を取り出し、別の羊の未受精卵に移植してクローン胚を作成し、それを別の羊の子宮に移して出産させたのがこのドリーである【図】。それまでは、少なくとも哺乳類に関しては、受精卵あるいはその初期段階の分裂細胞以外から生命が誕生することはなかった。しかし、親とまったく同じ遺伝的形質を持つ羊の誕生によって、理論的にはクローン技術により同じ哺乳類である人間の誕生も可能であることを証明したことは、世界に大きな衝撃を与えた。

　一方で、人間への利用に関しては、心臓・肝臓・腎臓など移植用の臓器生産や不妊、難病の治療など、医療への応用に期待が高まっている。ただし、体細胞クローンを利用することで臓器移植を目的としたクローン人間をつくる、不妊の夫婦が配偶者のクローン人間をつくり子とする、シングルマザーがクローン人間を産んで自分の子とする、ことなどが可能になる。すでに存在する人間と同じ遺伝子の人間が生まれることは、技術的・倫理的・社会的にも計り知れない問題を引き起こすことになる。例えば、技術的な問題には、クローンの安全な誕生と生育が保障されておらず、クローン動物には胎盤や甲状腺の異常が多く、また死産も多いことがあげられる。生まれた仔も奇形や障害などの病気が多く、短命に終わりやすいといわれている。一方、クローン人間の場合は、遺伝的偶然性がなく、特定の遺伝的形質を持った人間が増加し、ヒトという種の弱体化につながる可能性がある。倫理的には、クローン技術の人間への応用が、「生命の尊厳」や「人権の尊重」に反するとの批判が強く、その利用についても濫用が懸念されている。また、遺伝情報が同一のクローン人間は、「人の育種」ともいえ、人を手段や道具とみなすことによって、「個人を尊重」する憲法にも違反することになる。クローン技術の応用は、「生命操作」にもつながりかねないことから、医学や生物学的側面にとどまらず、倫理・哲学・宗教・文化・法律なども含めた幅広い分野で検討しなければならない。

　クローン人間は、家族制度の崩壊にもつながりかねず、多くの国ではクローン人間をつくることを法律で禁止している。わが国は、ドリー誕生の発表を受け、科学技術会議のもとに「生命倫理委員会」が設置され、ヒト・クローン個体産生に対する法規制の検討が始まった。平成12（2000）年に「ヒトに関するクローン技術等の規制に関する法律」（クローン技術規制法）が公布され、翌年6月から施行された。この法律は、クローン人間づくりについて、「人の尊厳の保持、人の生命及び身体の安全の確保並びに社会秩序の維持に重大な影響を与える可能性がある」と規定して（1条）、クローン人間の基になる胚を人や動物の体内に移植して育てることを禁止し（3条）、違反した場合には、10年以下の懲役か1000万円以下の罰金、又はこれらの併科が科せられる（16条）。

【クローン羊の誕生】（産経新聞　平成9年3月1日を参考に作成）

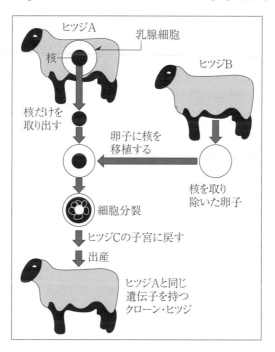

種　類	方　法	特　徴
受精卵クローン技術	受精卵が細胞分裂を続けていく初期の段階で分割して生物個体をつくる	・現在、豚や牛などの畜産動物の生産に利用 ・発生に雌雄両性が関与する有性生殖 ・同じ受精卵から成長するため、同時に生まれた子どもの遺伝情報は同じ ・親の遺伝的特徴がわからないため、生まれてくる子どもの遺伝的特徴をあらかじめ予測できない
体細胞クローン技術	核を取り除いた卵子又は受精卵に親となる体細胞の核を移植して生物個体をつくる	・世界初のクローン羊「ドリー」はこの方法により誕生した ・発生に雌雄両性の関与がない無性生殖 ・親と子はほとんどまったく同じ遺伝情報を持つため、生まれてくる子どもの特徴を予測できる

4. 再生医療（regenerative medicine）

「再生医療」とは、事故や疾病により失われたり低下した体の細胞・組織・臓器の機能を細胞などの移植によって回復させる治療である。移植医療とは異なり、拒絶反応を起こさない手法がとられる。その手法として、現在、クローン作成、臓器培養、多能性細胞であるES細胞（Embryonic stem cell：胚性幹細胞）とiPS細胞（Induced pluripotent stem cell：人工多能性幹細胞）の利用、自己組織誘導の研究などが進められている。現在の臓器移植には、移植適合性・ドナー不足・免疫抑制剤（シクロスポリン・タクロリムス）を生涯使い続けなければならないなどの問題があるため、再生医療には大きな期待が寄せられ、すでに自己の細胞を用いた再生医療として皮膚の再生が行われるなど、先進医療の中で画期的で将来の医療像を変える可能性を秘めている。他方で、医療技術の進歩は、我々の生命観を大きく変化させ、人はどの時期から「人」となるのかという「生命の始まり」や、人体の一部は「人」であるのか「物」であるのかという「新たな生命観」などの倫理的問題を提起することになった。なお、長年野放しになっていた再生医療についてのルールを定めたのが、2014年に施行された「再生医療等の安全性の確保等に関する法律」（再生医療等安全性確保法）である。同法は、人体へのリスクに応じて第1種から第3種に分け、治療の提供計画を国に届け出るこ

と等を義務付けている。

(1) ES細胞（Embryonic stem cell：胚性幹細胞）

「ES細胞」は、受精した数日後の胚盤胞内部から得られるすべての組織に分化する分化多能性を保つ細胞のことをいう。ほぼ無限に増殖させることができ、これを応用することで、その生物個体の心臓・肝臓・腎臓を作り出すことが可能になり、拒絶反応を受けることなく移植できる。実現できれば、臓器移植に関する様々な問題が解決される可能性がある。

また、クローン人間をつくることは禁止されているが、ES細胞を利用することで、クローン人間の倫理的問題を解決できる可能性もある。ただし、ES細胞の作成には、受精卵が必要であり、移植時に受精卵もしくは受精卵から発生が進んだヒト胚を利用するため、倫理的な問題が多く、さらに免疫拒否の問題も指摘されている。

(2) iPS細胞（Induced pluripotent stem cell：人工多能性幹細胞）

「iPS細胞」は、無限に増殖して体の様々な臓器や組織の細胞に変化できる万能細胞である。血液や体細胞（皮膚細胞上皮細胞）に、4つのタンパク質（Oct 3 ／ 4、Sox 2、Kif 4、c-Mic）をコードする遺伝子を導入して、強制的に発現させることにより分化多能性をもつ。移植時に免疫拒絶反応が少なく、iPS細胞は、髪の毛や唾液に含まれる細胞から作成することもでき、受精卵も不要であるため、その実用化に期待が寄せられる一方、作成時に導入する $c-myc$ 遺伝子による細胞癌化や倫理的問題（生殖細胞作成の規制）が課題とされる。

2014年に、理化学研究所らのグループにより、iPS細胞由来網膜色素上皮細胞移植による加齢黄斑変性症の手術がなされ、世界初のiPS細胞の臨床研究となった。また、難治治療薬を検索する研究も進んでいる。

さらに、近年は、iPS細胞から精子や卵子を作り出す研究が急速に進んでいる。精子や卵子は、人間の体の細胞の中で子孫を残すために不可欠であるため、もし人工的に精子や卵子を作成できれば、不妊治療への応用が期待できる。しかし、人間のiPS細胞から精子や卵子が作れた場合に、これらを受精させれば、「人間の生命の萌芽」とされる受精卵になり、さらにこの受精卵を女性の子宮に移植すれば、子が誕生する可能性もある。現在、人間の

【ES細胞とiPS細胞の違い】

	ES細胞	iPS細胞
作成方法	人の受精卵から細胞を取り出して培養する	人の皮膚や血液の細胞に特殊な遺伝子を導入する
長所	胎盤以外のほとんどすべての組織細胞に分化可能 無限増殖が可能 海外で臨床研究の蓄積が豊富	皮膚などの体細胞から人工的に作られた幹細胞で、受精卵を使わずに済む 胎盤以外のほとんどすべての組織細胞に分化可能 無限増殖が可能 本人の体細胞を用いることで組織や臓器移植の拒否反応を回避することができる
課題	受精卵を使用することへの倫理面に対する指摘があり、使用における法的整備が求められる 作成された臓器を移植すると拒絶反応を起こす	品質がばらつきやすい 癌化を起こす可能性がある

【医療機関が再生医療を行うための手続き】

提供計画を作る
安全性や品質を保つ体制、有効性、科学的な妥当性、トラブル時の対応策などをまとめる

国が認定した専門委員会（認定再生医療等委員会）が審査
計画書のチェックを経て、意見書を出す

厚生労働大臣へ計画を提出

国が審査（第1種のみ）
人体へのリスクが最も高い第1種については、国の審議会の意見を踏まえ、厚生労働大臣が承認

治療実施・報告
1年ごとに定期報告、死亡など重いケースは7日以内に報告

iPS細胞やES細胞から精子や卵子をつくる際には、大学などの倫理委員会で承認を受け、文部科学省に届け出る必要があり、生命倫理上の懸念から、iPS細胞由来の精子と卵子の受精は国の方針で禁止されている。

5. 難病治療

　医療技術の進歩により、これまで治療不可能と考えられていた難病の治療や疾病をあらかじめ予想することができるようになった。「難病」は、「難病の患者に対する医療等に関する法律」（平成26年法律第50号）により、①発病の機構が明らかでなく、②治療方法が確立していない、③希少な疾病であって、④長期の療養を必要とする疾病、であると定義される。難病の代表的な病因は、免疫機能が自己の体を攻撃する疾病、神経伝達物質の異常により発症する疾病などであり、ほとんどの難病は、周りの人に感染する可能性はない。ただし、難病が遺伝病であった場合は、家族も同じ遺伝子をもつため、家族へのカウンセリングが必要となる。

　難病の診断は、「難病指定医」が指定難病の新規診断を行うため、患者が難病の申請を最初に行う際は、難病指定医がいる大学病院等に行く必要がある。難病指定医の役割は、①難病の医療費助成の支給認定申請に必要な診断書（臨床個人調査票）の作成、②患者データ（診断書の内容）を登録管理システムへ登録すること、である。これによって難病の正確な診断が可能になり、難病患者に対する正しい疫学データベースが構築される。

　難病治療は、遺伝子診断によって、①早期発見、②将来の発症の予測、③保因者（キャリア）の診断が可能になった結果、新たな医療技術に対する法整備も進んでいる。また、現在、「難治性疾患克服研究事業」（臨床調査研究分野対象：130疾患）と「特定疾患治療研究事業」（対象：56疾患【表】）が推進されている。後者は、①患者数が日本において一定の人数（人口の約0.1%程度）に達しないこと、②客観的な診断基準（又はそれに準ずるもの）が成立していること、の条件を満たし、厚生労働大臣が指定した「指定難病」を対象とするもので、特別な医療費助成制度が設けられている。

　一方、難病は、社会的に「不治の病」と捉えられていることもあり、難病の「告知」は患者にとって精神的な負担になる。そのため、「告知の影響」

について考慮するだけではなく、治療を進めるうえで常に患者の「QOLの維持」に配慮することが求められる。

【特定疾患治療研究事業の対象疾患】

> ベーチェット病、多発性硬化症、重症筋無力症、全身性エリテマトーデス、再生不良性貧血、サルコイドーシス、筋萎縮性側索硬化症、大動脈炎症候群、強皮症・皮膚筋及び多発性筋炎、特発性血小板減少紫斑病、結節性動脈周囲炎、潰瘍性大腸炎、ビュルガー病（バージャー病）、天疱瘡、脊髄小脳変性症、クローン病、スモン、難病性肝炎のうち劇症肝炎、悪性関節リウマチ、パーキンソン病関連疾患、アミロイドーシス、後縦靭帯骨化症、ハンチントン病、モヤモヤ病（ウィリス動脈輪閉塞症）、ウェゲナー肉芽腫症、膿疱性乾癬、特発性拡張型（うっ血型）心筋症、多系統委縮症、特発性大腿骨壊死症、表皮水泡症（接合部型及び栄養障害型）、広範脊柱管狭窄症、重症急性膵炎、原発性胆汁性肝硬変、混合性結合組織病、原発性免疫不全症候群、プリオン病、特発性間質性肺炎、硬膜色素変性症、神経線維腫症Ⅰ型・神経線維腫症Ⅱ型、肺動脈性肺高血圧症、亜急性硬化性全脳炎、バット・キアリ（Budd-Chiari）症候群、慢性血栓塞栓性肺高血圧症、ライソゾーム病、副腎白質ジストロフィー、家族性高コレステロール血症、脊髄性筋萎縮症、球脊髄性筋萎縮症、拘束型心筋症、慢性炎症性脱髄性多発神経炎、肥大型心筋症、ミトコンドリア病、黄色靭帯骨化症、リンパ脈管筋腫症、重症多形滲出性紅斑（急性期）、間脳下垂体機能障害

6. 患者申出療養

　診療報酬で、未承認の薬や医療機器を患者の申出により保険診療と併せて使える「患者申出療養」が、平成28（2016）年4月に導入された。対象となる治療は、①欧米先進国で承認されている、②国内でも将来的に保険適用を目指すこと、が条件となる。一般的に、保険診療では、患者は医療費の一部（1～3割）を負担する。しかし、保険外治療を一緒に利用する場合、本来なら保険が利くはずの診察費や入院費の全額が自己負担となる。ただし、国は、「先進医療」など一部の例外を認めており、保険診療には保険を適用

して負担を軽減させながら、保険外医療を自己負担で受けることができるようになっている。

　「患者申出療養」が「先進医療」と大きく異なる点は、①患者自身の申出によって未承認の医療がスタートできること、②審査期間が大幅に短くなること、にある。「先進医療」は、医療機関が申請者であるため受けられる施設の数が限定されるとともに、申請から承認までの期間も 3〜6 か月かかっていた。一方、「患者申出療養」は、患者本人が「この技術や医薬品を使用したい」と地域のかかりつけ医などに相談することが起点となる。その後、臨床研究中核病院が 1 年程度かけて治療の実施計画をつくり、申請書類を作成して国に提出する。国内で前例がない新規の治療法の場合は、申請から 6 週間、前例がある場合は、申請から 2 週間で保険外診療と保険診療の併用を認めるかの審査を行う（健康保険法63条 2 項第 4 号、同 4 項）。ただし、前例がない治療法の場合は、臨床研究中核病院が申請書類を作成するのに時間がかかる可能性もある。難易度の高い治療は、臨床研究中核病院などで行うが、国内である程度症例が蓄積した後は、身近な医療機関でも行えるようにする。

　ただし、患者申出療養は、患者が望む新薬などをいち早く使える可能性がある一方で、未承認薬は非常に高価なものが多いため、仮に制度の対象になっても未承認の治療部分は全額自己負担となる。同制度の窓口は、全国の特定機能病院にも設置されているが、高額の患者負担などから限定的であり、患者の医療費負担をどうするかが大きな課題となっている。

【患者申出療養の流れ】

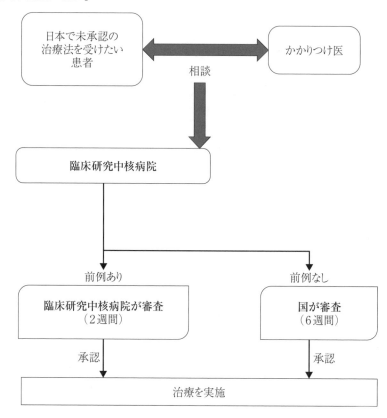

【先進医療と患者申出療養の違い】

	先進医療	患者申出療養
申請者	医療機関	患者
対象となる治療	欧米で承認されたが、日本では未承認。将来は保険適用を目指す。	
実施できる医療機関	基本的に大学病院等	安全性が確立されれば地域の医療機関も
審査機関	3〜6か月（前例なし） 1か月（前例あり）	1か月半（前例なし） 2週間（前例あり）

【参考文献】

唄　孝一『医事法学への歩み』（岩波書店　1970年）

唄　孝一『生命維持治療の法理と倫理』（有斐閣　1990年）

大谷　實『医療行為と法（新判補正第2版）』（弘文堂　1997年）

前田達明・稲垣喬・手嶋豊執筆代表『医事法』（有斐閣　2000年）

中谷瑾子編『医事法への招待』（信山社　2001年）

増成直美『診療情報の法的保護の研究』（成文堂　2004年）

戸波江二・棚村政行・曽根威彦・甲斐克則・岩志和一郎『生命と法』（成文堂
　　2005年）

山内桂一・山内隆久『医療事故─なぜ起こるのか、どうすれば防げるのか』（朝日
　　文庫　2005年）

飯田英男『刑事医療過誤Ⅱ〔増補版〕』（判例タイムズ社　2007年）

久々湊晴夫『やさしい医事法学　第2版』（成文堂　2007年）

甲斐克則編『レクチャー生命倫理と法』（法律文化社　2010年）

大谷　實『新いのちの法律学　生命の誕生から死まで』（悠々社　2011年）

久々湊晴夫・旗手俊彦　編著「はじめての医事法」（成文堂　2011年）

佐久間修『刑法各論〔第2版〕』（有斐閣　2012年）

甲斐克則『医療事故と刑法』（成文堂　2013年）

甲斐克則編『終末期医療と医事法』（信山社　2013年）

川渕孝一『第6次医療法改正のポイントと対応戦略60』（日本医療企画　2014年）

椿島二郎・出河雅彦『移植医療』（岩波新書　2014年）

別冊ジュリスト「医事法判例百選（第二版）」（有斐閣　2014年）

薬事医療法制研究会編『早わかり改正薬事法のポイント』（じほう　2014年）

久々湊晴夫・姫嶋瑞穂『医事法学─医療を学ぶひとのための入門書─』（成文堂
　　2015年）

米村滋人『医事法講義』（日本評論社　2016年）

手嶋豊『医事法入門〔第5版〕』（有斐閣　2018年）

前田和彦『医事法講義〔新編第4版〕』（信山社　2020年）

野崎和義『コ・メディカルのための医事法学概論〔第2版〕』（ミネルヴァ書房
　　2020年）

大磯義一郎・大滝恭弘・荒神裕之『医療法学入門〔第3版〕』（医学書院　2021年）

【関連ホームページ】

厚生労働省　http://www.mhlw.go.jp/

日本医師会　http://www.med.or.jp/

日本薬剤師会　http://www.nichiyaku.or.jp/

日本看護師協会　https://www.nurse.or.jp/home/group

臓器移植ネットワーク　https://www.jotnw.or.jp/

NIPTコンソーシウム　http://www.nipt.jp/

独立行政法人医薬品医療機器総合機構　https://www.pmda.go.jp/

事項索引

あ 行

著　者

姫 嶋 瑞 穂（ひめじま　みずほ）

北海道医療大学薬学部・全学教育推進センター講

医事法学入門〔第2版〕

2019年 1 月10日	初　版第 1 刷発行
2021年12月10日	第 2 版第 1 刷発行
2023年 8 月10日	第 2 版第 2 刷発行

著　者　　姫　嶋　瑞

発 行 者　　阿　部　成

〒162-0041 東京都新宿区早稲田

発 行 所　　株式会社　成

電話 03(3203)9201(代)　FAX 03
http://www.seib

製版・印刷・製本　藤原印刷
© 2021 M. Himejima　　　　　　　　　　　　　　Prin